横浜市政史の研究

近代都市における政党と官僚

大西比呂志

有隣堂

横浜市政史の研究◉目　次

第三章　都市専門官僚制の形成と市政運営――久保田政周市政期を中心に……69

第2部　地域と政党……95

序章　課題と視角

本書は戦前期における横浜市の政治構造について考察したものである。対象とした時期は横浜市が誕生した一八八九（明治二二）年から戦後最初の市長及び知事選挙が行われた一九四七（昭和二二）年まで、ちょうど大日本帝国憲法と地方制度としての市制という戦前の国家と都市の基本法が公布・施行され、これらが戦後の日本国憲法と地方自治法にとって代わられるまでの時代である。本書は明治憲法・市制という戦前期国家・都市制度下での横浜を対象とした都市政治、市政史の研究である。

ここで本書が対象とする「市政」についてふれておこう。市政とは、具体的には市長、助役を始めとする市行政執行部、職員と行政各部を中心とする行政機構、市会や市参事会を構成し政党支部に根拠を置く市会議員らを第一次的なアクターとして、これらが市内（実業家、地域名望家など）及び市外（県や中央の官僚、政治家）有力者と結びつきながら展開する政治活動の体系である。市政は、個々のアクターの個別利益を動因として展開されるが、同時に全体としての市に関する利益を追求する方向でも運営される。これが市政運営である。市政はこのように市をめぐる個別、全体の利益をめぐって様々なアクターが提携、妥協、対立を行う都市政治の一形態であり、本書は

その主要な担い手となった政党と官僚に焦点をあてて、戦前期の横浜の市政史を考察するものである。(1)

都市史研究と横浜

周知のように、横浜の近代への登場は今から約一五〇年前のペリー来航によって日本が開国した時に始まる。一八五九（安政六）年六月二日（旧暦）、日米修好通商条約によって開港して以来、当初数百人の寒村であった横浜は内外の貿易商、売込商といった人々を皮切りに次第に日本全国から多数の人口が流入し、村から町へと発展し一八八九年に全国三一都市とともに市となった。この時点で横浜市はすでに一一万人を超える人口規模を有し、関東大震災や第二次大戦による戦災、敗戦と占領による市内中枢部の接収といった都市形成上の様々な障碍を乗り越え、この間、港町から港湾都市、重化学工業都市へと都市の性格を変貌させ、戦前に一〇〇万人（一九四三年）、戦後の高度経済成長期に二〇〇万人（一九六八年）、現在（二〇〇四年）では三五〇万人を超える東京に次ぐ日本第二位の規模を持つ大都市となっている。(2)

このように横浜は日本を代表する近代都市の一つであり、東京、大阪、京都、名古屋、神戸の各都市とともに六大都市と称されてきたが、これまでの都市史研究のなかで必ずしも十分考察の対象となってきたわけではない。これまでの都市史研究の主要な対象は東京と大阪であった。(3) そこでは東京は「日本近現代都市史研究のための普遍的視座」を築くものであり、あるいは「日本における都市問題の論理と構造を解析する」手がかりでもあった。(4) 東京を対象とした研究は多くの場合、政治、経済、社会など様々な領域を扱いながら、それらが現代都市に一定の普遍性を持っていることが前提とされているのである。

一方、都市大阪の研究は多分にこの東京研究へのアンチテーゼからこうした普遍性を前提とせず、新たな都市史理解を進展させてきた。すなわち大阪を対象として近代都市と近世都市との連続と非連続の側面に着目し、都市の統治構造を土着名望家による「予選体制」と「専門官僚制」の上になる「都市支配のシステム」として捉えるなど、都市の生成、発展をより自律的なものとする認識方法を深めてきた。(5) 近年これに対する批判もあるが、(6) 東京と大阪はこれまで多くの実証的な研究が蓄積されている。

しかし、東京と大阪の両巨大都市が提示する近代都市像はどこまで他の都市に妥当するのだろうか。官と民、政治と経済など様々な点で対照的な東京と大阪の間で、横浜はどちらのタイプに近いのか、あるいは両者とは全く性格が異なるのか、というのが横浜の都市政治史の研究を始めるにあたり本書が抱く素朴な疑問である。

このような疑問は、東京を事例とした代表的な研究が「帝都」を掲げてストレートに国家と中央を前提とし、大阪を事例とした代表的な研究が書名に同じく「日本近代都市史」と銘打つことに示されているように、先行の大都市研究にはその他の都市との相違や当該都市の地域性について、比較史の視点が不十分であるように思われるからである。両都市の研究が近代都市史研究を開拓してきたことはまちがいないが、「都市化」が日本の近代社会全体に関わる大きな流れの一つであったことからすれば、これまで東京、大阪に集中してきた都市研究は、新たな広りが求められているといえるだろう。近年の中小地方都市を事例としたいくつかの研究はそうした批判によるものであり、(7) 本書も多様で多角的な都市史研究へ一つの素材を提供しようとするものである。

都市横浜

都市横浜の発展過程の歴史的な特徴として指摘できるのは、第一に、横浜は開港地として人為的に造出された前近代との連続性に乏しい都市であったことである。すなわち、横浜と同時に開港された三港のうち長崎と函館はいずれも港湾都市としての長い歴史があったが、横浜は交通の便すら欠く小さな農漁村であり、港都横浜は「当時の国際情勢に応じて、徳川幕府という政治権力が農漁村横浜の完全な否定の上に、創り出した」都市であった。[8]むろん横浜が位置した地域社会にも近世以前の歴史的伝統や習慣があり、それらが近代横浜の都市構造の基底に存続しなかったわけではないが、東京、京都、大阪、名古屋など近代以前にすでに政治経済文化の諸機能と人口を集積して各地方の中核をなしていた都市とは比較にはならない横浜の特質であり、これに類するのは神戸であろう。

第二に、横浜は首都東京と隣接しているという地理的な条件である。これは右に述べたように横浜が開港場として「創られた」理由でもあり、官庁の出先機関や商社の支店など首都東京と政治的経済的な機能の結びつきが当初から意図されており、また東京の周辺部として東京から流出する人口や宅地化といった都市膨脹の物理的圧力をまともにうける位置にあった。このことはあらゆる領域で東京との対抗と自立という問題を惹起させるものであり、横浜はそうした首都東京＝中央の圧力を現代にいたるまで強く受けて来ている。[9]この点が当の東京市や、関西にあって距離的に離れていてそうした影響を直接的に受けることを免れた大阪市などと大きく異なっているといえるだろう。

第三に、戦前期における横浜自体の都市発展の特徴として、度重なる市域拡張がある。横浜は一九〇一（明治三四）年に久良岐郡・橘樹郡の一部を編入する第一次市域拡張を実施して以来、一九三九（昭和一四）年まで六次にわたり市域を拡張した。この市域拡張によって、市制施行当初の面積五・四平方キロは約八〇倍の四〇〇平方キロに達し、これ以後現在にいたるまで市域の拡張は行われていない。横浜市の市域拡張は、戦前期に完結しているのである。

最初の市域拡張がそうであったように、これらは基本的には周辺からの人口流入に対応するものであったが、第三次（一九二七年）は都市計画上の要請、最後の拡張は「生産力拡充」という総力戦への対応に基づいて「新工場地域住宅を求めしむる」ものであった。[10] 横浜は様々な理由によって都市空間を拡大し続けたのであり、これによって横浜はそのなかに旧市域と新市域を再生産し、また市街地、周辺部、郊外地域といった地域性を構造化していった。

このような市域の拡張は、市政の動向に深く関連するものであった。例えばそれに伴う選挙区の変更は市会議員や政党にとっては重大な関心事であり、選挙区割や定数問題をめぐる対立が惹起され、また編入された地域は政党間の地盤をめぐる競争の対象となった。さらに市当局にとってはこうした地域への行政サービスの拡充、新たな市民統合といったハード、ソフト両面にわたる行政課題であった。横浜のみならず近代の大都市は行政区域にとどまらない膨張と拡大の指向を持っており、一九一九（大正八）年に施行された都市計画法はこうした実態としての都市を統制しようとし、各都市の市域拡張も行政区域を実態としての都市空間に統一しようとするものであった。市域拡張をめぐる政治過程は大都市にとって様々な問題を生起させ、都市の膨脹と拡大という空間的な変化、都市内部に生じる地域性は、都市政治をみる上で重要な論点である。[11]

市政構造

都市の政治構造を考察するにあたり、市制という都市制度は基本的な枠組であった。明治憲法体制の中で地方制度全体が、官治的色彩が強いものであったことはよく知られているが、とりわけ都市は国家統治にとって不信と警戒の対象であった。[12] そもそも市制という都市統治の法が制定されたのも「都会ノ地ニ至テハ大ニ人情風俗ヲ異ニシ経済上自ラ差別有リ故ニ之ヲ分離シテ別ニ市制ヲ立テ機関ノ組織及行政監督ノ例ヲ異ニセリ」とされたからであった（「市制町村制理由」）。しかしそうした市制にあっても、幾度かの改正は自治と官治の比重を微妙に移行させ、時代状況に対応した市政運営は可能であった。市政は明治憲法と市制による枠組みの中ではあったが、一定の自律的な政治空間としても機能したのである。このことは都市の政治を考察する上で、都市統治という国家的な観点とともに市政運営という地域政治の観点、制度と運営の両面の過程に考慮を払う必要があることを示唆している。

この都市の機構と運営の主要なアクターとなったのが、政党勢力と官僚である。

まず地域公民の代表として市会議員が市会や市参事会を構成し議事機関として活動すると同時に、各種の委員となって行政にも関与する。彼らは地元の企業家、その利益の代弁者、あるいは地域名望家として様々な利益の実現を市政に要求する。そのために彼らは政党を媒介にして、県会・国会の議員系列、そして政党の本部・支部から末端の団体にいたる組織系列によってやはり中央—地方関係を持っている。

一方、大都市においては都市経営のための機構として町村より規模の大きな職員体制と行政組織（職制）を持ち、市長以下の幹部職員によって指揮される官僚機構が形成される。都市の官僚制である。そしてこれを担う都市官僚は、内務省をはじめとする中央官庁が都市に対して行う人事（知事や市長の任命、選任、幹部職員の供給）や様々な委任事務、施策を通じ、つまり人的なルートや政策を通じて、内務省や県などの国家官僚とつながっている。このように中央・地方を通じた都市における政党勢力と官僚の動向は、市政の政治過程の重要な要素であり、両者の対立と提携を軸に考察すると都市政治は中央政治との関連としても現れてくるだろう。

本書の構成

以上のような課題と視角から、本書は戦前期の横浜を対象とした都市政治の動向を、機構、地域、体制という三つの局面での政党と官僚の動向に焦点をあてて分析を行っている。

すなわち「第1部　市政機構の分析」では、市長、市会、市参事会、市会議員、行政機構といった市政を構成する各要素について取り上げて、制度的枠組みの変遷と、そのなかでの各要素の構成や機能の変化について経歴分析、選挙や行政機構の数量的なデータをもとに考察した。市政の変化や連続性は、これら市政機構各要素の変化の上にも現れるだろうというのが、ここでの「暗黙の仮説」である。[13] 明治期以来昭和戦前期において、市長権力が実質的にも制度的にも次第に安定・強化され、行政機構において市長や幹部職員の官僚化が進展し（第一章）、また市会勢力の党派化、多党化、さらには一部勢力の与党への固定化が進展していく動向が明らかになるだろう（第二章）。こうした市政における官僚化と政党化という点で一つの画期となったのが一九一八年に誕生した久保田政周市政であり、中央政治とも関連した市長就任の過程と市政機構が「専門官僚制」へと転換し、市政運営にも変化が現れていく過程を明らかにした（第三章）。

「第2部　地域と政党」では、横浜において都市化と政党化が進展した一九二〇年代の地域における政党の動向を、周辺農村部において村長から郡議、県議へと政治的上昇を遂げた地域名望家（飯田助夫）の政治的活動（第四章）、こうした周辺部を編入していった一九二七年の大規模な市域拡張に際して、市当局及び周辺部で生じた政治過程（第五章）、普選期における都市内部での政党支部組織やその勢力を支えた社会的基盤について考察した（第六章）。この時期は大正デモクラシーと普選の実施によって政党勢力が地域に浸透していったが、都市における政党組織の形態、都市での政党の具体的な組織基盤の実態、あるいは都市周辺部で起きた政党化状況がどのように進展したかは、従来の都市史研究においてあまり明らかでない。都市内部及び外部という都市空間でいかに政党化が進展したかが、ここでは問題となっている。

「第3部　市政における政党と官僚」では、まず一九三〇年代から四〇年代の横浜市政を構成する政党と官僚のなかで特に重要な役割を果たした政党人（平島吉之助）と官僚を取り上げ、選挙や支部人事、広報活動といった政党の日常的な地方支部活動の実態（第七章）、神奈川県知事、横浜市長となる内務官僚（半井清）がどのように地方官としてその行政姿勢と政策スタイル、政治的人脈を身につけていくかを考察し（第八章）、彼らに代表される政党と官僚の対抗と提携の関係を軸にして、横浜の政治体制が戦前から戦後へと推移する過程を考察した（第九章）。ここで取り上げた二人の人物は、横浜の市政運営の実態を知ることができる貴重な資料を残している。政治は制度や機構だけではなく、人やその意志という不確定な要素によっても大きく規定される。市政をより深く理解するには有力な政党人や官僚という人物を通じた研究も必要であろう。

以上のように、本書は機構面、地域性、市政体制という三つの局面を設定し、その上で展開される政治状況を政党と官僚という二つの勢力の対抗関係を中心に都市横浜の市政史を考察した。従来の横浜の近代政治史については体系的通史的な分厚い研究の蓄積があるが、[14] 市政運営機構という行政史の側面、市域拡大という空間的な広がりへの考察、各勢力によって担われた市政体制の戦前戦後の連続性といった問題は、必ずしも十分明らかにされていない。しかしこれらは、横浜がいかに現代都市へと転形していくかを明らかにする上で重要な論点である。そして今日の横浜市政を歴史的に理解する上でも必要な前提であろう。本書は、そうした近代の横浜の市政構造の重要な局面と長期的な変化を、よりミクロないしマクロという倍率を変えたアプローチを用い、またいくつかの新たな史料をもとにして明らかにしようとするものである。

注

（1）こうした都市政治の把握の方法については、一九四三年の東京都までの東京市を事例に、一貫して議員と市政執行機関の関係の変化という観点から考察した櫻井良樹『帝都東京の近代政治史　市政運営と地域政治』（日本経済評論社、二〇〇三年）と認識を共通するものであり、本書は同書から多くの示唆を得ている。

（2）横浜の都市形成の歴史的変遷については『港町・横浜の都市形成史』（横浜市企画調整局、一九八一年）を参照。

（3）近代日本の都市史研究全体については、成田龍一「近代日本都市史研究の現在」（『比較都市史研究』第四巻第一号、一九八五年六月）、芝村篤樹『日本近代都市の成立　1920・30年代の大阪』（松籟社、一九九八年）、原田敬一『日本近代都市史研究』（思文閣出版、一九九七年）、大石嘉一郎・金沢史男編著『近代日本都市史研究　地方都市からの再構成』（日本経済評論社、二〇〇三年）に詳しい研究史の紹介と整理がある。

（4）石塚裕道『日本近代都市論　東京：1868―1923』（東京大学出版会、一九九一年）ⅰ頁、赤木須留喜『東京都政の研究』（一九七七年、未来社）ⅲ頁。

（5）その代表として小路田泰直『日本近代都市史研究序説』（柏書房、一九九一年）及び前掲原田敬一『日本近代都市史研究』がある。

（6）櫻井良樹「東京市における『予選体制』について―原田敬一著『日本近代都市史研究』書評をかねて」『ヒストリア』一六四号（一九九九年四月）前掲櫻井書に所収。

（7）最近のものとして、川崎市と川越市を事例とした加藤千香子「都市化と『大正デモクラシー』」『日本史研究』四六四（二〇〇一年）や大岡聡「地方小都市の都市化と愛市運動　藤沢市の場合」（大西比呂志・梅田定宏編著『「大東京」空間の政治史』日本経済評論社、二〇〇二年に所収）があり、前掲大石嘉一郎・金沢史男編著『近代日本都市史研究　地方都市からの再構成』は「標準的地方都市」として水戸市、金沢市、静岡市、「新工業都市」として川崎市、川口市の行財政や社会的基盤について分析を行った共同研究である。また京都市では『京都市政史　第4巻資料　市政の研究』（京都市、二〇〇三年）の刊行が開始されている。同書の伊藤之雄「解説　近代京都の生成」が参考になる。

（8）石井孝『増訂港都横浜の誕生』（有隣堂、一九八八年）一、二頁。

（9）月刊アクロス編集室『「東京」の侵略　首都改造計画は何を生むのか』（PARCO出版、一九八七年）の「第三章　問われる横浜の存在理由」などを参照（六〇頁以下）。

（10）菊池慎三「横浜市の十七ヶ町村合併について」『都市問題』二八巻五号（一九三九年五月）八〇頁。

（11）こうした論点への着目として首都圏形成史研究会のシンポジウム「『大東京』の形成―国家・都市・地域」（二〇〇

〇年三月二五日、國學院大学）があり、これをもとに前掲の論文集『「大東京」空間の政治史』（日本経済評論社、二〇〇二年）がある。

(12) 大島美津子「地方行政史における都市と農村」『都市問題』第七二巻一号（一九八一年一月）参照。

(13) 天川晃「戦後横浜市の行政機構」『市史研究よこはま』第一三号（二〇〇一年）一頁。

(14) 横浜の近代政治史研究の個々の論文、文献、著者については、本書各章の注と巻末人名索引で挙げてあるが、まとまった先行業績としては『横浜市史』第四巻下（横浜市、一九六八年）、同第五巻上（一九七一年）、同第五巻下（一九七六年）に市制施行以降の昭和初頭までの「市政の動向」について林茂、宮地正人、大島美津子、今井清一らによる通史的な叙述がある。また『横浜市会史』第一巻〜第五巻（横浜市会事務局、一九八三年〜一九八八年、執筆者は第一巻宮地正人、第二巻遠山茂樹、第三巻服部一馬、池田雅夫、斉藤秀夫、第四巻斉藤秀夫、第五巻今井清一）は市制施行から地方自治法公布まで、市会を中心とした市政史全体を主に新聞資料や議会の議事録といった基本資料から事実関係を詳細に跡づけている。さらに『横浜市史Ⅱ』第一巻〜第三巻各上下（横浜市、一九九三年〜二〇〇三年）は、一九三〇年代から戦後の高度経済成長期の一九七五年までの各市政について叙述している（執筆者、粟屋憲太郎、荒敬、大西比呂志、天川晃）。なお横浜の都市社会史について本書は対象としていないが、最近の研究では成田龍一の前掲『横浜市史Ⅱ』第一巻上、下、第二巻下、第三巻下の「市民の動向」、「配給生活と空襲」、「市民生活」各章のほか、阿部安成「都市の縁へ　二〇世紀初頭の横浜というフィールド」（小林丈広『都市下層の社会史』解放出版社、二〇〇三年、所収）がある。

第1部　市政機構の分析

第一章　戦前期横浜市長と市政構造――制度と人事を通じて

はじめに

市長は、しばしば市の「顔」といわれる。それは市長に就任する人物が、時としてその都市が持つ歴史的文化的な個性を反映することを示唆している。そうであれば、そして市長がなによりも都市の政治行政の代表であることからすれば、彼らを通じて市の政治的構造を考察することは十分意味あることと思われる(1)。

市長を通じて戦前期の市政を考察しようとする場合に留意されなければならないのは、その制度上の位置づけと実際上の機能の両面である。戦前期の市長の地位は以下にみるように複雑で、内務省など中央の意向と市会を中心とする市政の政治勢力相互の力関係に大きく左右された。市長は中央・地方の政治構造に組み込まれた存在であり、地方政治と行政の焦点に位置していた。それは市長が制度の特色と同時に現実政治の動向を反映するものであったことを意味する。「制度」は地域政治の実際の運用を通じて市政構造を形づくっている。

都市統治の基本法一八八八（明治二一）年の市制が規定する市政運営体制の中で、重要なのは市長と市会であった。市長は市会議員や市公民からなる市参事会の議長となって執行部を形成するが、市長を推薦ないし選挙したの

表 1-1　市制と市長選任形式

市　制	1888年	1911年	1926年	1943年
任　期	6年	4年		
市　会	三名の候補を選挙・推薦		選挙	推薦
内務大臣（政府）	上奏・裁可・指令	なし		上奏・裁可・指令

は市会であった。このように両者は相互に依存、牽制しあう関係にあり、戦前期の都市をめぐるもっとも重要な課題は、いかにこの市長・市会関係を調整して円滑で効率的な市政運営のシステムを構築するかということにあったといって過言ではない。[2]

本章では戦前期の横浜市政について、まず市制上の画期（表1―1）にもとづいて市長選任過程の時代的変化（制度）について、次に横浜市を含めた大都市市長の出自と経歴の分析を行い市長候補がどのように大都市に供給されたか（人事）を明らかにする。本章は横浜市政史研究の第一章として、こうした方法によって市長に反映される市政構造の長期的な推移と都市横浜の特徴を把握することをねらいとしている。

一　一八八八年市制と市長

1　初代市長の選任

一八八八年市制は、同時に公布された町村制が町村長は名誉職でたんに町村会の選挙（町村制第五三条）によるとしたのに対し、市長は有給吏員で任期は六年、内務大臣が市会の推薦した三名の候補者のなかから、上奏裁可を請い「選任」するという形式をとった（市制第五〇条）。裁可とは「明治憲法下における大権に基づく天皇による決裁」であり、[3]この場合天皇による官吏任免の大権（憲法第一〇条）であり、これを輔弼したのが内務大臣であった。市長は国の官吏ではなく今日の地方公務員にあたる公吏であったが、この時期手続き的には官吏に準じた形式で任命されたのである。市制において市長は、市の固有事務を執行する市参事会の議長であると同時に（第六四条）、国府県からの委任事務を執行する機関であるという（第七四条）「二つの性格」を持っており、[4]市長の選任形式もこうした市長の「自治」と「官治」の両面を折中するものであった。

戦前期の横浜市長は表1―2の通りである。まず、一八八八年市制による初代横浜市長の決定過程をみてみよう。通常市長の選出には、市会で各派有力市議からなる銓衡委員会が設けられ、数次にわたって候補者の調整が行われる。そこでは各派が候補者の人選、候補者への出馬要請を行い、正式立候補となると、市会で第一～第三候補別に投票で候補者三名の推薦が決定される。この後内務大臣に上申され、裁可をへて市長の決定をみるわけだが、右のように市会における市長の銓衡過程には、候補者銓衡における話し合いと市会での選挙の二つの段階があり、ここに市会の有力者や政党勢力相互の妥協と対立が生起する。市長の銓衡は市会の重要な機能であると同時に、市会を中心として妥協と競争のうえに立つ市政構造の縮図となった。

表1-2　戦前期横浜市長

氏　名	就　任	備　考
増田知	1889年 6月18日	
佐藤喜左衛門	1890年 3月 3日	
梅田義信	1896年 6月 3日	1902年6年10日再任
市原盛宏	1903年 1月 9日	
三橋信方	1906年 9月28日	
荒川義太郎	1910年 9月10日	
安藤謙介	1914年 7月24日	
久保田政周	1918年 8月26日	
渡辺勝三郎	1922年11月29日	
有吉忠一	1925年 5月 7日	1929年5月7日再任
大西一郎	1931年 3月 3日	
青木周三	1935年 8月 3日	1939年8月3日再任
半井清	1941年 2月10日	1945年2月10日再任

出典：『横浜市会の百年（資料編）』（横浜市会事務局、1989年）を一部訂正。

一八八九（明治二二）年四月一日に市制を施行した横浜市は、同月一一日～三〇日にかけて一～三級の各級の市会議員選挙を執行して最初の市議を選出、五月一一日に第一回市会を開会し、六月六日の市会において最初の市長推薦が行われた。

この市会において市長推薦にあたりまず問題となったのは、市長の身分の解釈とそれに伴う手続き、具体的には市制第四四条と

第五〇条であった。この間の経緯は『横浜市会史』第一巻に詳しいが、要するに市長は市の吏員かどうか、そして選出の手続に市会がどのように関与するのかという問題であった。[5]すなわち市長も市の吏員であって「市会ニ於テ市吏員ノ選挙ヲ行フ」べきだとする解釈（第四四条）と、市長は市吏員ではなく従って市会は「推薦」するだけであるという解釈（第五〇条）の対立であった。この点に関し制定当時の政府解釈「市制町村制理由」は、市長も町村長と同様「均ク市ノ機関ニシテ一ノ市吏員」と解説しており、この論争も結局前者が多数を占め市会において市長候補者の選挙が行われることになった。初代市長選出にあたり、市会議員の間でこうした異論が生じたのも前述のような市長の二面的な性格に依るものといえよう。[6]

同日市会は、市長候補者を「甲乙丙と三段に分かちて匿名投票を以て」選挙を行った結果、甲として茂木保平、乙に平沼専蔵、丙に増田知が決定した。[7]茂木、平沼は横浜商人、増田は神奈川県一等属、横浜区長の官吏で三級選出の地主派議員が擁立した候補であった。[8]

この最初の選挙で推薦された甲乙丙三名の候補者のうち、市会でそれぞれ実施された選挙では甲の茂木は一七点、乙の平沼は二二点、丙の増田が二〇点という得票で、平沼が最高点であった。前述のようにそもそも市長は官吏か公吏かという定義にさえ疑義を生じるような存在であり、そのことは市会勢力が市長選任を自治的に理解していた、あるいは自治的に選出しうると理解していたことを物語るもので、市会は三人の推薦、とくに第一候補推薦をめぐって各派は激しく競争したのである。

市会はこの決定を受け、翌六月七日議長を通じて内務大臣に上申した。[9]

「市長候補者推薦ニ付上申

当市々長候補者トシテ左記ノ三名推薦候条此段上申候也

明治二十二年六月七日　　神奈川県横浜市会議長　原善三郎（印）

内務大臣伯爵松方正義殿
横浜市弁天通二丁目三十番地　平民　茂木保平
同市本町二丁目二十七番地　平民　平沼専蔵
同市伊勢町一丁目七番地　士族　増田　知」

これをみると、市会からの候補者は三名がそのまま上申されており、得点による推薦順位があったわけではなく、当時の新聞も「此三人の中何れが市長と政府にて選定せらる、やは知らざ」るとしている。(10) これを受けた内務大臣の総理大臣あて上奏書進達書は次のようである。

「内務大臣官房　甲第百八十八号
別紙神奈川県横浜市長御裁可ノ件上奏書進達ス
明治二十二年六月十四日　内務大臣伯爵松方正義（印）
内閣総理大臣伯爵黒田清隆殿
神奈川県横浜市長御裁可ノ件
茂木保平
平沼専蔵
増田知〔欄外　神奈川県橘樹郡長〕
右神奈川県横浜市会ニ於テ該市長候補者トシテ推薦候処増田知最モ適任ト被存候ニ付御裁可アラセラレ度別紙市会議長具状書相添謹テ上奏ス
明治二十二年六月十四日　内務大臣伯爵松方正義（印）」

ここにいう「別紙市会議長具状書」は見あたらないが、内務大臣は市会での投票結果ではなく議長の「具状書」

をもとに「増田知最モ適任ト被存候」判断し、首相に上奏書を進達したのである。首相はこの内務大臣の意見を一七日そのまま上奏し一八日に裁可された。

以上のように市長の就任までには、市会の選挙による市長候補者の推薦決定をへて（六月六日）、①市会議長から内務大臣への「推薦上申」（七日）、②内務大臣（官房）から内閣総理大臣への「市長御裁可ノ件上奏書進達」（一四日）、③総理大臣による天皇への上奏（一七日）、④裁可（一八日）、⑤内閣による市会への裁可指令（一八日）という手順であった。

ここで注意すべきは市会への最終決定としての裁可指令案は、六月一四日内閣書記官名で次のように準備されていることである。

「明治二十二年六月十四日　内閣書記官
内閣総理大臣（花押）　内閣書記官長（印）
内務大臣上奏神奈川県横浜市長就任ノ件奉聞裁可ノ上左ノ通指令セラルヘキ哉
　指令案
神奈川県横浜市長候補者中正七位増田知市長就任裁可セラル
　明治二十二年六月十八日」

つまり裁可の指令案は内務大臣の総理大臣への上奏書進達の日付ですでに用意されており、内務大臣が総理に進達した時点で、地方行政と地方官の人事を所管する内務大臣による決定が行われていたのである。

初代横浜市長として得票二位の丙候補であった増田が、内務大臣によって市長に指名されたことは、地主派と商人派が激しく対立した横浜市会の情勢に対する政府内務省の判断によるものであった。しかし、こうした政府の判断によって選任された市長に安定的な市会運営を期待することには無理があった。この後開催された市会では、助役、参事会員の選挙、区会設置案審議などをめぐって両派が激しく対立し、壮士も入り乱れた混乱が生じ、八月までに一、二級議員二四名のうち二一名が辞職し市会は開会不能になった。増田市長はこれに対し「監督官庁と協議の上」辞表を提出した議員に撤回を求め再開を試みたがこれも地主派の抵抗にあい、一一月九日、内務大臣山県有朋は市制一二〇条によって横浜市会を解散させ、三ヶ月以内の改選を命じた。これは四月に施行された市制の全国初の適用であり、横浜市会がいかに制御不能の混乱を呈していたかを物語るものであった。[11]この責任をとって増田市長は一二月に辞表を提出するに至るが、党派対立の激しい市会の情勢のなかで、内務大臣の判断を優先させた増田選任の思惑は、見事にはずれたのである。

2　助役の選挙

一八八八年市制において助役は「市会之ヲ選挙ス」（第五一条）、「助役ハ有給吏員トシ其任期ハ六年トス」（第五二条）とされた。ここで重要なのは、市長が市会の「推薦」と内務大臣を通じた裁可を通じて選任されたことに対し、助役は府県知事の認可を要するものの市会でたんに「選挙」されたことである。つまり、市長と助役は異なる制度で選出されたわけで、両者は市参事会を構成する執行部の重要要素でありながら必ずしも一体ではなく、助役は市会の意向が市長以上にもたらされる存在であった。

横浜市の最初の助役の選挙は、前述のような市会での地主派、商人派の激しい対立のなか一八八九年七月八日に行われた。その結果中山忠次郎二二点、金田吉郎一三点で、中山が当選、七月一一日神奈川県知事よりこの件に関し裁可が下り、ここに最初の助役就任が決定した。[12]

中山の経歴はよくわからないが「同好会派の人」とされている。[13]同好会は、同年五月に結成され改進党・商人派系の政治グループで、自由党・地主派系の公民親睦会（後、公民会）と対抗した。最初の市長となった増田は地主派に擁立された候補であり、助役は対立する党派から選ばれたのである。

中山はその後増田市長とともに一二月六日市会解散の責任をとって助役を辞職するが、翌九〇年三月増田にかわって商人派が推す佐藤喜左衛門が市長となり、三月一〇日助役補欠選挙が行われた結果、中山忠次郎二一点、川本多吉八点で再び中山が当選した。議長は「一応中山氏へ通知の上諾否を得て県知事へ上申すべしと告げ」、一二日裁可を受け助役に復帰した(14)。

表 1-3　戦前期横浜市助役

就任年月日	第1助役	第2助役
1889年 7月11日	中山忠次郎	
1895年10月15日	斎藤松三	
1901年 6月24日		高木可久
1907年 6月13日		中沼信一郎
1909年 4月 5日		吉田淳一
1915年 4月 5日	吉田淳一	樋口忠五郎
1919年 6月28日	三松武夫	
1923年 4月12日	青木周三	芝辻正晴
1924年 7月21日	森本泉	
1924年 9月19日		楢岡徹
1927年 1月17日	楢岡徹	田村清吉
1929年 3月 1日	大西一郎	
1931年 3月11日	村山沼一郎	
1934年 3月 9日		大岡大三
1934年12月17日		梅津芳三
1935年 8月27日	鵜沢憲	
1938年12月27日		菊池慎三
1939年 9月29日	菊池慎三	大岡大三
1941年 3月18日	田島義士	稲葉文毅
1943年 1月29日		渋江武

出典：『横浜市会の百年（資料編）』（横浜市会事務局、1989年）。
注：再任年月日は省略した。1901年5月6日助役増員。

このように市長選をめぐる党派対立の中で行われた最初の助役選挙は、市会が選挙するという助役決定制度が党派対立を直接的に反映するものであったこともあって、激しい選挙戦が演じられた。そして市長、助役を支持する勢力が分裂するという事態も生じた(15)。市長および助役の選任、選挙にみられたこうした混乱は、党派対立の激しさだけが原因ではなく、市制施行当初にあたり、市会と内務省の間あるいは市会内勢力の間で、市会運営が未熟であり制度上の問題がそのまま顕在化した結果といえるだろう。

3　選任制度の形骸化

初代横浜市長の選任において市会と内務大臣は対立したが、内務省が市会の第一候補と異なる指令を発したのはこの時だけであった。第二代の佐藤喜左衛門以下の各市長はすべて第一回選挙の当選者が就任している。これは一つには、市会での候補者推薦をめぐる各派の多数派工作が第一候補に集中して行われ、市会の推薦候補者が明確に提示されるようになったことと関係がある。

一九〇二年一二月の梅田市長病没のあとをうけた市長選挙では、商人派は第一銀行支店長市原盛宏、地主派は斎藤松三助役を擁立して対立、「地派は最初より形勢宜しからざるに数日前より新たに商派の激烈勧誘運動を蒙り派内の二三名を失いとする」などと、双方激しい選挙運動が演じられ、一六日の市会選挙では二五点対二一点という僅差で市原が当選した。(16) さらに朝田又七と木村利右衛門が引き続き推薦候補に選挙されたが、これは「規則上三名を選挙して裁可を奏請する筈なれば」というもので、形式的な選挙であった。また一九〇六年七月の三橋信方市長選出の市会では、それまでの甲乙丙にかわり第一候補〜第三候補という表現で候補者が決定され、第一候補者が最有力であることは自明となった。市制による三名推薦のうち最終決定は制度的には政府の手にあったが、実質的には市会（の党派）が市長選出の主導権を握り、政府（内務省）はその意志を尊重することが慣習として定着していったのである。

こうした傾向は、市制が規定する三人推薦という建前との矛盾を生じ、その運用をめぐって疑義が提起された。一九二二（大正一一）年一一月、難航した久保田市長の後任として渡辺勝三郎が市会で擁立され一一月六日の市会で第一候補として圧倒的得票で当選した際、内務省は県を通じて以下のような照会を市に対して行っている。

「第一候補の渡辺勝三郎氏が辞退した場合、第二候補石川徳右衛門、第三候補者若尾幾造両氏のうち一人をえらび御裁可の手続きを取っても異議を生ぜぬかとの照会があった。これはさきに水戸市長の第一候補者が辞退し第二候補者にお鉢がまはったが市会は第二候補は形式に選挙したので更に再選挙を行った例があるので内務当局は御裁可を仰ぐ手続上念をいれて照会して来たのであるが、横浜市も第二第三候補は形式候補であるが渡辺氏の受諾が決定しているので渡辺氏が辞退した場合第二第三候補何れも差し支へない旨回答したが若しも渡辺氏が辞退または就任し得ぬ事情が発生すれば市会はやり直しの選挙を行ふ腹である」[17]

横浜市においても第二、第三候補者は「形式候補」で、もし第一候補が辞退した場合はやり直しの選挙を行うとしており、この制度の形骸化は明らかであった。つまり一八八八年市制が規定した市長候補の三名推薦、内務大臣による上奏裁可という形式は、市会内および市会と内務省の間で政争化を惹起するものであり、形式としては次第に有名無実化していき、その結果、実質的には市会による第一候補者選挙が「当選」を意味することになっていったのである。

二　昭和期の市長選任

1　一九二六年・二九年改正市制

一九二六（大正一五）年の市制改正は、前年の衆議院選挙法改正による普通選挙制を地方にも導入し自治権を大幅に拡充するものであった。この改正により、市長の選任形式はたんに「市長ハ市会ニ於テ之ヲ選挙ス」（第七三条第二項）とされ、市長就任も自治による選出となった。

しかしこの改正のもう一つの重要な点は、市長が市会での選挙によって決定されることに伴い、市長の進退に関して市会の決定と本人の意思の関係が問題となったことである。今回の改正では任期中でも市会の承認により、また退職三〇日以前の「申出」があれば「任意」に退職することができるようになった（第七三条第三項）。

さらに当選の際の受諾の意思の確認は一九二九（昭和四）年の市制改正で明確化された。すなわち同改正では、当選者が決定したときは、直ちに当選の告知をなし、当選者は告知を受けた日の翌日から二〇日目までに、その当選に応じるや否やを申し立てるべき旨、もしその期間内に申し立てをしなければ「当選ヲ辞退シタルモノ」と見なされた。市長就任は、本人の意志により団体としての市と契約することを意味し、市長就任の起算も当選受諾の「申立」をもってすることになった。[18]

また裁可形式の時代には代理助役によって裁可が告示されていたのに対し、この時期は就任した市長名で発せられるようになった。そして続く大西一郎（一九三一年三月三日）、青木周三（一九三五年八月三日）、半井清（一九四一年二月一〇日）の選挙においては本人の当選受諾と市報への本人による告示が同日になされるようになった。

これらの一連の改正は、市会での選挙にかかわらず、市長の当選や退職、就任において候補者→就任者の意思が決定的であることを意味した。内務大臣による上奏裁可という形式を廃したかわりに、本人の意思を手続上重視することにより、市会の選挙による候補者→就任者への影響力を制約することになり、内務大臣の関与を否定し市会の選挙を規定したにもかかわらず、むしろ市長の主体性を確立したものとなったのである。

この市会での選挙および本人の承諾という市長選出方法への転換は、横浜市では一九二五年に就任していた有吉忠一市長が一九二九年五月六日任期満了を迎え、その再選の際に行われた。横浜市会では、震災復興に大きな手腕を発揮した有吉市長の重任を五月三日市会で満場一致で決議、直ちに平沼亮三市会議長らが「貴下は本月六日を以て任期満了せられ候に就ては本日の市会に於て市長選挙を行ひ御当選相成候間御諒諾下され度此段及御通知候也」との議長名の通知書をもって熱海の有吉を訪問した。[19] 有吉は健康問題を理由に回答を留保したが、再三の市会・市民からの懇請と七日相談した内相からの要請もあって、八日正式に受諾を表明した。[20] その就任を伝える『市報』では、「告示　横浜市長正三位勲一等有吉忠一五月六日任期満了ノ処五月三日横浜市会ニ於テ再選セラレ同七日就任シタリ　昭和四年五月七日　横浜市長有吉忠一」とある。[21] このように有吉の市長就任は制度が規定する市会での選挙より、本人の意思という市長の主体性が左右することを印象づけるものであった。

2　一九四三年改正市制

戦時下の一九四三（昭和一八）年一月第八一議会での市制改正法案上程にあたり、内務大臣湯沢三千男は「此ノ際市町村行政ニ付キマシテ、根本的刷新ト高度ノ能率化トヲ図リ、以テ国策ノ浸透徹底ト、国民生活ノ確保安定トニ万全ヲ期シマスルコトハ、今後ノ時局ニ対処シ、戦ヒヲ徹底的ニ勝抜ク為ノ国内体制ノ整備トシテ、最モ緊要デアル」とし、「市町村民ノ指導者トシテ市町村長ノ影響力ハ、極メテ重視スベキモノ」とした[22]。すなわち戦時行政を末端で遂行する市長の権限を強化するとともに、任命方式は「内務大臣市会ヲシテ其ノ候補者ヲ推薦セシメ其ノ者ニ就キ勅裁ヲ経テ之ヲ選任ス」とした（第七三条一項）。つまり一八八八年市制による推薦、裁可の方式へ復帰したのであり、二六年市制の自治的な方向を「国家統制強化」へと「逆行」させるものであった[23]。

ただし、旧制度が三人とした推薦候補者の数は一九四三年改正では明記されず、この運用にあたり内務省の解釈は「通常一人」と「予想」したが、「市会ノ事情已ムヲ得ザルニ於テハ二人以上ヲ推薦スルモ差支ナ」く、また「順位ヲ附スルコト」もよしとした。さらに市会における推薦方式も議決さえすれば選挙かその他の方法でもいずれでもよいとした[24]。裁可形式への復帰ではあったが、迅速に市長を決定するために市会に一定の裁量を与えた。

今回の改正で重要なのは、市長の推薦は市会の発議ではなく内務大臣の推薦命令によって初めて手続きを開始するという点であった。すなわち市長の任期満了前三〇日に内務大臣より市会に対し推薦命令が発せられ、市会は発令の日より三〇日の期日までに推薦しなければならなかった。一八八八年市制の場合は、裁可の決定まで市会には「再推薦」をさせ、また「臨時代理者」や「官吏ヲ派遣」するなどの暫定措置を行うことになっていたが（第五〇条）、今回の改正では期日が設定され、もしその間に推薦が行われなかった場合は、「内務大臣ニ於テ勅裁ヲ経テ市長ノ選任ヲ為スコトヲ得」と、実質的に内務大臣による決定が行いうることになった（第七三条第二項）。

そのため市会における推薦の方法は前述のように適宜であったが、必ず議決など意志決定が行われなければならず、決定後は市会議長から（イ）候補者推薦に関する市会の議決書写、（ロ）市会会議録写、（ハ）候補者調書、（ニ）候補者の同意書、などが府県知事を経由して内務大臣に提出されることとなった。候補者の同意はより明確な形で提示されることが規定された。さらに提出された推薦候補者について、内務大臣は必ずこれを選任すべき義務はなく、これを拒否してさらに推薦を命じることもできた。内務大臣は適任と認められた場合（者）に、上奏裁可を経て発令した。[25]

このように今回の改正は、前改正に明示された市長候補者の同意に加えて選任過程での内務大臣の強い関与を規定した。これは内務省―市長を通じて国策を強力に遂行するため市長の地位を強化する同改正の意図を反映するものであった。

横浜市においてこの制度での市長就任は、一九四五年二月の半井清市長の再選の際であった。[26] 二月九日の任期満了の一ヶ月前、一月九日付で内務省の推薦命令書（内務省発第二号）を受けた横浜市会は、二月二日の市会で半井清の再選を決議、直ちに市会議長飛鳥田喜一は同日付けで内務大臣大達茂雄あてに「左記ノ者ヲ適任ト認メ本市会ニ於テ満場一致推薦議決致候条関係書類相添へ此段推薦候也」との「市長候補者推薦書」を発した。これには、候補者決定をうけた本人の「私儀今般横浜市会ニ於テ横浜市長候補者トシテ推薦決定相成候処御選任ノ上ハ就職可仕茲ニ同意候也」とする「同意書」、氏名、生年月日、本籍、住所、位階勲等、公民権ノ有無、職業、資産信望、経歴など記した「市長候補者調書」、市会での決議の模様を示した「市長候補者推薦ノ件」の「議案」および「横浜市会会議録」が添付されている。

これは二月六日、内務大臣から「内務省神地第六号」として「市制第七十三条第三項ニ依リ同市長ニ任シ度右謹テ奏ス」と内閣総理大臣小磯国昭あてに「進達」され、七日内閣総理大臣は「半井清神奈川県横浜市長ニ任スルノ件」の「裁可ヲ仰ク」こととなった。翌八日、内閣総理大臣と内閣書記官長名で「半井清神奈川県横浜市長ニ任スルノ件ハ上裁ヲ経テ左ノ通指令相成然ルヘシ」として裁可を指令した[27]。半井は、戦後四六年一一月に公職追放で市長を辞任し、この改正市制で就任した最初で最後の横浜市長となった。

以上のように一八八八年市制以降の各改正市制が規定する市長選任制度は、それぞれの時代の市長・市会・内務省の関係を基本的に規定した。すなわち、当初市制期の明治大正期は、内務省と市会の均衡の上に市長が選出されたが、市会の意思が優先する形で市長選任が行われた。しかし二六年・二九年市制以降は形式は市会による選挙となったが、候補者の主体的意思が明示され選任過程で市会との合意が重視されるようになった。これが戦時期の四三年改正になると、市長選任への市会の裁量を認めつつ、内務省—市長関係を強化する体制となったのである。

三　歴代横浜市長の特質

1　経歴にみる変化

では、右のような市長選任制度の展開は、どのような市長を市にもたらしたのだろうか。戦前期の市制にもとづいて就任した横浜市長は、初代の増田知以降半井清まで一三人である[28]（表1—2参照）。以下に略歴を記しておこう[29]。

〈歴代横浜市長〉

増田知（一八八九年六月一八日就任）　一八四三年壬生藩（現栃木県）藩士に生まれ、同、名古屋、白川、熊本、群馬県などに奉職後、一八八二年一二月神奈川県一等属、一八八六年九月横浜区長となり、一八八九年六月一八日、前述のような経緯で初代の横浜市長に就任した。翌年二月の退職後は富山県参事官、南多摩郡長などを歴任し、一九一一年没した。

佐藤喜左衛門（一八九〇年三月三日就任）　一八四八年久良岐郡北方村（現横浜市中区）生まれ。神奈川県第一大区（横浜）第三小区戸長、横浜区長心得、久良岐郡長をへて横浜市長に就任。一八九六年三月退職後は東京移民会社（在横浜）の仕事でハワイに渡航し、現地で病没した。

梅田義信（一八九六年六月三日就任、一九〇二年六月一〇日再任）　一八四八年江戸に生まれ、一八七三年鳥取県出仕、東多摩郡長、東京市芝区長、栃木・奈良県書記官、文部書記官を歴任後に、横浜市長。一九〇二年にも再任されたが九月に病没した。

市原盛宏（一九〇三年一月九日就任）　一八五八年肥後国生まれ、熊本洋学校、京都同志社に学ぶ。エール大学に留学し、帰国後同志社政法学校の政治学教授、次いで教頭。一八九五年日本銀行に転じ、以後第一銀行本店、同横浜支店に勤務をへて横浜市長に就任。

三橋信方（一九〇六年九月二八日就任）　一八五六年江戸に生まれ、工部省電信寮雇となり、一八八一年神奈川県外事課御用掛、翌年同課主事をへて一八八六年同県書記官、一八八九年横浜築港掛長。一九〇一年特命全権公使としてオランダ、デンマークに駐在。任期中に病没。

荒川義太郎（一九一〇年九月一〇日就任）　一八六二年武蔵国北豊島郡金杉村（現東京都）に生まれ、東京帝大卒業後、内務省参事官、臨時横浜築港局次長、鳥取・三重・香川・長崎各県知事を歴任後、横浜市長に就任、同年貴族院議員に勅選。一九二七年没。

安藤謙介（一九一四年七月二四日就任）　一八五四年土佐国に生まれ、中江兆民の塾でフランス語を学び、一八七六年外務省に入り、ロシア国日本領事館、公使館に勤務、後司法省に転じ横浜地方裁判所などの検事正を勤める。一八九六年から一九一三年まで富山県ほか各県知事、一九〇三年には衆議院議員に当選（立憲政友会所属）。横浜市長退任後は、京都市長（～一九二〇年）に就任。

久保田政周《きよちか》（一九一八年八月二六日就任）　一八七一年東京生まれ、一八九五年帝国大学卒業後内務省に入り、警保局警務課長、栃木県知事をへて一九〇六年満鉄理事。一九一一年帰朝後、三重県知事、内務省土木局長、一九一四年東京府知事、一九一五年内務次官（第二次大隈内閣）を歴任して横浜市長に就任。退任後は、一九二四年東洋拓殖会社総裁に就任。(30)

渡辺勝三郎（一九二二年一一月二九日就任）　一八七二年岡山県生まれ、一八九六年帝国大学卒業後内務省に入り、一九〇八年徳島県知事、一九一四年内務省地方局長、一九一七年新潟県知事、一九一九年長崎県知事を歴任。横浜市長退任後は、久保田の後任の東洋拓殖会社総裁に就任。一九三六年には高松宮家別当となる。

有吉忠一（一九二五年五月七日就任、一九二九年五月七日再任）　一八七三年京都府生まれ、一八九六年帝国大学卒業後内務省に入り、一九〇八年千葉県知事、一九一〇年統監府総務長官、一九一一年、宮崎県知事、一九一五年神奈川県知事、一九一九年兵庫県知事、一九二二年朝鮮総督府政務総監を歴任後、横浜市長に就任。一九二九年五月再任。在任中貴族院議員に勅選。一九三三年からは横浜商工会議所会頭に就任した。

大西一郎（一九三一年三月三日就任）　一八八七年香川県生まれ、一九一二年東京帝大卒業後内務省に入り北海道庁、朝鮮総督府、復興局などをへて一九二六年東京市助役に就任、一九二七年同退職後、一九二九年横浜市助役となった。横浜市初めての助役からの昇格市長であった。

青木周三（一九三五年八月三日就任、一九三九年八月三日再任）　一八八五年山口県生まれ、一九〇二年東京帝国大学卒業、逓信省に入り、一九一三年東京鉄道管理局経理課長、一九一七年鉄道院経理局鉄道部長などをへて一九一九年筑豊電

気軌道株式会社取締役、一九二一年に横浜市に入り初代電気局長、一九二三年に横浜市助役となり、退職後一九二四年および一九二九年に鉄道次官となる。横浜市長は一九三九年八月に再任。一九四六年に公職追放される。

半井清《なからい》（一九四一年二月一〇日就任、一九四五年二月一〇日再任）一八八八年岡山県に生まれ、一九一三年東京帝国大学卒業、内務省に入り大阪府、石川県、朝鮮総督府などの勤務ののち一九一七年より佐賀県、宮崎県知事、社会局長官、神奈川県知事、北海道長官、大阪府知事を歴任。戦後は公職追放解除後に一九五二年横浜商工会議所会頭、一九五九年に横浜市長に当選した（一期）。

以上の歴代横浜市長の経歴で指摘できるのは、一八八九年の市制施行後から日露戦争あたりまでの時期は、増田知、佐藤喜左衛門、梅田義信といった公吏や地方官吏、市原盛宏のような教育者、実業家といった経歴者が市長に就任していることである。さらに日露戦後には三橋信方、荒川義太郎という内務省系の官僚で横浜築港に関係した市長が二代続き、大正期に入ると政党所属の代議士出身の安藤謙介が就任している。大正後半期一九二〇年代に入り久保田政周、震災を挟む渡辺勝三郎、有吉忠一らは生粋の内務官僚出身でしかも経歴が高い有力官僚である。昭和期に入って一九三〇年代の大西一郎、青木周三、半井清らにもこの傾向が続くが、大西、青木のように市の助役が昇進ないし経験者として就任する事例が現れている。大きくみて横浜市長は、当初の地元型で多様な経歴を持つ市長から、中央の内務省を中心とする有力官僚出身者へと推移している。

市長の出身を「市長供給システム」の反映と捉え、これを「上位政府型」（中央政府及び府県官吏、貴族院・衆議院議員、軍人）と「市の地方自治型」（助役、公吏、市会議員）、「民間型」（地域的政治支配層、資本家層、知識人）とし、またその供給ルートを「行政ルート」（官吏→市長）と「政治ルート」（大臣・議員→市長）と区分したのは、進藤兵による研究である。[31] この方法は、市長人事の基本的性格を把握する上で、有益な視点を提供している。

この観点から右の横浜市長をみると、増田、佐藤は「市の地方自治型」、市原は「民間型」であるが、三橋以後、大西一郎を除く市長はすべて「上位政府型」となる。大西一郎は助役からの昇進であるが、彼も内務官僚として地方官、東京市助役といった経歴を持ち、純粋に横浜の「市の自治システム」内に位置していたわけではない。また供給ルートでいえば「政治ルート」は安藤のみで民間の市原を除けば他はすべて「行政ルート」である。こうしてみると、近代日本の都市制度は市長と「上位政府システム」「行政ルート」との融合、すなわち中央政府の専門官僚層と人的に結合することを中核として確立、定着していったという、進藤の指摘は横浜市においても妥当するようである。(32)

2　市長の供給

横浜市の多くの市長が「上位政府型」であったのは、「上位政府」の候補者を市へ斡旋する有力者が存在したことによる。

例えば日露戦後の一九〇六（明治三九）年九月に就任した三橋信方の選任にあたっては当時内務大臣であった原敬の斡旋があった。原は三橋が在任中死去する直前、一九一〇年六月の日記に次のように記している。

「二十二日　横浜朝田又七、平沼専蔵来訪にて先年余が周旋しやりたる市長三橋信方昨年来より病気にて近日中死亡を免れざる様子に付、市より死亡の上は二万円贈与する事に内定し、其事本人にも話し安心せしめたりとの事告げ来る。本人は誠に仕合の事にて、和蘭には到底在勤せしむる事を得ざる事情ありしに丁度横浜より市長を求め来れるに因り同人は曾て神奈川県にも奉職し縁故あるに付周旋せし」(33)。

さらに次の荒川義太郎（一九一〇年九月一〇日就任）は内務省に入り臨時横浜築港局次長、神奈川県内務部長をへて鳥取、三重、香川、長崎各県知事を歴任したが、第二次桂内閣の時に免官となり、直後に横浜市長となった。

荒川は市長就任直後に貴族院議員に勅選されるが、その所属会派は山県・桂系の茶話会であった。この経歴からわかるように荒川は非政友系の内務官僚であり、横浜市長就任を援助したのは桂太郎首相であったとされている。また逆に一九一四年七月就任の安藤謙介は一八九六年から一九一三年まで富山、千葉、愛媛、長崎、新潟の各県知事を歴任し、その間一九〇三年の第八回衆議院議員総選挙に富山県高岡市から政友会所属で立候補し当選しているが、露骨な「党勢拡張」の施政は政友系の「札付き知事」と呼ばれて有名であった。(34) この安藤の市長就任には「政友会本部の推薦」があったという。(35)

市外の有力者によって市長候補が斡旋される傾向が日露戦後に現れてくるのは、そのころから顕著となってきた横浜の政財界の中央志向と関係しよう。当時、関西や東京その他の地方勢力や外国資本の進出によって貿易港都としての地位を低下させつつあった横浜の将来に危機感を抱いた横浜政財界は、一九〇三年市原盛宏市長が横浜市改良期成委員会を設置して港湾改良を中心とした「横浜市発展策」を提唱し、次の三橋市長の時代の一九一〇年には政財界の有力者を網羅した横浜経済協会を設置して政府との連絡強化による資金導入を図り、工業振興を通じて「横浜新発展」を目指す活動を推進した。(36) このような横浜の新たな中央志向について当時の雑誌は「過去の横浜は官辺に近接する必要なきによつて接近せず、今日の横浜は大に政府に接近せざるべからざる必要によつて接近し来たれり」と評した。(37)

この背景には右のような横浜の経済力の低下に対する財界の危惧があり、一九〇三年の衆議院議員選挙で島田三郎を支援して中央から持ち込まれた奥田義人、加藤高明候補を破った「正義派」と呼ばれるグループがこの動きを推進した。(38) 彼らは財界では商人派少壮派、政治的には非政友系に属し「都市化にともなう都市政策の担い手」となり、横浜の新たな発展策を模索していくのである。(39) その中心人物は中村房次郎であった。

中村房次郎は一八六八年生まれ、開港期の横浜商人増田嘉兵衛の二男で、増田屋、松尾鉱業、横浜生命保険、横浜船渠など多数の会社の経営に携わり、原富太郎（三溪）とならぶ横浜財界の巨頭となった。[40]政治上の経歴では一九〇二年より市会議員（正義派、商人派）に三期当選し、右の島田支援の急先鋒となったことが目立った活動であったが、昭和期には立憲民政党横浜支部顧問をつとめるなど同派を支える「陰の人」として影響力を持った。[41]

中村が横浜市民政派の実力者の地位を確立する上で重要な後援者となったのは、内務官僚出身で警視総監、台湾総督、東京市長を歴任、ついで枢密顧問官となった伊沢多喜男であった。[42]伊沢多喜男の伝記によれば、大正期の久保田政周以降の歴代横浜市長、すなわち渡辺勝三郎、有吉忠一、青木周三、半井清らは中村房次郎の求めに応じた伊沢によって推薦され就任したとされる。[43]

これら各市長は鉄道省の青木以外はすべて内務省出身の官僚であった。これ以前にも三橋信方や荒川義太郎らは内務省出身であったが、久保田は内務次官、東京府知事、有吉は朝鮮総督府総監、青木は鉄道次官、半井は社会局長官や大阪府知事といった官僚の要職を歴任したいわば大物官僚出身である点が異なっている。さらに昭和期の青木は渡辺市長時代の、大西は有吉市長時代の助役であり、市長職がこれらの官僚たちの間で再生産されていたとみることもできる。伊沢は内務官界に大きな影響力を持ち、昭和期には「伊沢系官僚閥」とも称される隠然たる勢力を築いたが、伊沢は中村を通じて横浜市長に有力内務官僚を供給していったのである。これら大物官僚の招聘に動いた中村の意図は、横浜の発展そして震災後は復興のため中央との有力なパイプを必要としたことであったが、伊沢は自らの内務官僚人脈のポストとしてこれに応え斡旋し続けたのである。そしてこれら各市長を通じて伊沢の横浜市政への関与は一九二〇年代から一九四〇年代、戦後にまで続くのである。[44]

3　大都市比較

以上のような横浜市の市長選任と供給の特質は、大都市の中でどのように位置づけられるだろうか。[45]ここでは横浜市を東京、大阪、名古屋、京都、神戸のいわゆる六大都市で比較してみよう(表1―4)。

さきの進藤の研究によれば一九二二年~三〇年は全市長の経歴のうち「上位政府」出身者は四割を越え戦前のピークとなったとされるが、以下の六大市長の出身について前述の分類をあてはめると表1―5のようになる。

ほぼこの時期に六大都市においても初期の「市の地方自治」から漸次「上位政府」システム優位へと変化していることが確認できる。なかでも官吏→市長という「行政ルート」は、一九一〇年代に東京市(阪谷芳郎)、大阪市(池上四郎)、名古屋市(阪本 之助)で進展し、ついで横浜市(久保田政周)、京都市(馬淵鋭太郎)と拡大している。

各都市間の特徴をみると、「上位・行政」型として東京>横浜>名古屋>京都>神戸>大阪の順になっている。すなわち東京は首都としてやはり国家統制が強く「官治」的であり、大阪は「自治」的である。

このように六大都市の「官治」→「自治」の程度は東京→大阪と配列されるが、こうした市長職の「官治」化は、時系列的な変化としても現れている。すなわち、官吏→市長という「行政ルート」は、一九一〇年代に東京市(阪谷芳郎)、大阪市(池上四郎)、名古屋市(阪本 之助)で進展し、ついで一九二〇年代に横浜市(久保田政周)、京都市(馬淵鋭太郎)と拡大し、六大都市いずれもにおいてこの時期に市政トップにおける「官治」化傾向は顕著となっているのである。

東京市長の「官治」化が高くまた早いのは、首都として性格によるものであろう。[46]その転機は、尾崎行雄から代わった阪谷芳郎(一九一二年七月一二日就任)の時代である。[47]尾崎はその政治的名声にもかかわらず、市長としては市会を牛耳る森久保作蔵ら「常盤会の傀儡」とされ、また市営電車、電灯事業の経営失敗により政府からも市長不信任がつきつけられる状況であった。こうした中で財政再建の輿望を担って登場したのが第二次西園寺内閣で大蔵大臣を務めた阪谷であり、阪谷は東京市における「官僚市長」の嚆矢となった。阪谷は、内務大臣原とも近く、

表 1-4　五大都市の市長

東京市

氏　名	就　任	前　歴
松田秀雄	1898.10. 6	東京市会議員
尾崎行雄	1903. 6.29	衆議院議員・文部大臣
阪谷芳郎	1912. 7.12	大蔵次官、大臣
奥田義人	1915. 6.15	宮中顧問官、司法大臣
田尻稲次郎	1918. 4. 5	会計検査院長
後藤新平	1920.12.17	内務大臣・外務大臣
永田秀次郎	1923. 5.29	内務省警保局長
中村是公	1924.10. 8	鉄道院総裁
伊沢多喜男	1926. 7.16	台湾総督
西久保弘道	1926.10.29	警視総監
市来乙彦	1928. 2. 7	日銀総裁
堀切善次郎	1929. 4.24	復興局長官
永田秀次郎	1930. 5.30	東京市長、拓殖大学長
牛塚虎太郎	1933. 5.10	東京府知事
小橋一太	1937. 6.28	衆議院議員・文部大臣
頼母木桂吉	1939. 4.24	衆議院議員、逓信大臣
大久保留次郎	1940. 5.12	東京市助役
岸本綾夫	1942. 8. 3	予備陸軍大将

大阪市

氏　名	就　任	前　歴
田村太兵衛	1898.10.12	商家・大阪市議
鶴原定吉	1901. 8.31	日銀理事・関西鉄道社長
山下重威	1905.12.11	大阪府議・市議
植村俊平	1910. 8. 8	九州鉄道支配役･鉄道員理事
肝付兼行	1913. 1.17	海軍中将・男爵
池上四郎	1913.10.15	大阪府警察部長
関一	1923.11.30	東京高商教授･大阪市助役
加々美武夫	1935. 2.12	大阪市助役
坂間棟治	1936. 7.20	岐阜県知事・大阪市助役
中井光次	1945. 9. 8	島根県知事・大阪市助役

京都市

氏　名	就　任	前　歴
内貴甚三郎	1898.10.12	京都商工銀行取締役
西郷菊次郎	1904.10.12	元宮内省式部官
川上親晴	1912. 3.31	和歌山県知事
井上密	1913. 3.31	京都帝大教授
大野盛郁	1917. 1.10	相互運輸倉庫取締役、京都市助役
安藤謙介	1918.11.29	衆議院議員・長崎県知事・横浜市長
馬淵鋭太郎	1921. 7.22	京都府知事
安田耕之助	1925. 2.21	大阪税務監督局監督官
市村光恵	1927. 8.20	京都帝大教授
土岐嘉平	1927.12.13	北海道庁長官
森田茂	1931.12.21	京都市会議長・衆議院議員
大森吉五郎	1932.12.18	熊本県知事
浅山富之助	1935. 2.19	京都市会議長
市村慶三	1936. 6. 4	鹿児島県知事
加賀屋朝蔵	1940. 6. 8	京都市助役
篠原栄太郎	1942. 7. 6	内務次官、東京市助役

名古屋市

氏　名	就　任	前　歴
中村修	1889.12.17	大審院検事
志水忠平	1890.11. 6	第134銀行頭取
柳本直太郎	1894. 2.28	愛知県書記官
志水直	1897. 7.19	台湾総督府民政局事務官
青山朗	1901.12.27	衆議院議員
加藤重三郎	1906. 6.27	弁護士
阪本　之助	1911. 7. 4	鹿児島県知事
佐藤孝三郎	1917. 7. 2	福井県知事
大喜多寅之助	1921. 7. 2	名古屋市議、市会議長
川崎卓吉	1922. 4. 1	台湾総督府殖産局長
田阪千助	1924. 9.25	台湾総督府参事官
大岩勇夫	1927. 8. 1	衆議院議員
県忍	1939. 1.10	樺太庁長官･大阪府知事
佐藤正俊	1942. 2.21	三重県知事･名古屋市助役

神戸市

氏　名	就　任	前　歴
鳴滝幸恭	1889. 5.21	神戸区長
坪野平太郎	1901. 5.27	神戸商業学校長
水上浩躬	1905. 9.28	横浜税関長
鹿島房次郎	1910. 2.28	神戸市議・助役
桜井鉄太郎	1920.10.18	専売局長・大蔵次官心得
石橋為之助	1922.12.22	衆議院議員
黒瀬弘志	1925. 8.17	山梨県知事
勝田銀次郎	1933.12.21	貴族院・衆議院議員
野田文一郎	1942. 1. 8	衆議院議員
中井一夫	1945. 8.11	衆議院議員

出典：『日本の歴代市長1、2』(歴代知事編纂会、1983年、1984年) をもとに、『新修大阪市史』『新修神戸市史』『新修名古屋市史』『東京百年史』から補足。

表 1-5　六大都市市長の出身類型

	東京市		横浜市		名古屋市		京都市		神戸市		大阪市	
型	数	割合	数	割合	数	割合	数	割合	数	割合	数	割合
上位政府	14	77.8	9	69.2	10	62.5	9	60.0	6	60.0	2	20.0
市の地方自治	4	22.2	3	23.1	2	12.5	2	13.3	3	30.0	5	50.0
民間	0	0.0	1	7.7	4	25.0	4	26.7	1	10.0	3	30.0
合計	18	100.0	13	100.0	16	100.0	15	100.0	10	100.0	10	100.0

注：進藤兵の分類を表1－4に適用して作成。

懸案の処理についてしばしば原に面会し、例えば民間と対立する市電灯問題について原は阪谷に「宜しく協商の方法を講ずべしと訓諭」している。(48) 阪谷は東京市にとってその官僚としての閲歴によって、中央との交渉のパイプ役を期待されたのである。

東京市と対照的なのが大阪市である。一九二〇年代の関一市政に代表される大阪は「上位政府」システムは著しく低く、逆に「市の地方自治」システムが最も高い。表1―5から明らかなようにその「自治」的特徴は顕著であり、六大都市のなかで際だっている。

大阪市は市制特例廃止後、初代市長選出にあたり当初市参事会は元あるいは前大阪府知事の就任要請に動き、三代目の選出においても元知事や農商務次官を候補に選考するなど「上位政府」型市長の就任の可能性があった。(49) しかし結局、市会出身の田村太兵衛、山下重威がそれぞれ就任しており、その背景には大阪市会および市参事会に各区の有力者からなる「予選派」の勢力が強かったことがあげられる。(50) 大阪市の場合、市制当初に市制特例として自治権を制限されたことへの反動など、いくつかの歴史的条件が考えられようが、大阪市においては「市の地方自治」システムが強く作用したのである。

この東京市と大阪市を両極として、横浜市は東京市と比較的近いタイプであったといえるだろう。一九二〇年代に進展した横浜市長の官僚化の過程は改めて論じなければならないが（本書第三章）、都市経営とりわけ財政上で難局の解決に大蔵官僚の手腕が期待された阪谷芳郎のように、複雑化し拡大する都市行政に官僚出身市長が大都市市長に就任していく傾向は、横浜市ほか大都市でも一九二〇年代以降に顕著になる傾向であった。

表1-6　戦前期の市長と市政構造

歴代市長	増田 佐藤 梅田 市原 三橋 荒川 安藤	久保田 有吉 大西	青木 半井
①法制	1888年市制	1926年・29年市制	1943年市制
②主体　内務省	強	なし	強
市長	弱	→	強
市会	強	→	弱
③政争化状況	強	→	弱
④供給システム	市の地方自治型	→	上位政府型
⑤市政運営形態 市長－市会関係	市長＜市会合意型　→	「協調市政」体制　→	市長＞市会合意型

おわりに

本章で考察した市長と市会を中心とした戦前期横浜市政の構造について、その特質を以下のような項目に基づいてまとめておこう（表1―6）。

①法制　市政構造の中心となる市長―市会関係を規定する市制の市長選任制度の面からみると、一八八八年市制、一九二六年・二九年市制、一九四三年市制が画期となる。

②主体　この制度に基づいて、市長選任過程には政府・内務省、市長候補、市会という三つの主体があり、この間で推薦・選挙、上奏・裁可・指令、受諾が行われる。この過程において各主体が状況を決定づける影響力の程度には強弱がある。一八八八年市制期には、市会と内務省の間で推薦・選挙と上奏・裁可・指令が相互に行使され、当初は内務省が強権を発動する場合もあったが、現実的には市会の意思が尊重され優先していった。次いで一九二六年・一九二九年市制期には内務大臣の関与はなくなり市会の選挙となって右の実績が定着する。しかし同時に候補者の選任に関する意思が明示され市会の意思は候補者に制約された。一九四三年市制は、この候補者の意思の確立と内務省の関与の復活によって市会勢力の影響力は弱いものとなった。

③政争化状況　市長選任の過程では、各主体の関係において対立や抗争が生起す

る。市会内勢力間、市会と市長間の対立といった政争化の程度は、当初は三名の推薦候補者の選挙をめぐり市会の勢力間あるいは市会と内務大臣との間で対立が激化することがあったが、明治後半〜大正期を通じて第一候補選考への集中と内務大臣の市会尊重の姿勢によって漸次選挙競争は弱められていった。

④供給システム　市長候補の出自経歴は、彼らがどのようなルートで市に供給されて、選任制度を通過したのかを示す指標となる。これによって市長選任制度が、つまり市政の上層部が組み込まれた中央・地方関係を知ることができる。横浜市の歴代市長は「市の地方自治型」という地元供給から、「上位政府型」に変化し、まず日露戦後の中央の専門官僚に始まり、大正後半期には内務省の高級官僚が登場し、これが昭和戦前期を通じて継続していった。

⑤市政運営形態　①〜④の結果として構築される市長—市会による市政運営は、両者の相対的力関係を基礎とした合意の体制として捉えることができる。車田忠継は東京市の分析で「支持」または「提携」関係を「市長—市会合意型」と設定したが[51]、これを両者の相対的関係に援用すると、横浜市政の運営は市会意思が優位にある「市長∧市会合意型」から市長意思が優位にある「市長∨市会合意型」へと推移しており、その転回点は関東大震災後に横浜復興という挙市的目標に向け政財界が結束して成立した有吉市政の「協調市政」体制であったと考えられる[52]。有吉以降「協調市政」体制は、昭和戦前戦後に連続する横浜市政における保守支配の基本的枠組みとなるが、その成立は明治以来の市政体制の上述のような変化の中に位置づけられるのである。

注

（1）市長を中心に据えて大都市の政治構造を分析した研究を含むものとしては、進藤兵「近代日本の都市化と地方自治の研究・序説　市長の経歴分析を素材として」『社会科学研究』（四六—五）が代表的である。最新の研究には、櫻井良樹『帝都東京の近代政治史　市政運営と地域政治』（日本経済評論社、二〇〇三年）があり、同書（二二頁）には東京市その他都市についての詳細な文献紹介がある。東京市についてはほかに、鍛冶智也「東京の市政改革　後藤市政における行政管理」（東京市政調査会『大都市行政の改革と理念　その歴史的展開』日本評論社、一九九三年）、車田忠継「東京市・市長と市会の政治関係―田尻市政期における政治構造の転形」『日本歴史』（六四九、二〇〇二年六月）があり、大阪市については芝村篤樹『関一　都市思想のパイオニア』（松籟社、一九八九年）、同『日本近代都市の成立　一九二〇・三〇年代の大阪』（松籟社、一九九八年）が代表的である。横浜市については『横浜市史Ⅱ』第一巻～第三巻に昭和期の戦前戦後の各市長と市政構造の叙述があるが、とくに天川晃「過渡期の市政」「飛鳥田市政」『横浜市史Ⅱ』第三巻（上）（下）（横浜市、二〇〇二年、二〇〇三年）は戦後の横浜市政における平沼亮三、半井清、飛鳥田一雄各市長期における保守と革新市政の動向を構造的に分析している。なお市長ではないが、小山博也『埼玉県政と知事の歴史的研究』（新興出版社、一九九六年）や片岡正昭『知事職をめぐる官僚と政治家　自民党内の候補者選考政治』（木鐸社、一九九四年）は、戦前戦後期の地方長官、知事をめぐる政治構造を理解する上で有益である。

（2）前掲櫻井良樹『帝都東京の近代政治史』一三頁。

（3）『政治学事典』（平凡社、一九五四年）五一一頁。

（4）田口昌樹「市参事会制に関する一考察（一）」『中京大学大学院生法学研究論叢』二〇（二〇〇〇年）七七頁。

（5）『横浜市会史』第一巻（横浜市会事務局、一九八三年）一一二～一一四頁。

（6）美濃部達吉『行政法撮要』第五版（有斐閣、一九三八年）でも「市町村長ノ身分」（四三七頁以下）について、その二面性は指摘しているが、官吏か公吏かの明確な位置づけはない。

（7）『毎日新聞』一八八九年六月七日。

（8）『毎日新聞』一八八九年一二月七日。

（9）「明治二十二年官吏進退十七　府県三」国立公文書館所蔵。

（10）『毎日新聞』一八八九年年六月七日。

（11）この間の経緯は『市制施行と横浜の人々～明治二〇年代の横浜』（横浜開港資料館、一九八八年）七～一三頁を参照。
(12)『毎日新聞』一八八九年七月一〇日、七月一三日
(13)『毎日新聞』一八八九年七月一一日。
(14)『毎日新聞』一八九〇年三月一一、一二、一三日。
(15)このほか一九〇二年梅田義信市長の再任の選挙では、地主派が助役斉藤松三を擁立し、商人派がこれに反対して梅田を支持して再選することになった。『横浜市史』第四巻下(横浜市、一九六八年)七〇頁。
(16)『横浜貿易新報』一九〇二年六月一六日。
(17)『横浜貿易新報』一九二三年一一月一七日。
(18)五十嵐鑛三郎ほか『市制町村制逐条示解』(自治館、一九三八年)五〇三頁。
(19)『横浜貿易新報』一九二九年五月四日。
(20)『横浜貿易新報』一九二九年五月九日。
(21)「横浜市告示第九五号」『横浜市報』第一二三号(一九二九年五月一四日)。
(22)『帝国議会　衆議院議事速記録78』(東京大学出版会、一九八五年)九五頁。
(23)亀卦川浩『地方制度小史』(勁草書房、一九八六年)一九八頁。
(24)「内務省訓令第四三一号　地方制度ノ改正ニ関スル依命通牒」一九四三年六月一日。天川晃他編『史料日本の地方自治2』(学陽書房、一九九九年)所収。
(25)播磨重男『改正市制町村制解説』(泉書房、一九四三年)一三三〜一三八頁。
(26)以下は「任免裁可書・昭和二十年・任免巻二十三」(国立公文書館所蔵)を参照。
(27)『横浜市報』号外(一九四五年二月一〇日)。
(28)市長を歴代として呼称する場合、任期一期を一代とすべきであるが、横浜市の場合『市政概要』(横浜市市民局市民情報課編集発行、各年度版)ほかで、戦前期は再選再任した梅田義信、有吉忠一、青木周三、半井清らを一代と数え、戦後は平沼亮三(二選)、飛鳥田一雄(四選)、細郷道一(三選)、高秀秀信(三選)各市長は再選任期も一代と

数えて歴代を呼称し、中田宏までを通算で二八代と数えているのは制度の相違はあっても整合性がないように思われる。

(29) 以下、増田知から有吉忠一までの歴代市長の略歴は、横浜開港資料館編集・発行『波乱の半世紀 横浜市の誕生から戦後復興まで』(一九九〇年)を主に参照した。ほかに『横浜経済・文化事典』(横浜市立大学経済研究所編、有隣堂発売、一九五八年)、『日本の歴代市長1』(歴代知事編纂会、一九八三年)、『日本官僚制の制度・組織・人事』(戦前期官僚制研究会編/秦郁彦著、東京大学出版会、一九八一年)を参照。

(30) 久保田政周、渡辺勝三郎市長は共に退職後東洋拓殖会社総裁に就任するが、憲政会内閣によるこの人事については、河合和男ほか『国策会社・東拓の研究』(不二出版、二〇〇〇年)七八頁参照。

(31)(32) 前掲進藤兵「近代日本の都市化と地方自治の研究・序説 市長の経歴分析を素材として」五八頁。

(33) 原奎一郎編『原敬日記 第三巻』(福村出版、一九六七年)一九一〇年六月二二日)三三二頁。

(34) 栗林貞一『地方官界の変遷』(世界社、一九三〇年)一三四、一三五頁。

(35) 『横浜市会史』第二巻(横浜市会事務局、一九八三年)五六五頁。

(36) 植山淳「横浜発展策をめぐって—「官僚行政」と「名望家行政」」横浜近代史研究会編『近代横浜の政治と経済』(横浜開港資料館、一九九三年)一二二~一二六頁。市原盛宏市政については池田雅夫「横浜の市民的指導者像—島田三郎・市原盛宏・三宅磐」『市民文化研究』第一号(一九八〇年)参照。

(37) 『実業の横浜』第七巻第七号(一九一〇年四月)。

(38) 前掲『横浜市史』第四巻下、七七~八五頁参照。

(39) 山田操『京浜都市問題史研究』(恒星社厚生閣、一九八一年)一二頁。

(40) 『ある横浜商人の賦—中村房次郎考』(横浜市中区役所、一九七八年)四五~四八頁。中村房次郎についての論考には、吉良芳恵「中村房次郎と島田三郎家」「横浜市政と中村房次郎」『開港のひろば』第五九号、第六〇号(横浜開港資料館、一九九八年二月、四月)、中武香奈美「中村房次郎関係文書目録」『横浜開港資料館紀要』第二〇号(二〇〇二年)がある。

(41)『中村房次郎翁追悼会記録』（中村房次郎翁追悼会、一九四四年）一六頁。
(42) 伊沢多喜男については伊沢文書研究会編集による『伊沢多喜男関係文書』（芙蓉書房出版、二〇〇〇年）、大西比呂志編『伊沢多喜男と近代日本』（芙蓉書房出版、二〇〇三年）があり、横浜市政との関連では大西比呂志「伊沢多喜男と横浜市政」『市史研究よこはま』第八号（一九九五年）がある。
(43) 伊沢多喜男伝記編纂委員会『伊沢多喜男』（羽田書店、一九五一年）三二七頁。
(44) 伊沢多喜男と久保田政周市長については本書第三章、有吉忠一市長については第五章、半井清市長については第八章を参照。
(45) なお近代日本には六大都市という政治的経済的文化的な機能を集積した都市とは別に、軍港都市という高度の軍事機能を持つ都市の範疇がある。横須賀、呉、舞鶴、佐世保、大湊などの市町である。これについては大西比呂志「戦前期の横須賀市長と市政」『市史研究横須賀』第一号（二〇〇二年）で、横須賀市長について呉、佐世保両市長とも比較した考察を行った。これらの都市の市長供給には大都市における内務官僚と同様、海軍将官などの有力者の関与が認められる。
(46) 石塚裕道は『日本資本主義成立史研究　明治国家と殖産興業政策』（吉川弘文館、一九七三年）において明治初期における藩閥による地方支配の構造を、府県の官員における「地元属籍率」という指標で分析した。国家にとって重要な府県（三府、神奈川など開港県）は藩閥官僚の出向が大きいという、同書の指摘は大都市市長の官僚化を考察する上でも示唆的である。
(47) この過程については櫻井良樹編『阪谷芳郎東京市長日記』「解題」（芙蓉書房出版、二〇〇〇年）が詳しい。
(48) 原奎一郎編『原敬日記』第三巻（福村出版、一九六七年）二三九頁、一九一二年七月一五日の条。
(49)『大阪市史』第六巻（大阪市史編纂委員会、一九九四年）一一、六五頁。
(50) 同右、七〇頁。
(51) 前掲車田忠継「東京市・市長と市会の政治関係―田尻市政期における政治構造の転形」六九頁。
(52) 有吉忠一と「協調市政」体制については、とりあえず荒敬「普選期協調市政体制と有吉市長」『横浜市史Ⅱ』第一

巻（上）（横浜市、一九九三年）二三七〜二五六頁参照。

第二章　市会と参事会――党派と議員の数量的分析

はじめに

一八八八年四月公布の市制は、市の機構として市長・市会・市参事会の三つの機関を置き、これら相互の作用によって都市経営が行われることを想定した。(1) 都市にこうした制度を導入したのは多数の住民が輻輳し、複雑厖大な都市行政の遂行のためには執行部を強化し安定的に市政運営をさせるとともに、市を国の強い統制下に置こうとした明治地方制度の特色を示すものであった。(2)

このうち市会は公民による三級選挙から選ばれた名望家代表からなり、市長を推薦するほか、助役および名誉職参事会員を選挙し、条例制定権、予算決算の議決、吏員の任用など広汎な自治権を持ち、市会は公民を代表する自治機関として市政の中枢機関であった。と同時に、市会は市公民の代表が地域的、党派的な結集を行って政治的な活動の拠点でもあった。また市の機構として採用された市参事会は市長・助役および公民から選ばれる名誉職参事会員により構成され、市を統括して固有の行政事務を担任し市を代表する「集議体」（市制町村制理由）であった。この名誉職参事会員には主として市会議員の有力者が選ばれ、市長と市会との間の「仲介調整機能」を果たした。(3)

このように市公民を代表し政党の活動拠点となり、議事機関でありながら執行部にも関与した市会は、市政の結節点に位置した機関であり、市会を一つの機関としてその特質を長期的に考察することは、地域有力者・政党・市政機能の長期的な変化を明らかにするうえで有効と思われる。(4)

戦前期の横浜市政史における市会の動向については、『横浜市会史』が詳細に跡づけており、(5)個々の事実については同書に負うこととし、ここでは選挙などの数量的データから党派と議員の特質を考察し、市会を通じた市政構造の長期的な変動を跡づけることにしたい。(6)

戦前期横浜市会議員選挙の時期区分

ここで戦前期横浜市会議員選挙を制度に従って時期区分しておこう（表2―1）。

横浜市において一八八九年の市制施行以後、一九四七年の地方自治法にもとづく市議選挙までの六〇年にわたる「戦前」の市議選挙は、通算して半数改選が七回、総選挙が市会最初の選挙と翌年の解散総選挙をふくめて一〇回、定数増員選挙が五回あり、このほか補欠選挙、再選挙が一二回実施されている。八八年市制によれば市会議員の選挙権は、二五歳以上の男子で二年以上住民として市の負担を分任し、二円以上の直接国税を納める公民に与え（制限選挙）、これを納税額から三級に区分して選挙人として議員定数を配分した（等級選挙）。等級選挙は「資産アル者」に「相当ノ権力ヲ有」せしめ「細民ノ多数ニ制セラル、ノ弊ヲ防ク」ためであった（「市制町村制理由」）。さらに投票にあたり定数いっぱいの記載を認める連記制を採用し（市制第二三条）、任期六年で三年ごとに半数改選した。これは一九一一年の改正によって単記投票、四年ごとの総改選となった。納税制限も一九〇〇年以降漸次緩和され、等級は一九一九年以降二級となり、昭和期に入り衆議院における普通選挙法が地方選挙に適用されて納税制限および等級制が撤廃され、横浜市会では一九三〇年選挙から実施された。

表 2-1　戦前期横浜市会議員選挙

時期区分	任期／改選	投票形式	等級	選挙区	定数	執行年	月日	種別	改選数	有権者	横浜市人口	有権者／人口
Ⅰ期	3年／半数改選	連記制	3級	0	36	1889	4.28～30	総選挙	36	698	121,985	0.6
						1890	2.4,5	総選挙	36	1,038	127,987	0.8
						1893	1.25,26	半数改選	18	1,171	152,142	0.8
					39	1896	1.28	半数改選	18	1,309	179,502	0.7
								増員選挙	3			
				3	42	1899	1.27,28	半数改選	21	4,434	196,966	2.3
								増員選挙	3			
				5	48	1902	1.28,29	半数改選	21	7,285	313,695	2.3
								＊増員選挙	6			
						1905	1.27,28	半数改選	24	7,416	343,242	2.2
						1908	1.28,29	半数改選	24	7,596	392,870	1.9
						1911	1.27,28	半数改選	24	9,660	444,039	2.2
Ⅱ期	4年／総選挙	単記制				1914	1.28,29	総選挙	48	9,119	410,765	2.2
						1918	1.28,29	総選挙	48	7,922	446,097	1.8
			2級		52	1922	1.28,29	総選挙	52	24,718	441,048	5.6
				1		1926	1.28	総選挙	52	24,110	412,563	5.8
				3	64	1927	11.1	＊増員選挙	12		535,332	6.4
Ⅲ期			普選	2	56	1930	1.28	総選挙	56	114,377	620,306	18.4
						1934	1.28	総選挙	56	126,847	703,900	18.0
					60	1938	3.5	総選挙	60	140,257	777,550	18.0
				4	66	1939	10.2	＊増員選挙	6		866,200	
				7	64	1942	6.1	総選挙	64	178,737	1,015,900	17.6

出典：『横浜市会史 第6巻（資料編）』（横浜市会事務局、1987年）より作成。
注：補欠、再選挙は除く。＊は市域拡張に伴う増員選挙。

以上のように戦前期横浜市会の議員選挙は、制度上の相違から三つの時代に区分される。すなわち第一は、市制施行後一八八九年から一九一一年まで、三年ごとの半数改選、三級選挙で連記制の時代（以下本稿ではⅠ期と呼ぶ）、第二は一九一四年～二六年まで、四年ごとに単記制による全数改選（総選挙）となったが、一四年選挙で一部連記制がとられ、等級制が緩和されながらも継続した（Ⅱ期）。第三は普選法が横浜市会で実施された一九三〇年から戦時中の四二年までの時代である（Ⅲ期）。これらはそれぞれほぼ明治期、大正期、昭和戦前期にかさなる。またその性格から戦前期市会議員選挙における制限期、過渡期、普選期と呼ぶこともできよう。

その間、人口増加や市域拡張に対応して一八九八年に関内、関外、その他地区の三選挙区を設置し、一九〇二年には五区としたが、二五年に全市一区の大選挙区制となり、二七年の第三次市域拡張後には新市域と旧市域の二選挙区、三九年の第六次市域拡張により四選挙区、四二年には行政区別の七選挙区とするなどの改編が行われ、議員定数も増減を繰り返して当初三六人から四二年には六四人になった。また有権者数は、当初人口の〇・六%から一九〇〇年代に二%、二〇年代に五%と漸増し、普選以降の三〇年代にようやく二〇%近くを占めるようになった。こうした有権者の増大もそれぞれの制度的変革とあいまって、各時期の市政構造に影響を与えていると思われる。

以下では、右の時期区分にもとづいて検討を行う。

一　市会

1　党派勢力

横浜市政における党派的勢力としては、関内の貿易商を中心として結成された商人派、関外の地主を中心とする地主派が有名である。商人派は同好会を結成して改進党を、地主派は公民会を結成し自由党を支持し、これ以後それぞれ同志会・憲政会・立憲民政党と立憲政友会という中央政党の系列下に入った。

(1) Ⅰ期(一八八九〜一九一一年)

市会の党派の消長を議席および得票数からみてみよう(表2―2)。三級連記制であった市制施行当初のⅠ期は、商人派から地主派に勢力が逆転する激しい対立の時代、「紛議の横浜」と呼ばれる時代であった。市制施行当初の

表 2-2　市会党派別議席数（1889年～1899年）

	1889年			1890年			1893年			1896年		1899年	
	選挙人	地主派	商人派	選挙人	地主派	商人派	選挙人	地主派	改革派	地主派	商人派	地主派	商人派
1級	13	12		19		12	11	4	2	4	3	6	
2級	85		12	137		12	63	6		1	6	5	2
3級	600		12	882	12		1,097	6	2	5	2	6	2
得票数	698	645	3,428	1,038	4,750	4,432	1,171	3,104	2,446	不明	不明	886	1,671

出典：表2－1に同じ。

時期の市会議員選挙の構造を分析した井川克彦によると、「横浜市の公民は一級公民＝大貿易商＝関内居住者と、三級公民＝貿易商以外の人々＝関外居住者、という両極的な構造」を持っており、二級公民も約半数が関内居住者で貿易商が大きな比重を占めていた(7)。

有権者数全体が人口の一％に満たないなかで、一、二、三級の各選挙人は一八八九年一三、八五、六〇〇、一八九〇年、一九、一三七、八八二、一八九三年一一、六三、一、〇九七であり、一級選挙人は有権者の一～二％、二級は一〇％前後、残りが三級選挙人であった。少数の富裕な選挙人が連記制で複数投票でき、また定数が等しく配分されていたわけであるから、市会議員選挙はごく一部の選挙人の意向に強く左右される構造を持っていた。一八八九年、一八九〇年選挙のように、同一党派による各級定数の独占と、得票と議席の逆転が生じているが、これは連記制と等級選挙制が「党派対立が極めて明瞭な状態」で結びついた典型的な結果であった(8)。ちなみに一八八九年の一級当選者の得票数は一二～一〇票、三級は三〇三～二一三票であり、一票の等級間の格差は二〇～三〇倍になる。三級、連記制で議員を選出するこの時期の制度は、地域・職業・党派を異にする少数有力者間の対立を、市会に直接的にもたらしたのである。

しかし一八九三年の選挙以降、商人派内から改革派が生じ、これが地主派と結びつくなどして商人派の優位は崩れ、一八九九年選挙では地主派が市会で圧倒的な優勢となった(9)。ただしそれまでみられたような各級内での同一党派の独占状態は分散化した。これは有権者の飛躍的な増加（一八九六年一、三〇九人、一八九九年四、〇七九人、一九〇二年七、二五二人）とともに、九八年に選挙区制が導入され、投票区分が設置されたことにより

表 2-3　市会党派別議席数（1902年〜1911年）

	1902年						
	地主派	商人派	公道	実業	厳正	中立	同志
1級	4			1		2	
2級	2	1	2	1			1
3級	1	3	2		1		
得票数	886	1,671	844	445	335	1,339	118

	1905年				1908年	1911年
	協和会	土曜会	正義派	無所属	公和会	公和会
1級	4	1	2	1	8	8
2級	5		3		8	8
3級	3	1	4		8	8
得票数	2,042	330	1,806	5	3,688	6,580

出典：表2－1に同じ。

「連記制の効用が限定」された結果であった。[10]

一九〇〇年代に入ると（表2―3）、一九〇二年六月に貿易商改革派が土曜会を結成、一九〇三年一二月には地主派議員と商人派の実業会議員が合同して協和会が結成された。これは同年三月の第八回衆議院議員総選挙での島田三郎、加藤高明、奥田義人による三つ巴の選挙戦後に形成され、正義派は島田の後援会的色彩で反政友、協和派は政友系、土曜会はその中間的色彩とされた。[11] とくに正義派は地主・商人両派の「元老」勢力に対する少壮派の台頭を象徴するものであった。これら市会党派の分立によって、各級議席の分散化の傾向も顕著となっており、「元老」勢力は相対的に低下しているといえる。こうしたなか、〇五年二月に発足した公和会は、党争による横浜の発展の立ち後れへの危機感から両派の協調を模索し、政界派閥を解散して港湾改良などの横浜振興策を進め、市会議員選挙で各区候補者の予選を行う母体となった。公和会によって市制以来の党派対立はいったん止揚された。[12]

（2）Ⅱ期及びⅢ期（一九一四〜一九四二年）

しかし次の一九一四年以降のⅡ期、および三〇年以降のⅢ期は、Ⅰ期に表れた政治的流動化が進展する。一三年の刷新派による選挙区廃

表 2-4　市会党派別議席数（1914年～1926年）

等級	定数	1914年 政友派	1914年 自治派	1914年 中立	1918年 政友派	1918年 自治派	1918年 中立
1級	16	9	7	0	5	9	2
2級	16	8	6	2	5	9	2
3級	16	5	9	2	6	9	1
合計	48	22	22	4	16	27	5
得票数		2,497	4,097	887	1,804	2,886	1,401

等級	定数	1922年 政友派	1922年 自治派	1922年 中立	1922年 国民	1926年 政友派	1926年 同志	1926年 中立
1級	26	8	11	7	0	8	12	6
2級	26	9	9	7	1	8	12	6
合計	52	17	20	14	1	16	24	12
得票数		5,954	5,981	6,149	841	6,171	8,674	5,117

出典：表2－1に同じ。

止建議案は、それまでの選挙区ごとの有力者支配を大選挙区にすることにより解体させようとする刷新派とそれを阻止しようとする地主派の対立が、政友系の大島久満次知事、原敬内相とも結んで市政に圧力をかける「自治蹂躙事件」へ発展した[13]。一九一四年の市議選のなかで自治派が結成され、政友派との対抗図式が明瞭となった。非政友派は二五年七月大同団結して横浜同志会を結成し、憲政会の地方組織となり、三二年には民政党横浜支部となった。二大政党体制が横浜にも波及し、市会勢力も「従来の選挙委員会的な名望家集団」から脱皮して「政党としての組織の整備」が進められた[14]。

自治派と政友派の対抗は、一部で連記制がとられた一四年選挙では自治派が得票数で大きく上回ったものの議席数は同数にとどまった。連記制は、政友派にとって有利な選挙制度であったことがうかがわれる。しかし、一八年以降は得票と議席数の対応は接近し、等級制も撤廃された普選以降はほぼ得票に比例した議席となっている。これは単記制の効果であろう。

この一～三級という納税額による等級選挙人と党派の関係をみると、基本的にⅠ期は、地主派は一級、商人派は二、三級で優位にあったが、Ⅱ期に入るとこれが変化し（表2―4）、一九一八年以降は自治派が一貫して優位となっている。大正期以降、両派の基盤は

表 2-5　市会党派別議席数（1930年～1938年）

	1930年		1934年		1938年	
	議席数	得票数	議席数	得票数	議席数	得票数
政友派	13	17,492	18	29,192	19	26,472
民政派	28	39,051	21	32,521	25	38,287
中立	5	10,094	7	9,898	4	13,159
諸派	3	1,946	6	13,739	6	9,096
無産系	7	14,339	4	6,975	6	10,427

出典：表2－1に同じ。
注：無産系：日本大衆党、社会民衆党、労農党、民政研究会、無産党、社会大衆党　諸派：国民同盟、革新、明倫、無所属（1934）。

変化し、商人派の方が地主派に対してより高い富裕層を基盤に持つようになっていることがうかがわれる。この間自治派・同志会・民政党系は、政友派に対して一貫して優勢を保っているが、二級制となって定数も四増えた二二年には中立派が一四人、二六年には一二人とキャスティングボードを握る勢力を形成した。これは有権者の増加（二級制となった一九二二年は有権者は前回一八年七、九二二人から二四、七一八人へ増加、人口比で二・二%から五・六倍へ拡大）と、二五年に採用された全市一区の大選挙区制が、従来派閥以外の中立や新人の登場を容易にしたとされるが、[15] 表からみると、三級から二級になって政友派は増加し、自治派はそれまで各級で獲得していた議席に相当する七議席を減らし、これは中立の増加分と同じである。政友派に比べて富裕層に基盤があった自治派系は有権者の拡大部分を中立系に奪われ、市会における政党化と政治的大衆化状況は顕著となった。

　Ⅲ期も自治派・民政派は一貫して政友派に対し優位にあるが、全体としては既成勢力は頭打ちで、両派の対抗関係も固定化しつつある（表2―5）。両派妥協の「協調市政」体制が形成され、市議選挙でも両派の政党支部主導の候補者調整が日常的に行われるが、その結果であろう。[16] こうした既成政党の固定化に比べ、中立派に加えて無産政党（三〇年七人、三四年四人、三八年六人）や国民同盟や革新クラブなどの諸派が（同三人、六人、六人）進出している。Ⅱ期に現れた二大政党化は、Ⅲ期の普選期には多党化へと展開しているのである。

表 2-6　市会議員の新前元構成（1890年〜1947年）

	Ⅰ期								Ⅱ期				Ⅲ期				
年	1890	93	96	99	1902	05	08	11	14	18	22	26	30	34	38	42	47
新人	12	11	6	12	19	13	15	10	23	26	28	24	29	25	23	26	44
元職	0	0	0	3	1	8	1	2	14	3	7	4	5	3	6	6	1
前職	24	7	12	6	1	3	8	12	11	19	17	24	22	28	31	32	15

出典：表2－1に同じ。

2　市会議員

次に市会構成の長期的な変化をみるために、各選挙ごとの前職・新人・元職議員の割合をみてみよう。これにより市会議員の交代の状況をうかがうことができる（表2—6）。

三年ごとの半数改選のⅠ期（一八九〇〜一九〇八）各選挙では、当初は新人と前職、一八九九年以降に元職が現れて、一九〇二年、〇五年、〇八年選挙のように三者の割合が大きく変化している。Ⅰ期の半数改選制度は「事務ニ熟練セル議員ヲ存続」させ市会構成の激変を抑制することを目的としたが（「市制町村制理由」）、Ⅱ期Ⅲ期と比べると、この時期の横浜市会の変動はむしろ大きい。

全数改選・単記制となったⅡ期の一九一四年（一部連記制）以降二六年までは、毎回新人が五割前後登場し、その変動の幅は小さくなり、変化は前職と元職の間に生じている。新議員が一定の割合で供給される一方、旧議員の再編成が進み、全体として市会議員の交代状況は安定化しつつある。

一九三〇年以降の普選期のⅢ期は、新人の進出は四割前後に低下し、元職は一割程度で推移しているが、前職が増加傾向になっていることがうかがわれる。市会構成の変動はⅡ期に引き続き、より少なくなり、新旧交代はある程度パターン化している。以上から市会議員の交代率＝変動の程度は、Ⅰ＞Ⅱ＞Ⅲと少なくなり、議員の地位はⅠ＜Ⅱ＜Ⅲの順に安定化しているといえる。

市会議員の交代率は、別のみかたをすれば市会の前後との連続性である。各市会を構成する議員が前後の選挙でどれくらい継続して当選または再選されているのかをみてみよう。

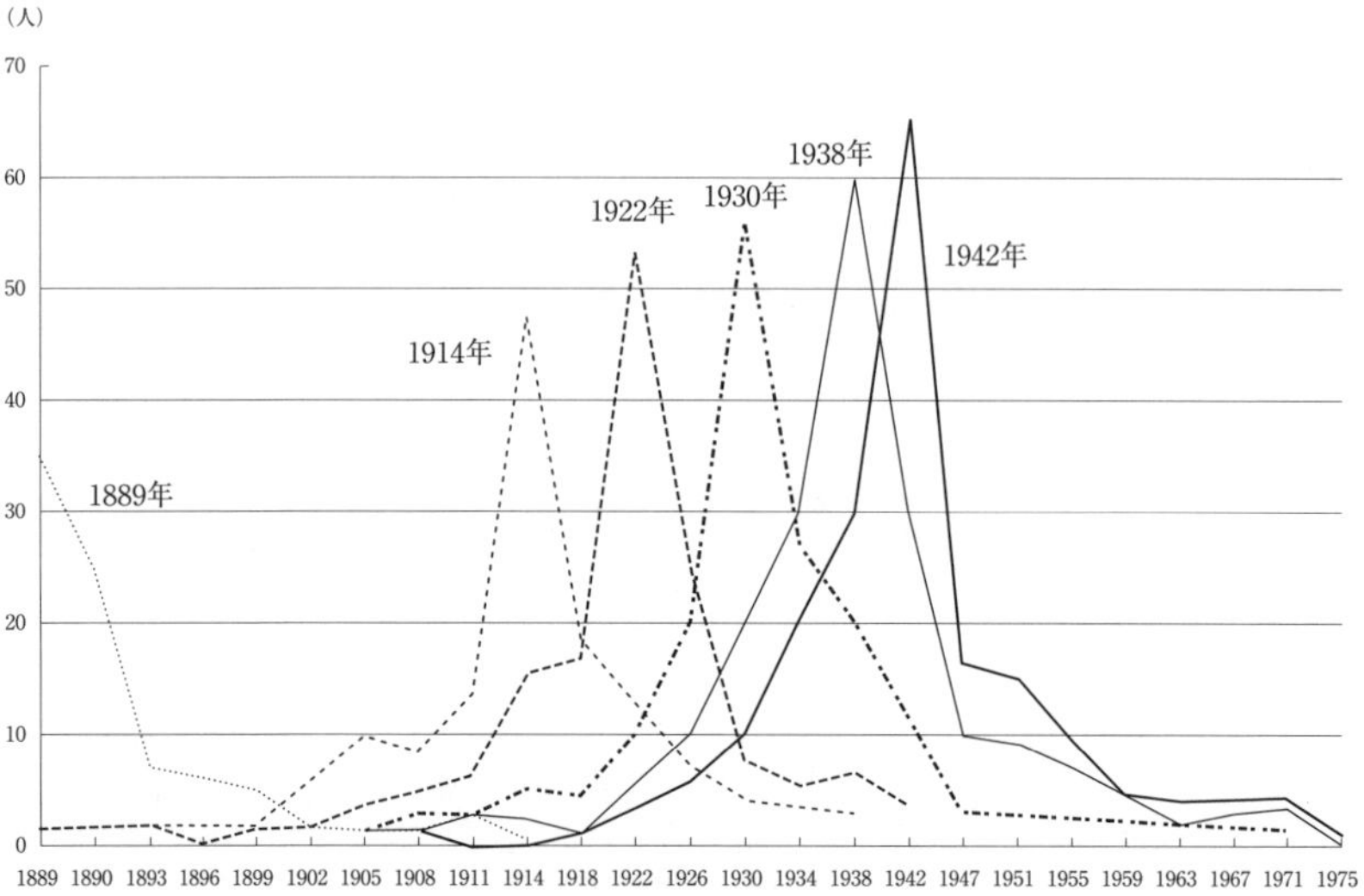

図 2-1　市会議員の当選分布

ここで対象とするのは、ⅠⅡⅢの画期となる選挙（一八八九年、一九一四年、三〇年）、およびその間を補う意味で大正期以降、最後の選挙を除き八年ごとに行われた選挙、二二年、三八年、四二年の各選挙で選ばれた議員の選挙当選年次の分布である（図２―１）。一八八九年の最初の市会議員は一九〇五年、一四年議員は三〇年、三〇年議員は四七年の各時点までに定数の一割以下に減少しており、ほぼ各年議員の当選は、この時期区分の範囲に含まれている。つまり、各制度は議員の分布をかなり規定しており、「制限期議員」や「普選期議員」といったまとまりがあることが想定される。

さらに、グラフからは時期が下がるにつれ山の重なり部分が大きくなっていることが読みとれる。これは定数の増加によるものであると同時に、前述したような新人の低下と前職再選の増加によって、市会構成における連続性が高まっていることを表している。

これを各年市会を構成する議員の平均当選回数からみると、最初の選挙八九年の当選者三六名は翌九〇年の解散選挙では二四名が再選されているが、これをふくめても平均当選回数は二・三回であり、当選分布は一八八九年～一九二二年の三三年間である。一九一四年当選者の平均当選回数は、二・九回、当選分布は一八八九年～一九三八年の四九年間にわたり、議員就任期間はⅠ期より長くなっている。一九三〇年当選者の平均当選回数は三・〇回で、当選分布は一九〇五年～七一年の六六年間、戦前戦後にまたがる。つまり、画期となる年の市会を構成する議員に限定されるが、議員の市会議員としての寿命はⅠ∧Ⅱ∧Ⅲの順で長い。こうした特徴は市会議員の地位が名望家のなかで分かち合う「栄誉職」から政党に付属する、なかば「職業」的なものとなりつつあることを表していると考えられる。

二　市参事会

1　名誉職参事会員

市参事会は最初の市制では「其市ヲ統括ス其行政事務ヲ担任ス」る執行機関で、市長・助役および公民から選ばれる名誉職参事会員により構成された。その事務は「市会ノ議事ヲ準備シ及其議決ヲ執行スル事」を始め、市の設置に係る営造物や私有財産の管理、市の歳入出を管理・監視、市吏員など職員の監督を行い、「外部ニ対シテ市ヲ代表」する機関であった（一八八八年市制第六四条）。

名誉職参事会員（以下、参事会員と略）は市公民のうち三〇歳以上で選挙権を持つ者から市会が選出し、東京・大阪・京都の三市以外は定数六名、二年ごとの半数改選とされた。この後、一九一一年改正市制は名誉職参事会員の選出は四年ごとに市会議員の互選による全数改選となり、二六年改正市制で二年ごとの半数改選となり（第六五条第四項追加）、二九年には定数が増加され横浜市では一二名となった。

横浜市における最初の参事会員選挙は一八八九年七月に行われ、一九四四年七月まで補欠選挙を除くと二三回の選挙が行われている。参事会員の選出も市会と同様、市制改正による制度上からⅠ期として市の公民からの選出された一八八九年～一九〇九年、Ⅱ期として定数六人を市議から互選する一九一一年～一九二八年、Ⅲ期として定数が一二名となった一九二九年～一九四七年の三つの時期に区分される。

Ⅰ期は二年ごとの半数改選が一一回、Ⅱ期は四年ごとの全数改選が五回、Ⅲ期は二年ごとの全数改選が八回行われ、計一〇八人が選出されている。

Ⅰ期の一八八九年から一九〇九年までに参事会員選挙の結果をみると（表2―7）、参事会員は規定上は市議とは限らなかったが、市議あるいは元市議が独占するところであり、公民から就任したのは一八九三年の太田治兵衛（太田質店経営）、一九〇五年の原富太郎（原合名会社）の二回のみであった。とくに商人派は当初から参事会員を独占し、一八九三年ころからは同派の元市議が就任し続けている。これに対して地主派は太田が協和会に所属して当選したのが最初で、参事会員ポストの獲得が遅れたが一八九九年には逆転し以後現職市議を中心に商人派に対抗するようになった。

市参事会でも両派は当初から激しく対立し、最初の参事会員選挙（一八八九年七月九日）は地主派が全員欠席のなかで強行されるという形で始まっている(17)。こうした派閥対立が持ち込まれたことについて当時の新聞は「市参事会を改造せよとは数年来市民の絶叫して措かざるところなり」と批判した(18)。

この間参事会員に就任したのは二三人で、延べ就任回数は現職市議一九回、元市議一五回、公民二回で、うち三級市議から参事会員となったのは、一九一八年に市会に当選し就任した小岩井義八（自治派）のみである。参事会員は、実際には市会議員経歴者、しかも一、二級の富裕市会議員が独占したのである。

市議互選期となったⅡ期は、一六年間で就任者二三人、Ⅲ期は倍増分を反映して就任者五七人であった。この両時期の参事会員の市議当選回数は、赤尾彦作の一〇回を筆頭に九回森田伊助、七回山崎小三、田辺徳五郎、六回山

表 2-7　市参事会選挙結果（1889年～1909年）

年	商人派		地主派		中立	公民	合計
	市議	元市議	市議	元市議	市議		
1889	6						6
1891	3						3
1893	1	1				1	3
1895	1	1	1				3
1897	1	1		1			3
1899		1	2				3
1901		1	2				3
1903		2	1				3
1905		2				1	3
1907		1		2			3
1909		2			1		3

出典：表2－1に同じ。
注：1889年は全改選、1891年以降は半数改選。1909年は議長指名。

田寛次郎、五回戸井嘉作らがいるが、これら有力議員を別とすれば、二～四回の市議経験者が全体の四分の三（五九名）を占めている。この時期の市議就任者は二四六人であるから、市議互選期には約三分の一の割合で参事会員に就任していることになる。

参事会員の就任回数でも、赤尾は一一回（就任期間一九一一年～一九四二年）を数え、ついで七回飯田助夫（民政派、一九三〇～一九四四年）、平山伊三雄（社会大衆党、一九三〇～一九四七年）、六回松村亮吉（民政、一九三〇～一九四二）、五回戸井嘉作（自治、一九一一～一九二六）などがいるが、これ以外では一～三回が多く一回（四三人）のみの就任者が六割近くを占める。

赤尾彦作は一九〇二年以降市議に一〇回連続当選、一七年には衆議院議員にも郡部から当選した政友会の重鎮である。戸井も一九〇二年に市議に初当選、二八年には衆議院議員に当選（四期）、民政党県支部長をつとめた有力者である。[19] 赤尾と戸井は一九二五年に震災後の横浜の復興促進を期待して有吉忠一を市長に招聘した際、協調して市政の運営に協力することを誓約したことで知られる。二〇年代以降の市会および参事会における自治政友両派の提携は、長年参事会員をつとめる赤尾や戸井といった派閥実力者によって維持されたのである。

表 2-8　市参事会選挙結果（1911年～1944年）

年	党派と議席									
1911	同好会	3	地主派	2	実業・土曜連合	1				
1914	自治派	3	政友派	3						
1918	自治派	4	政友派	2						
1922	自治派	1	政友派	2	中立	2	国民	1		
1926	同志会	2	政友派	3	中立	1				
1929	同志会	3	政友派	2	中立	1				
1932	同志会	6	政友派	3	中立	1	労大	1	革新	1
1934	民政	5	政友派	5			社大	1	国同	1
1936	民政	5	政友派	4	中立	1	無産派	1	国同	1
1938	民政	5	政友派	5			社大	1	国同	1
1940	民政	5	政友派	4	中立	1	社大	1	国同	1
1942	推薦	11	非推薦	1						
1944	推薦	4	非推薦	8						

出典：表2－1に同じ。
注：1932年より定数6から12へ増加。

2　党派

市参事会の党派の状況について検討しよう。前表から明らかなように、市参事会においても当初商人派が議席を独占したが、九九年に地主派が逆転し両派が対抗する状況となった。これは市会における商人派優位、次いで地主派優位への転換、対抗状況に対応しており、この時期の参事会における党派の状況は市会の勢力配置をほぼ反映するものであった（表2―8）。

市議の互選となった一九一一年以降、参事会員の党派にも二二年以降の中立（湯浅凡平・国民同盟）、三〇年代の無産派の進出（三〇年平山伊三雄・大衆党、三四年門司亮・無産党）など市会に対応する傾向がみられる。しかし自治派・民政派と政友派についてみると、前述のように二二年、二六年、二八年選挙では市会では自治派優位だが、参事会では二二、二六、二九年選挙で政友派が多数を占めている。このように二〇年代以降は必ずしも両派の市会の勢力配置がそのまま参事会に反映されているわけではない。これは市議の互選による参事会員の選出が、市会の政党化が進展したこの時期において中立派や後には無産派の進出もあって、しばしば競争ではなく赤尾や戸井といった有力市議＝参事会員による妥協によって調整されていたからである。

以上をまとめると、参事会員は当初からほとんど市議によって占められ、市議の互選となってからは、三人に一人の割合で、当選二～四回の議員が就任し、一～三回ほど勤めていることになる。市会における政友民政両派の妥協体制が進展して、参事会員ポスト も増加し、参事会員の地位は一部の幹部市会議員の独占から各党派の間でより多くの議員にも配分されていったのである。

三　市行政における機能

1　常設委員制度

市会および市参事会が実際の市行政に影響力を行使した重要な回路の一つは常設委員制度であった。八八年市制第六一条は、「市ハ市会ノ議決ニ依リ臨時又ハ常設ノ委員ヲ置クコトヲ得」とし、委員は市参事会員または市会議員、市公民中選挙権を持つ者からあて、「常設委員ノ組織ニ関シテハ市条例ヲ以テ別段ノ規定ヲ設クルコトヲ得」と規定した。常設委員は名誉職であったが、職務上の実費弁償や報酬を支給することができた（第六二条）。その任務は市参事会の監督下に「市行政ノ事務ノ一部ヲ分掌シ又ハ営造物ヲ管理シ若クハ監督シ又ハ一時ノ委託ヲ以テ事務ヲ処弁スル」であった（第七三条）。

「市制町村制理由」によれば、この委員設置の趣旨は、「市町村人民ヲシテ自治ノ制ニ習熟セシメ…自治ノ効用挙クルコト」とし、これにより「大ニ事務吏員ノ短処ヲ補フコト」をねらいとした。とくにその主たる構成員となる市会議員たちは「能ク施政ノ緩急利害ヲ弁識シ行政吏員ト互ニ協同シテ事務ヲ担任スルノ慣習ヲ生シ自ラ代議機関ト行政機関トノ軋轢ヲ防制スル」ことが期待された。これらは、市の公益事業各部門を市参事会と市議の監督下において執行させようとするもので、八八年市制が規定した市参事会を中心とする執行部体制の一環をなすものであった。

横浜市政における常設委員は、一八九一年六月に水道局に設置された水道常設委員が最初で（明治二四年六月条例第三号）、名誉職市参事会員二名と市会議員三名を以て組織し、委員の任期は市会議員在職中とし、水道事業に関して市参事会の諮問に答え、また事業の調査・審査・監督を行った。[20] 次いで同年七月に学務委員が設置されたようだが、告示第一〇三号の原文が不明で実態は明らかでなく、九六年の規定によれば、市参事会員、市公民、市会議員、市立小男子教員より各一名、任期四年となっている。[21]

一八九七年一〇月には土木常設委員（告示第一五五号、六名、市参事会一名、市会議員三名、市公民一名、任期二年）、一八九九年二月には瓦斯常設委員（告示第二三号、三名、市参事会一名、市会議員二名、任期は市議在職中）、同年七月衛生常設委員（告示第八九号、三名、市参事会一名、市会議員二名、任期は市議在職中）、土木常設委員（告示第九九号、七名、市参事会員一名、市会議員四名、市公民二名、任期二年）と相次いで設置された。

これらは一九〇五年三月「横浜市常設委員規程」（告示第二一号）に水道、瓦斯、土木、衛生各部門が統一的に規定され、市参事会員（各一名）と市会議員（水道三名、瓦斯二名、土木、五名、衛生一名）を構成員として任期三年となった。一九一一年市制の全文改正でも常設委員については「委員ハ名誉職トス、市会ニ於テ市会議員、名誉職参事会員又ハ市公民中選挙権ヲ有スル者ヨリ之ヲ選挙ス」（第八三条）とされて存続し、横浜市ではさらに一九一四年に消防常設委員が加えられ、この前後には市議の委員の増員増加が行われた（表2—9）。当初五名の委員は、二二名（一九〇八年）にまで増加している。そしてその増加は市公民委員にかわり、市会議員の委員の増加

表 2-9　常設委員の変遷

	水道	土木	瓦斯	衛生	消防	合計	構成内訳		
							市会	市参	市公民
1891	5					5	3	2	
1897	5	5				10	6	3	1
1899	5	7	3	3		18	11	5	2
1903	5	9	3	3		20	12	5	3
1905	4	6	3	3		16	12	4	
1908	5	8	5	4		22	18	4	
1914	4	7	4	3	3	21	21		
1918	廃止								

出典：表2－1に同じ。

表 2-10　1903年の市政機構

市参事会		
市長	市原盛宏	
助役	斎藤松三	
	高木可久	
名誉職参事会員	高島嘉兵衛	
	木村利右衛門	
	矢野甚蔵	
	若尾幾造	

収入役		及川正八
文書課長		筧保
議事課長		渡辺寿
庶務課長		有賀初吉
土木課長		安達弥五郎
衛生課長		高橋和夫
教育課長		林観吾
戸籍課長		鈴木又三郎
税務課長		増田政義
水道局	局長	欠員
	庶務課長	山崎匡
	工務課長	三田善太郎
	給水課長	佐藤為利
	出納課長	大塚時詔
瓦斯局	局長	高島嘉兵衛
	事務部長	増田知
	庶務課長	吉羽勇太郎
	会計課長	富松大次郎
	工務部長	村岡坦

土木常設委員	市参事会員	高木可久助役
	市会議員	山崎弥五郎ら4人
	市公民	井上喜代松ら2人
衛生常設委員	市参事会員	斎藤松三助役
	市会議員	岩田幸吉ら2人
水道常設委員	市参事会員	矢野甚蔵
	市会議員	森田伊助ら3人
瓦斯常設委員	市参事会員	高島嘉兵衛
	市会議員	脇沢金次郎ら2人

出典：『横浜市職員録』（横浜市、1903年）。

であった。常設委員は、実質的に市参事会委員を含めて市会議員に独占されたのである。一九一一年市制によって制度上市長の独任制が規定され執行機関として市参事会から独立したが、それに対抗するように市会勢力は常設委員を増大させて、市行政にその影響力を維持拡大していったといえるだろう。

このような常設委員の増員と市議の委員化の増加という傾向は、「或る種の委員に至つては、市条例に列挙せる権限の範囲を超越する行為が慣例である」とされ、市政における行政と議会の区分を曖昧にし、腐敗の温床となる事態を生み「横浜市の常設委員制は寧ろ弊に堪へない位である」とまで論評される存在となった。(22)

表2—10は一九〇三年の市政機構である。名誉職参事会員の高島嘉兵衛は地主派の市会議員で、かつ瓦斯局長と瓦斯常設委員を兼任している。高島は横浜市の瓦斯事業の創始者高島嘉右衛門の養子でその後継者であったから、瓦斯事業とは公私ともに密接な関係があった。このように市参事会と常設委員制は執行部と議事機関を結ぶ重要な制度であったと同時にしばしば起こる腐敗事件の温床ともなるものであった。(23)

常設委員のポストが市議によって占められたことは、それらが市会の党派の影響下に置かれたことを意味した。とくに一九一四年消防委員が新設された際には、「横

表 2-11　水道常設委員・瓦斯常設委員の党派と議席数

水道常設委員						
1891	商人	2	地主	1		
1893	商人	2	地主	1		
1896	商人	1	地主	2		
1899	地主	2				
1902	商人	1	地主	2		
1905	同志	1	協和	1	商人	1
	1名不明					
1908	協和	2	公和会	1	正義	1
1911	公和会	5				
1914	自治	1	政友	1	中立	2
瓦斯常設委員						
1899	地主	2				
1901	地主	2				
1902	地主	1				
1905	地主	1	土曜	1		
1907	協和	1				
1908	協和	2	公和会	1	正義	1
1908	正義	1				
1911	公和会	7				
1914	自治	2	政友	2		
1916	政友	1				
1917	政友	1				

出典：表2－1に同じ。
注：協和会・土曜会は地主派系、正義派は商人派系、公和会は1907年両派が合同して成立。1914年以降地主派系は政友派、商人派系は自治派となる。『横浜市会の百年（資料編）』35、49頁より作成。

浜市に常設委員の多き事は都市行政上の異例に属」すとされ、これは市当局が「市会議員の歓心を買はんとする」ものと批判された[24]。ちなみに水道および瓦斯常設委員のポストと党派の関連をみると（表２―11）、水道常設委員は商人派、地主派両派の勢力がみられるが、瓦斯常設委員は地主派系が多数を占め続けたポストであった。瓦斯局が実施する瓦斯事業はその歳入不足など経営上の欠陥が一九一五年以降再三市会で取り上げられ不明朗な経営体質が問題視され、一八年四月には政友派市議で瓦斯常設員と燃料会社の石炭納入にからむ贈収賄事件が発覚し瓦斯局事務取扱助役以下の職員も取り調べを受ける疑獄事件が発生した。こうしたことから常設委員は一九一八年二月市会において三宅磐・戸井嘉作ら憲政会系議員から「常設委員廃止ニ関スル発案ヲ要求スル建議案」が出され、これに対して政友派の赤尾議員は制度上の問題ではないとの反対論を述べた[25]。安藤市長は「市会議員ガ常設委員ノ位置ニ就イテ常ニ議案其ノ他ノ事務ヲ初発ヨリシテ吏員ト共ニ調査スル……サウシテ常設委員ガ認印ヲツカナケレバ私共ノ手ニ書類ハ回ハッテ参リマセヌ……甚ダ進行ガ遅イ」とその弊害を述べ、市執行部の自立と強化を主張した。市会では政友会側から修正案も出されたが、結局原案が可決され常設委員制は廃止されるに至った[26]。安藤市長がこの改革を「横浜市刷新ノ一ツ」としたように、市政執行部を市会の影響下から自立させようとする試みであった。

2　審議機能

前述のように最初の市制は参事会を、市を代表する集議体の執行機関とした。すなわち参事会は「市会ノ議事ヲ準備」し、また「其議決ヲ執行スル事」とした。参事会には、市会に先立って広範な議案が付議され、一九〇三年の「横浜市市参事会提出議案取扱規程」によると、「各課所局院」などで整理された議案は文書課に送付され、参事会に提出された。参事会では、これら議案を審議し、市長より市会ないし区会に提出する議案に「同意」、「修正ノ上決定」などを行った。

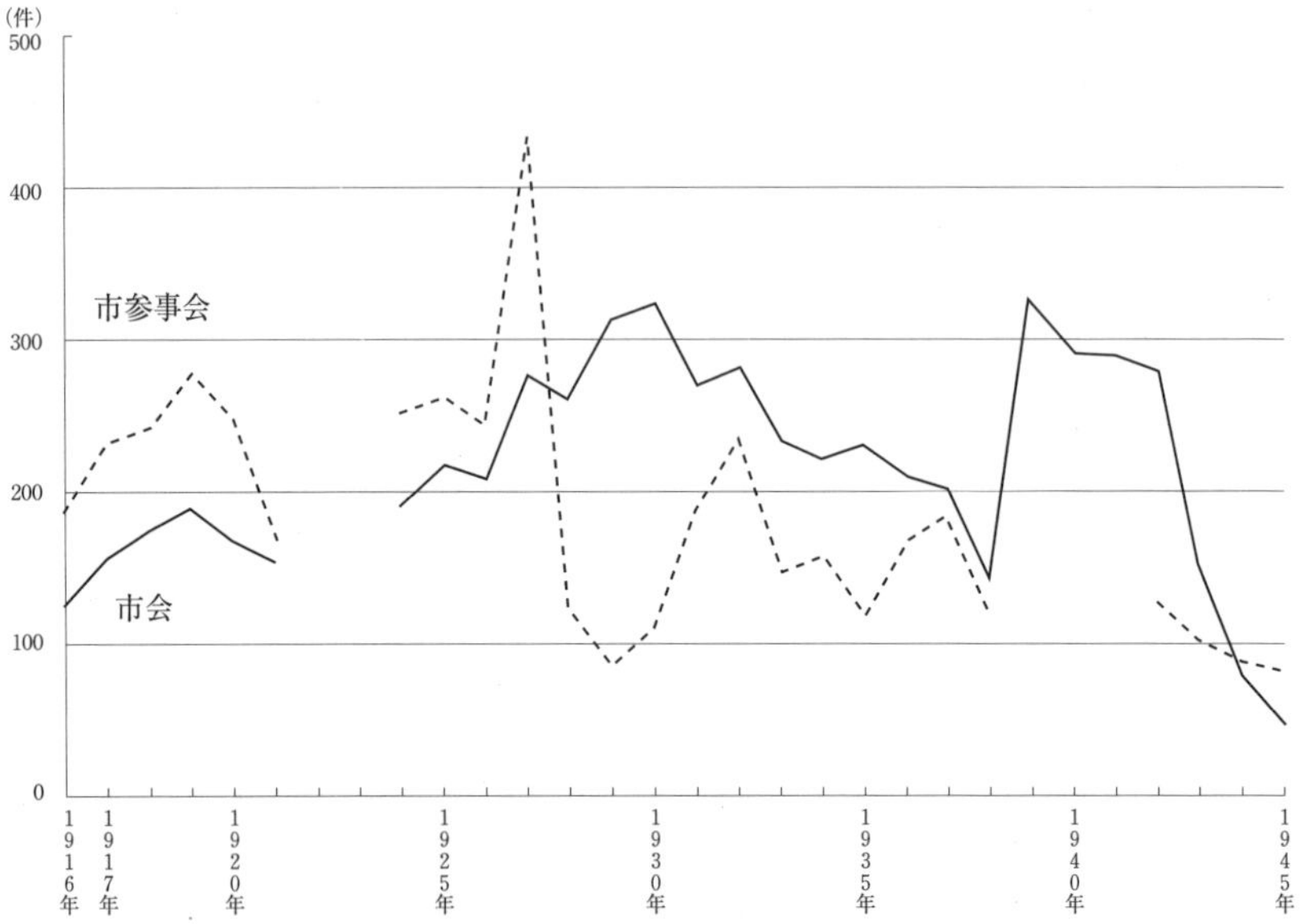

図 2-2　市会・市参事会の議事件数

参事会の審議活動をみるために、『横浜市事務報告書』『横浜市統計書』などから得られる議事件数を、市会と比較すると図2―2のようである。

震災前後の状況は不明であるが、一九一六年から二七年までは、市参事会は市会を上まわる審議活動を行っていることがわかる。この大正後半から昭和期にかけ、市会から市参事会への委任事項が増加しており、とくに震災復興のために増大する市行政を迅速に処理するために、三読会からなる本会議制をとる市会にかわって、有力議員を中心とする少人数の参事会が活用されたのである。とりわけ二五年に有吉忠一が市長に就任して震災復興事業が本格的に推進された時期は参事会は重要性を増しており、たとえば市域拡張の基本となった「大横浜計画調査」費の復活を決めたのは同年参事会であり、二七年の区制施行と同時に市が計画した町内会設置を否決したのも参事会であった。(27)

しかし市参事会による市会に提出する議案の審査権は、一九二六年の改正市制で、実際上の効果が乏しく、かえって「事務渋滞ノ原因」となるとの理由から廃止され、市参事会の権限に属する事項の一部は、市参事会の議決によって市長において専決処分すること（第九二条の二）となった。しかし、図から見る限り、横浜市政においてこの後も市参事会の審議件数はむしろ増大している（二六年二四七件、二七年四二九件、二八年二七四件）。[28]

こうした状況に対し、二六年一〇月横浜市会において自治派及び中立系議員から「内務省ガワザワザ事務簡捷ノ為デアルト云ツテ、議案ヲ参事会ニ掛ケル必要ガナイト云ツテ地方制度ヲ改正セラレタニモ拘ラズ、当市ニ於テハ市長ハゴ丁寧ニモ悉クノ案ヲ参事会ニ御掛ケニナツテ居ル」との批判が出された。これに対して政友会の赤尾彦作はこれを従来の「慣習」として賛成し、また有吉市長も「市制ノ運用ニ付テハ市長ガ責任ヲ持ッテ居リマス、市長ガ適当ナリト考ヘマスル処置ヲ執ル」と述べ、採決の結果「市会権限ノ一部市参事会委譲ニ関スル議案」が可決された。[29] 震災復興のために有吉市長と赤尾や三宅ら市会両派の有力者による妥協の体制、「協調」市制を進めていく上で、市参事会が市長そして市会で少数派だった政友派にとっては有効であったと考えられる。

しかし二九年には市参事会の審議件数は急速に落ち込み市会と逆転し三九～四一年は不明であるが、戦時期を通じて市会および参事会の活動は全体としても下降している。これは二九年の改正市制は、参事会から市執行部に属する市長助役を除き、市長の市会や市参事会に対する原案執行権を強化し、また参事会員の数を倍増し、従来のような少人数の審議機関としての地位を転換させた結果であった。この制度的変更と前述のような政党政治の浸透による参事会員ポストの配分慣行の定着化があいまって、参事会の活動は停滞していったと思われる。

しかし市参事会は四四年に低レベルながら議決件数で市会を再び逆転している。戦時下の四三年に改正された市制は、市参事会に市会の権限に属する事項の一部を移管し、市会閉会中はとくに定めた事件のほかは市参事会が市会に代わって議決しうるものとするなど、参事会機能を拡充した。これにより横浜市会は通常予算など特に重要な議案を審議するだけで追加予算や条例のほとんどは参事会で議決され、戦時下に参事会は再び重要性を増したので

ある。(30)

おわりに

本章で考察した市会と市参事会に関する数量的な分析を通じた戦前期横浜市政における基本的な動向について、最後にまとめておこう。

戦前期の横浜市会を中心とする市政は、連記制・三級選挙制度であった第Ⅰ期・明治期においては、名望家集団による地域的、党派的な対抗に始まり、激しい変動が生じた。当初の市制町村制に盛り込まれた等級選挙制度と連記制は、市会が「細民ノ多数ニ制セラル、ノ弊ヲ防ク」こととされたが、この制度は未だ「細民」の登場がなく有権者が少数の富裕者に止まった時期は、同一党派が多数を制する手段となり、地主と商人の間の名望家対立を直接市会に持ち込むことになった。また三年半数改選という短い周期で少ない議席を選挙するという小さな政治空間のなかで対立は激成され、また両派そのものも改革派が生まれて分裂するなど不安定な状態であった。こうした「紛議」の時代は明治末年までにいったん協調をみるが（公和会体制）、大正期の第Ⅱ期過渡期に入り中央での政党化状況と結びついた党派対立が横浜市政にも波及し、選挙区制の導入や等級制の緩和、単記制の採用などの制度的改革、有権者の増大などにより普選状況へ近づくなかで再び流動化した。すなわち政党化と大衆化が結びついた市会における多党化現象が現れたのである。しかしその対立はかつてのような大きな変動ではなく既成政党内では固定化した対抗関係すら生まれていった（協調市政）。政党政治が浸透することによって一定の政治的提携関係が形成され、全体として党派対立はむしろ緩やかなものになったのである。

このことは市会議員の構成上においてみられたように、明治期から昭和期にかけて議員寿命が伸びていることにも関連しよう。政党に所属し政治技術を有した職業的な市議が、党派間の対立に妥協と提携の余地をもたらしたのである。

このような市会の動向は参事会にも波及したが、参事会は市会そのままの対立の構図であったわけではなく市政における別の政治空間としても機能した。すなわち参事会は市執行機関として重要な機能を果たすと同時に、大正期までは常設委員制度とあいまって市会勢力の行政への介入のルートとして機能し、その廃止後昭和期には有力な参事会員が市長と密接な関係を持つことによって、市長と市会をつなぐ有力なルートとなった。戦時期までに市会、市参事会は全体として地位を低下させていくが、参事会は権限を強化した市長を補佐することでなお、その存在を維持したのである。

注

（1）亀掛川浩『地方制度小史』（勁草書房、一九六二年）五八～六四頁。

（2）大島美津子「地方行政史における都市と農村」（『都市問題』七二巻一号、一九八一年一月）八頁。

（3）『横浜市会史』第二巻（横浜市会事務局、一九九三年）五六頁。ほかに田口昌樹「市参事会制に関する一考察（一）『中京大学大学院生法学研究論叢』二〇（二〇〇〇年～）を参照。

（4）市政構造のなかで市会・市参事会について着目した研究も東京市と大阪市に集中している。中嶋久人「明治中期東京市における市会―市参事会体制の形成」『比較都市研究』一（九巻一号、二〇〇〇年）、山中永之佑『近代市制と都市名望家』（大阪大学出版会、一九九五年）、堀田暁生「大阪市の成立と大阪市参事会」大阪市公文書館『研究紀要』第六号、一九九四年）などがある。ただほとんどは初期市制期を扱っており、長期的な分析を行ったものではない。その中で櫻井良樹『帝都東京の近代政治史』（日本経済評論社、二〇〇三年）は、市制特例期以降一九四〇年代の都制期までの東京市政構造における参事会の機能に一貫して着目している。これは市政構造内での政党勢力と執行部の対抗関係を考察する上で市会・市参事会が重要な視角であるためである。他に車田忠継「東京市・市長と市会の政治関係―田尻市政期における政治構造の転形」『日本歴史』六四九号、二〇〇二年）が同様の視角を持っている。
(5) 『横浜市会史』（全六巻、横浜市会事務局、一九八三年～八七年）。
(6) 本稿で用いた選挙統計は、特に注記しないかぎり、『横浜市会史』第六巻（資料編）、（横浜市会事務局、一九八七年）、『横浜の選挙五十年のあゆみ』（横浜市選挙管理委員会、一九九六年）、『横浜市統計書』、『横浜市事務報告書』各年版から抽出した。
(7) 『市制施行と横浜の人々～明治二〇年代の横浜』（横浜開港資料館、一九八八年）八頁。
(8) 今井清一「市民の形成と市政―その一」『横浜市立大学論叢』第三三巻人文科学系列第一号参照。
(9) この時期の地主派有力者の活動については、吉良芳恵「京浜電気鉄道・横浜市街電気鉄道の出願をめぐって―横浜市民の投資行動を中心に」横浜近代史研究会編『近代横浜の政治と経済』（横浜開港資料館、一九九三年）を参照。
(10) 今井清一「大都市市会議員三級連記選挙の比較研究」『横浜市立大学論叢』第四〇巻人文科学系列第一号参照。
(11) 植山淳「日露戦後の横浜市における都市支配」『地方史研究』（第二一八号、一八八九年）三九頁。一九〇三年の衆議院選挙については山田操『京浜都市問題史』（恒星社厚生閣、一九八一年）二一～一四頁及び大島美津子「市政の動向」『横浜市史』第四巻下（横浜市、一九六八年）七七～八五頁に詳しい。
(12) 植山、前掲右論文（四七頁）は「公和会」体制を、市内の区―部からなる地区で有力者による選挙における候補者銓衡が調整されるという妥協の体制「予選」体制とみなしている。
(13) 一九一三年の選挙区問題については、前掲今井清一「市民の形成と市政―その一」（一一二、一一三頁）のほか、「赤尾彦作書簡集―大正篇」『横浜開港資料館紀要』（第九号、一九九一年）の吉良芳恵による解説（八七～九〇頁）が、横浜市政と県・政府・内務省との間の動きを実証的に跡づけている。
(14) 『横浜市史』第五巻下（横浜市、一九七六年）一四〇頁。
(15) 『東京日日新聞・横浜横須賀版』一九二六年一月三一日。
(16) この時期の政党支部の選挙活動については、拙稿「平島吉之助と横浜市政」（上）（中）（下）『市史研究よこはま』第九、一〇、一二号（一九九六～二〇〇〇年）参照。本書第七章に一部収録。

(17)『横浜市史』第三巻下(横浜市、一九七三年)一六〇頁。
(18)『横浜貿易新報』一九〇三年三月一九日。
(19)赤尾彦作については、大西比呂志・曽根妙子編「赤尾彦作と横浜市政」(『市史研究よこはま』第五号(一九九一年)参照。
(20)『横浜市会の百年(資料編)』(一九八九年、横浜市会事務局)一二六頁。
(21)同右、一三三頁。
(22)『横浜貿易新報』一九一三年八月一六日。
(23)一九〇〇年の瓦斯局舎払い下げ事件はその典型であった。前掲『横浜市史』第四巻下五四〜六〇頁。
(24)『横浜貿易新報』一九一四年五月一六日。
(25)『横浜市会議事速記録』(一九一八年二月二〇日)一一〜一四頁。
(26)『横浜市会史』第三巻(横浜市会事務局、一九八四年)二四七〜二五〇頁。
(27)『横浜毎朝新報』一九二五年六月二四日、『横浜貿易新報』一九二七年一〇月七日。
(28)「府県制・市制・町村制等改正法律案提案理由　大正一五年二月二八日」天川晃ほか編『史料日本の地方自治1』(学陽書房、一九九九年)五六〇頁。
(29)『横浜市会議事速記録』(一九二六年一〇月一四日)一八頁〜二六頁。
(30)『横浜市会史』第五巻(横浜市会事務局、一九八五年)五三八、五三九頁。

第三章　都市専門官僚制の形成と市政運営

――久保田政周市政期を中心に

はじめに

第一次大戦後成立した原敬内閣（一九一八年～二一年）は、政党化と都市化の進展というこの時代の二つの大きな政治社会変動を象徴するものであった。

政党化についていえば、日露戦後の憲政擁護運動、大正政変をへて一九一二年桂太郎による立憲同志会、一九一四年第二次大隈内閣の成立後にはその与党が一九一六年に憲政会を結成した。長年優勢であった政友会に対抗する非政友系政党の結集が進んだのであり、その趨勢の上に成立した原政友会内閣は二大政党制へ道を拓くものであった。

都市化についていえば、この時代は第一次都市化とよばれる大都市への人口集中が進展した時期であった。一九一三年に六四あった市は一九三〇年までに一〇九となり、総人口は五三〇〇万から六四〇〇万へと一一〇〇万人増えた。これは市部人口の増加（郡部人口の減少）によるもので、一八九八年から一九二〇年までの全人口の増加率が二三％であったのに対し、六大都市は神戸市二八〇％、横浜市二二〇％、京都市八二％、名古屋市八〇％、大阪市五四％、東京市五三％の増加率であった。[1] 大都市の膨張が著しく進展し、なかでも横浜市は急激な膨張を遂げたのである。

このような大都市への人口集中は、都市おける貧困、衛生などの社会問題や都市の無秩序な膨張による様々な問題を深刻化させ、大都市問題とその経営について従来にまして重要性を高めることになった。すなわち都市統治という問題が国家の内政上の問題として浮上したのである。原内閣の内務省社会課（一九年一二月）、内局社会局（二〇年八月）の設置にみられる社会政策、また都市計画課の設置（一九一八年五月）、都市計画法、市街地建築物法（一九一九年四月公布、二〇年一月施行）による都市政策の開始は、こうした「都市問題」への国家的試みであった。[2]

第一次大戦後の都市社会状況への対応から都市の統治構造上に生じた特質として指摘されるのは、都市専門官僚制の形成である。これを芝村篤樹は「巨大な行政機構を背景に、行政専門家が長期的・全体的な展望（政策）にもとづいて主導的に市政を担う体制」であり、大阪市においてこれが関一の市政（一九二三年〜三五年）に成立したと指摘した。[3] また鍛冶智也の研究は、こうした大都市における専門官僚制について東京市における後藤新平市政（一九二〇年〜一九二三年）を対象に、市長の指導下に様々な機構改革が実施されて専門官僚制が確立していく過程を実証的に明らかにした。[4] このような都市専門官僚制は、横浜ではどのように形成されたのだろうか。

この時期の横浜市政を担当したのは久保田政周《きよちか》（一九一八年八月〜二二年一一月）であった。久保田市政に至る時期の横浜は右に述べたように六大都市の中でも急激に人口が増加した時代であり、その就任がまさに米騒動（一九一八年）のさなかであったことに象徴されるように、都市問題と社会問題に直面した市政であった。本章では、久保田市政を中心に政党化と都市化という二つの政治社会状況と市政構造の関連を明らかにし、また市政運営の方向にどのような影響をもたらしたのかを考察する。

一　内務官界の政党化

1　第二次大隈内閣の成立

この時期の官界と政党との関連で重要なのは、一九一四年四月に成立した第二次大隈内閣であった。長年優位にあった政友会に対抗する非政友勢力と桂系の官僚が結集して成立したこの内閣は、一九二〇年代に本格化する二大政党政治体制形成への端緒となっただけでなく、反政友会という立場から従来の官僚制度に大きな変更を加えた。すなわち政友会を中心として進められた官吏の任用、とりわけ自由任用の範囲を縮小することをねらいに「各省官制通則」を改正し（一九一四年勅令第二〇七号）、各省に政務官たる勅任の参政官及び副参政官を各一名配置した。また「任用分限又ハ官等ノ初敘陞敘ノ規定ヲ適用セサル文官ニ関スル件」を改正し（同年勅令第二一八号）、参政官、副参政官を自由任用の官に加える一方、各省次官、警視総監、貴族院書記官長、衆議院書記官長、内務省警保局長、勅任参事官を自由任用の対象から除外した。大隈内閣は政党と官僚関係について広汎な改革を行ったのである。[5]

大隈内閣成立の中心となったのは山県系の藩閥官僚勢力の指導者大浦兼武であった。[6]そしてその片腕として活動し大隈内閣成立の隠れた「殊勲者」とされたのが下岡忠治であった。下岡は、三高、帝大を経て一八九五年内務省入りし熊本県参事官となった。そこに知事として赴任してきた大浦の「寵遇」を受け、以後「大浦系は下岡氏其の牛耳を把る」ところとなったという。[7]

第二次大隈内閣の内務省三役（次官、警視総監、警保局長）および各省次官の顔ぶれを前後の内閣と比較すると

表 3-1　大隈内閣前後の内務省三役および各省次官

	第 1 次山本内閣			第 2 次大隈内閣			寺内内閣		
	氏名	卒年	合格年	氏名	卒年	合格年	氏名	卒年	合格年
内務次官	水野錬太郎 1913.2.21	帝25	26試	下岡忠治 1914.4.16	帝28	28	水野錬太郎 1916.12.27	帝26	26試
				久保田政周 1915.7.2	帝28	28			
警保局長	岡喜七郎 1913.2.26	帝24	24試	安河内麻吉 1914.4.18	帝30	30	永田秀次郎 1916.10.11	三高32	33
				湯浅倉平 1914.8.12	帝31	31			
警視総監	安楽兼道 1913.2.21			伊沢多喜男 1914.4.16	帝28	29	岡田文次	帝28	30
				西久保弘道 1914.8.12	帝28	30			
外務次官	松井慶四郎 1913.2.21	帝22	22試	幣原喜重郎 1915.10.29				帝28	29外
大蔵次官	勝田主計 1912.12.21	帝28	29	浜口雄幸 1914.4.16	帝28	28	勝田主計 1916.10.9	帝28	29
				菅原通敬 1915.7.2	帝28	28			
司法次官	小山温 1912.12.21	帝23		鈴木喜三郎 1914.4.18				帝24	24試
農商務次官	橋本圭三郎 1913.2.23	帝23	23試	上山満之進 1914.4.17				帝28	28

出典：『日本官僚制の制度・組織・人事』（戦前期官僚制研究会編／秦郁彦著、東京大学出版会、一九八一年）より作成。

注：帝は帝国大学、合格年は文官高等試験（明治27年施行）合格年、試は文官試験試補及見習規則（明治21年施行）を示す。

表3―1のようである。

休職新潟県知事からこの内閣の警視総監に就任した伊沢は次のように回想している(8)。

「丁度大隈内閣の時は次官級は殆ど全部二十八年組が占めて居つた。即ち警視総監は私で、内務次官が下岡忠治、大蔵次官が浜口、宮内次官が上山満之進でした、其後例の参政官、副参政官を置いてから浜口、下岡が内務省の参政官大蔵省の参政官になつたので、それで其の後へ又二十八年組の久保田政周が内務次官になり、大蔵次官には菅原通敬がなつて行つた。」

ここで注目されるのは大隈内閣以降、下岡をはじめとして浜口雄幸、菅原通敬、伊沢多喜男、西久保弘道ら一八九五（明治二八）年帝大卒の官僚が一斉に次官ポストを占めていることである。一八九五年に帝大法科を卒業し、文官高等試験に合格した官僚グループは官界の新しい傾向を代表する世代であった。

一八九三年の文官任用令は、それまでの藩閥的な情実任用制を改革する近代的な官吏資格任用制度であった。しかし翌年から実施されることになった文官高等試験は帝大卒業者の奏任官への無試験任用制度を廃止したため、一八九四（明治二七）年の帝大卒業生がこれに反発して試験をボイコットした。そのため、翌年の卒業生がこの制度をへて誕生した「高文組」とよばれる帝大キャリア官僚の実質的な第一世代となった。

伊沢多喜男はその一人であり、「丁度日清戦役が済んで人の需要が多い時に二十七年の連中が受けずに二十八年の者が受験した、そこで此の受験した二十八年組が生えて飛ぶやうに売れて行ったのです。さう云ふ波に乗って行ったと云ふ方が宜いのでせう。」と回想している。(9) 明治二八年組が官界生活約二〇年ほどで大正前期に至って、官僚としてほぼトップの地位にまで上昇を遂げたのである。

その間高文組の先頭を行く彼ら二八年組がキャリア上昇の過程で直面したのは、日露戦後の政友会による内務官界の支配的状況であった。その時代三度にわたって内相に就任した原敬によって、警視総監や知事や警察部長など内務官僚人事が党派的に行われたことはよく知られている。(10) 原はそれまでの山県・大浦系の官僚に代えて帝大卒の官僚を新進の抜擢として登用し、政友会の官界への影響力の拡大を行った。その代表的な帝大官僚が床次竹二郎や水野錬太郎であった。明治末から大正期の三度にわたる原内相下で、地方局長、次官をつとめた床次は一八九〇（明治二三）年、土木局長、地方局長、次官を務めた水野錬太郎は一八九三（明治二五）年の帝大卒業であった。

このように原の政友会が登用した官僚たちが、高文以前の帝大官僚であったことは象徴的である。官界上層の主要なポストがこうした政友系官僚で占められていたことが、後続の新たな高文官僚世代である二八年組に別の政治的選択をさせたのである。すなわち非政友系官僚指導者大浦への接近であり、その舞台となったのが大隈内閣であった。[11]

2　地方官人事の政党化

第二次大隈内閣において当初内相には大浦が決定していたが、与党中正会や国民党からの反対もあり結局内相は大隈首相が兼摂し、大浦は農商務相になった。しかし実際の内務行政は大浦と「渾然一体」といわれた下岡次官が仕切ることになっており、大浦は下岡を通じて内務省を実質的に影響下に置いた。[12]大隈内閣の成立と大浦—下岡の結びつきは、反政友会系官僚グループとしての二八年組成立の契機になった。[13]

大隈内相は組閣終了後、地方官異動について「現在の地方長官中政党出身者若くは政党と特別の縁故を有するものは、悉く之を処分する」方針を打ち出し、「宗像東京、大島神奈川、安藤新潟」らの更迭が予想された。[14]四月二一日、四月二八日の二度にわたり地方官の異動が行われた（表3—2）。

この異動は「事実上の内相たる大浦農相の方針」に依るもので、右の主要府県知事以下の「純原系」の知事が処分された。[15]この異動に対し当の原敬は「地方官の大更迭ありたり。政友会と関係ありと疑はれたる者を休職となし、同志会の便宜を計るもの丶如し」と記している。[16]

非政友勢力を結集した大隈内閣の地方官人事は、後の二大政党制下に本格化する党派人事の始まりを告げるものであった。この人事で内務省土木局長から地方官トップの東京府知事となった久保田政周も内務次官下岡や警視総監伊沢と同期の二八年組であった。久保田は今回の地方官人事について、原敬にあて次のように書き送っている。[17]

「扨内務省ハ着々大浦子の計画を実行致され候模様ニ有之、杉山氏ハ勿論、小橋氏も或は転任可相成やと被存候。小生は是非東京府知事ニ参り候方得策なるへしとの御意見ニ付承諾、一両日中ニ発表可相成と存候。御了承被下度候。右之如く本省ハ殆と全部更迭、尚地方官へも波及可致と被存候。」

表 3-2　第二次大隈内閣下の地方官異動（1914年4月21日、28日）

異動日	職名	氏名	前職	後職
4月21日	北海道庁長官	西久保弘道	休職福島県知事	警視総監
	東京府知事	久保田政周	土木局長	内務次官
	同依願免本官	宗像政		
4月28日	地方局長	渡辺勝三郎	徳島県知事	新潟県知事
	土木局長	小橋一太	地方局長	内務次官
	衛生局長	中川望	神奈川県内務部長	山口県知事
	同依願免本官	杉山四五郎		
	神奈川県知事	石原健三	休職愛知県知事	宮内次官
	新潟県知事	坂仲輔	石川県知事	免本官
	同休職	安藤謙介		
	千葉県知事	佐柳藤太	滋賀県知事	休職
	三重県知事	馬淵鋭太郎	山口県知事	広島県知事
	滋賀県知事	池松時和	千葉県知事	和歌山県知事
	長野県知事	力石雄一郎	岐阜県内務部長	大分県知事
	同休職	依田　次郎		
	宮城県知事	俵孫一	三重県知事	北海道庁長官
	同休職	森正隆		
	青森県知事	小濱松次郎	警視庁警務部長	休職
	同休職	田中武雄		
	秋田県知事	坂本三郎	休職行政裁判所評定官	山梨県知事
	石川県知事	熊谷喜一郎	休職山梨県知事	免本官
	島根県知事	折原巳一郎	奈良県知事	千葉県知事
	山口県知事	赤星典太	熊本県知事	長野県知事
	徳島県知事	奏豊助	秋田県知事	休職
	奈良県知事	川口彦治	大分県知事	休職
	群馬県知事	三宅源之助	熊本県内務部長	徳島県知事
	同休職	大芝惣吉		
	福岡県知事	谷口留五郎	鹿児島県知事	免本官
	同休職	南弘		
	大分県知事	黒金泰義	休職群馬県知事	山口県知事
	熊本県知事	川上親晴	元警視総監	免本官
	鹿児島県知事	高岡直吉	島根県知事	休職

出典：栗林貞一『地方官界の変遷』（世界社、1930年）148〜151頁より作成。

久保田はそれまでの経歴上必ずしも原政友会に対立する立場にあったわけではなかったが、この時は大浦の指示に基づき府知事に転出したことがうかがえる。

大浦は一五年一月内相に就任し第一二回総選挙（一九一五年三月二五日執行）を指揮し与党大勝に導き、また下岡次官も郷里の兵庫から大隈伯後援会の公認候補として出馬当選した。選挙後大浦は、選挙干渉問題の追及を受け七月二九日に辞表を提出し、後任内相には文部大臣一木喜徳郎が横滑りした。またこの間七月二日、大隈内閣は前述の各省参政官、副参政官に与党議員を任命し、下岡は内務省参政官に転じることになった。その後任次官として起用されたのが久保田であった。久保田は、大隈内閣の大浦—下岡という内務省の人事計画の一環として東京府知事、内務次官という要職を歴任したのである。

このように大隈内閣では大浦のもと内務省で下岡、伊沢、久保田ら二八年組が重用され、また地方官人事でも反政友化が図られた。しかし一九一六年一〇月大隈内閣が倒れ寺内内閣が成立すると事態は逆の方向に展開する。下野した立憲同志会総裁加藤高明は一〇月一〇月、中正会と公明倶楽部とともに憲政会を結成して寺内内閣との対決姿勢を鮮明にした。憲政会は衆議院の過半数を制する勢力を持っていたから、寺内内閣が衆議院を解散してその劣勢を回復しようとすることは早晩予想される事態であった（一九一七年一月二五日衆院解散）。こうした情勢は、内務官界にも及び憲政会系官僚の排除と政友系官僚の抜擢や復帰人事が行われるのである。

寺内内閣の内相後藤新平は、一六年一〇月西久保警視総監、湯浅倉平警保局長を免官にしたのをはじめ、一一月には前内閣から居座りの内務次官久保田を免官とした。これに代わったのは大隈内閣で内務次官を免じられた水野錬太郎であった。この人事について新聞は、「内務次官の更迭につきては余りに唐突の出来事なりしを以て内務省内にても噂とりどりなり是等を総合すれば根本理由は要するに後藤内相と久保田前次官とは俗に云う性の合はざるに帰すとなすにあり」、そして水野を復帰させたねらいは、「来るべき運命を愈々覚悟して地方の事情に精通せる水野氏を迎へ入れ以て解散後の総選挙の準備に取掛れるものとも見らるべし」とされた[(18)]。

総選挙が予想されていたこの時点で、前内閣以来の内務省幹部が更迭されたのは当然であった（一七年四月二〇日執行）。「内務官界の二部交代制」と呼ばれる政権交代による内務官界の入れ替え人事は昭和期に顕著となる現象だが[(19)]、第二次大隈内閣以降、寺内内閣を通じて本格的に形成されていったのである。

二　横浜市政への波及

1　久保田市長の登場

このような二大政党と連動した内務官界に生じた大規模な変動は、大都市にも波及した。内務官界の官僚人事が大都市の市長人事に連動するのである。

一九一七年八月に奥田義人が東京市長在職中に死去し、後任市長銓衡が空転するなか警視総監の後貴族院議員に勅選されていた伊沢多喜男は、寺内内閣で内務次官を免官となった久保田政周を下岡、一木らとともに大浦と相談しつつ東京市長就任を画策した。

大浦は一五年七月内相を辞職政界を引退したが、その後も伊沢はその名誉回復の復権運動を行うとともに、「大浦さんの所へ私は幾度となく、一週間に一遍か、二週間に一遍位はお墓参りするやうな積りで訪ねたが、其の時に私が行って、今こんなことありますよと云ふやうな政治上の話」をした、と述べている。[20] 大浦は一九一八年に没するまで、伊沢や下岡ら二八年組の内務官僚を中心に官界人事に強い影響力を維持していた。その政治活動の一つが久保田の東京市及び横浜市長への就任運動であった。

一九一七年九月二七日、大浦は伊沢に「例ノ一件下岡氏ト御相談ノ結果御内報之趣拝承危険ノ点ハ御尤ニ存候得共他ニ名案ナキニ苦ム次第ニ候。一木氏ニ其後何ニモ良案ナキヤ。若シ御示ノ仲間ニ名案ナシトセハ多少危険デモ前案ノ通リニ試ミテハ如何」と書き送った。「例ノ一件」とは一九一七年八月死去した奥田義人東京市長の後任問題であった。[21]

大浦はさらに九月三〇日にも伊沢にあて「万々一加藤仙石等ノ発言などと云ふ事ガ洩レテハ面白無之早稲田ノ方ハ万々一洩レテも当時ノ首相内務次官ト云フ関係ニテ其ノ人物ニ注意適材ヲ適所ニ配置ヲ希望スルハ当然ノ次第」と書き送り、伊沢をはじめ下岡忠治、一木喜徳郎、加藤高明、仙石貢ら大隈系（「早稲田」）の政治家、官僚グループが秘密裏に久保田を擁立しようとしていたことをうかがわせる。(22)

結局、この工作は失敗し東京市会の支持を一本化できず久保田が市長候補を辞退し、後任市長には田尻稲次郎が就任した。(23) しかし伊沢らの久保田擁立運動はこれで終わったわけではなく、東京市での動きは横浜市へと舞台を移し、政友系の安藤謙介横浜市長の後任人事として久保田擁立が再度行われることになった。(24)

一九一八年八月二日、大浦は伊沢に「只今久保田政周氏来訪本日漸ク御出掛ケ之趣且ツ例ノ進行振リ委細承リ候。小生モ誠ニ安心喜悦之至ニ存候」と書き送った。(25) これは横浜市長への就任工作についてであり、大浦はこれを「多数党ニ何カ故障ノ起ラヌ様ニ進行致サセ度兎角多数派ニハ利己主義ノ野心家カ細工ヲスル事ハ世上ニ多ク甚懸念ニ付十分御注意可被下候」と、前回の轍を踏まないよう慎重に運ぶことを伊沢に指示した。この運動は神奈川県知事の有吉忠一や井上準之助横浜正金銀行頭取の斡旋もあり、結局久保田は八月九日市会で全会一致で市長に選出された。(26) この結果を聞いた大浦は、再び伊沢に次のように書き送った。(27)

「華墨拝誦。毎々人ノ条約ニ御解決之事多ト存候。横浜市ノ方非常ノ御尽力ニ依リ只今稀有ノ全会一致ノ決議加之優遇策モ好都合ニ相運ヒ候哉ト新聞ニテ承知無此上欣賀ニ不堪候」

以上のように久保田の横浜市長への就任は、大浦の指示のもとに伊沢多喜男がその間に介在して行われた人事であった。大浦は同年一〇月一日に死去し、それ以降は伊沢が歴代横浜市長人事に関与し続けることになるが、久保田政周の横浜市長就任はそうした内務官界からの市長供給の最初の事例であった。中央政界における二大政党勢力の対抗状況の進展が、官界の党派的系列化を生み、東京市や横浜市にみられたように一九一〇年代から二〇年代において、その官僚系列下に市長選任が行われる事態を現出した。中央官界の政党化が、市政における官僚化の契機となったのである。

2 高文助役

久保田政周は横浜市政にとってそれまでにない大物官僚の登場であったが、それは市政全体への官僚化の端緒であった。

その第一は、文官高等試験（いわゆる「高文」）をパスした官僚の助役採用であった。久保田就任の翌年六月に第一助役に起用した三松武夫はその最初であり、以後青木周三（一九二三年四月就任）、森本泉（一九二四年七月）、大西一郎（一九二九年三月）ら第一助役はいずれも帝大出身で高文に合格した官僚であり、次いで第二助役にも芝辻正晴（一九二三年四月）、楢岡徹（一九二四年九月）とこの時期からほぼ同様の官僚化が進む。（第一章表1—3の「戦前期の横浜市助役」を参照）

当時の助役任命の規定は全文改正となった一九一一年市制に基づくものであった。この改正は市長および助役の任期を四年に改めたほか、市執行機関を市参事会から市長への独任制に移行させ、助役についても「助役ハ市長ノ推薦ニ依リ市会之ヲ定メ」ることとした。これは市長権限の強化を図った改正の趣旨を反映するものであり、また助役の退職に関して「助役ハ府県知事ノ認可ヲ受クルニ非サレハ任期中退職スルコトヲ得ス」とされ、助役の地位を保障することが盛り込まれた。助役は市長と一体のものとして執行機関を形成するものとなった。

この制度で初めて選任されたのは、一九一五年四月の安藤謙介市長期の第一助役吉田淳一、第二助役樋口忠五郎であった。四月二日の緊急市会では「安藤市長より推薦の高級助役に吉田淳一氏二級助役に樋口忠五郎氏に対し投票を用ひず満場一致選任に決し直に散会せり」とある。(28) 吉田は元高座郡長から日本安全石油支配人をへて第二助役からの昇進、樋口は元橘樹郡長であり、吉田は刷新派、樋口は政友派と目されていたが、市長推薦が尊重された結果となった。この吉田、樋口は一九一九年に久保田市長期に任期満了を迎え、後任問題は両派の間で意見対立もあったが、[29]市長が第一助役候補三松武夫を推薦すると「斯くて議長より新たに推薦されたる三松武夫氏の承認を諮るや一次会異議なく直に二次会に入」り、「満場一致」で決定した。[30]

この三松選任にあたって市会での論議の中で、中立系の太田荘九郎市議は「助役は内的機関にして其の行為は一々市長の責任たり故に市長との関係密接ならんを要する」と述べ、新市制のもとでは助役は従来のように市会勢力とではなく市長と一体の機関であることを強調した。[31]この立場から第一助役には市長推薦の三松が承認され、政友派は三松を承認するかわりに第二助役は政友派から出すことで妥協し樋口が留任した。第一助役を市長＝与党会派＝自治派、第二助役は少数派政友派という配分人事は、市長と同様、助役人事における「地方自治」型システムから「上位政府」型システムへの過渡的ともいえる現象であった。[32]

久保田市政の第一助役に就任した三松武夫は、東大政治科を一八九九年に卒業し、同年高文に合格し、農商務省農務局農政課長から大隈内閣のもとで鳥取県知事に抜擢された（一九一四年六月）。時の内務省地方局長が久保田の後任の横浜市長渡辺勝三郎であった。三松は寺内内閣の一九一七年一月に休職となり、以後産業組合中央会理事を経て横浜市助役となったが、一九二三年四月の任期満了による辞任後は、加藤高明、若槻礼次郎の憲政会内閣のもとで山口県知事（一九二四年六月）、新潟県知事（一九二五年一〇月）を歴任、田中内閣の成立とともに休職（一九二七年四月）、浜口内閣の成立とともに新潟県知事に返り咲いた。つまり、三松も久保田や渡辺と同じく伊沢に連なる非政友系の内務官僚の人脈の上にあった。

次の渡辺市長の時代、三松、樋口は若干の留任の後、三松は任期満了で、樋口は死去に伴い新助役の選考が行われた。その際渡辺市長は従来助役が政党の関係で推薦され党派対立による事務の障碍があったため、党派に関係のない人物の選考を主張し市会の了解を得た。こうして政友派の反対はあったものの、結局一二年四月一一日市会では全会一致で市長方針が支持され第一助役青木周三、第二助役芝辻正晴が就任し、横浜市における第一助役、第二助役ともに官僚出身者が占めることになった。(33)

青木周三は、一八八五(明治八)年山口県出身、盛岡中、二高をへて一九〇二年七月帝大法科大学法科卒、同年一一月に高文合格し、逓信省鉄道書記を振り出しに一九一七年一二月鉄道院理事・経理局調度部長であったが、一九年五月原政友会内閣のもとで休職になり、一時民間鉄道会社へ転出した(一九一九年九月〜一九二一年三月筑豊電気軌道株式会社専務)後、久保田市長時代の初代電気局長として招聘された(一九二二年四月)。青木は内務官僚ではなかったが、その経歴からわかるように非政友系で伊沢、久保田、渡辺という横浜への官僚供給ルート上の人材であった。横浜市の後は、加藤高明護憲三派内閣(鉄相仙石貢)、浜口民政党内閣(同江木翼)の鉄道次官をつとめ、一九三五年には横浜市長に就任する。その間二六年に伊沢が東京市長に決定した際、渡辺が青木を助役へ登用するよう推薦していることを始め、(34)これら内務官僚のグループは東京や横浜といった大都市の助役人事においても密接に連繫していたのである。

三　久保田市長と市政の官僚化

1　専門行政の拡大

久保田市政が直面した行政課題は、第一には社会問題の生起に対する社会行政であり、第二には都市問題への対応としての都市計画行政であった。一九一八年八月米騒動のさなかに市長に就任した久保田市政の第一の課題が社会事業対策であったのは必然的ななりゆきであった。この久保田市政期の社会政策についてはすでに詳しい研究[35]がなされているのでここでは要点のみ述べると、久保田市長は就任後物価騰貴を押さえるために市事業各部門の追加予算を市会に提出し、一九年一月これらを所管する慈救課を新設した。さらに市内各地に公設日用品小売市場や職業紹介所、簡易宿泊所などの社会救済施設を設置し、一九二〇年四月には方面委員規程を制定して方面委員による社会事業を開始、一九二一年五月には市の機構に、社会事業を所管する組織として社会課を設置するなど米騒動に象徴される社会問題への取り組みを本格的に実施した。

久保田市政のもう一つの専門行政として重要なのは、日露戦後に構想が始まり前任の安藤市政の末期に着手された横浜市の都市計画事業を本格的に開始させたことであった[36]。

一九一八年四月明治以来の東京市区改正条例が五大都市へ準用され、同年五月には内務大臣官房に都市計画課が設置され都市計画への動きが活発化すると横浜市でも市会議員一二名、公民一一名からなる横浜市改良調査委員会を結成して「大横浜建設調査」の活動を開始した。こうした中で八月に久保田が市長に就任し九月に東京市区改正条例の横浜市への準用が決定した。久保田は横浜市の都市計画事業の推進は「文明の都市として最も緊要なる問題」として本格的に着手することを表明した[37]。

久保田は事業推進のため内務省と折衝して市改良調査委員会の主査などの人選を進め、調査委員会とは別に市役所内に担当部局として一九年四月市区改正局を設置した。これは同年三月都市計画法、市街地建築物法が帝国議会に提出されて可決、翌年一月に施行という都市計画の法制化に対応するものであった。

局長阪田貞明は一九〇〇年京都帝大土木工学科卒、土木監督署技師、大臣官房都市計画課などに勤務した内務省技師で、同土木課長には山田七五郎（一八九九年東京帝大工科建築科卒、長崎県技師）、ほかに牧彦七（一八九八年東京帝大土木卒）、比留間敏（一九〇九年東京帝大土木卒）ら技術官僚を次々に起用した。これは内務省土木局

表 3-3　横浜市技師及び技手（1912年～1926年）

年	技師	嘱託 技師	技手 技師	技師補 技手補	機関手	機関手 補助	小計 a	総吏員数 b	割合 a/b(%)
1912	11		79	45	2		137	1,266	10.8
1913	12		69	46	2		129	1,328	9.7
1914	8		62	23	2		95	1,359	7.0
1915	5		43	21	1		70	1,175	6.0
1916	4		40	25	4		73	1,183	6.2
1917	4		48	21	7		80	1,144	7.0
1918	5	1	52	17	5	4	84	1,177	7.1
1919	5	1	67	31	5	4	113	1,200	9.4
1920	8	1	92	34	4	4	143	1,480	9.7
1924	24		139	52			215	861	25.0
1925	37		254	85			376	1,397	26.9
1926	43		309	98			450	1,588	28.3

出典：『横浜市統計書』各版より作成。
注：1921年～1923年はデータがない。

長の経歴を持つ久保田の同省との人脈によるものであった[38]。市区改正局は慈救課（のち社会課）とともに、住宅や上下水道などの改良や敷設を実施し、社会事業と都市計画事業は久保田市政の新機軸の両輪であった[39]。

この都市計画の立案にあたっては広く「各方面の技能家理事者及都市計画課の技術家も加はり慎重に之を研究」することが求められたが[40]、その結果市の職員内で技術系職員が増加した。

この時代の横浜市における技師・技手数とその全職員の中での割合についてみると（表3―3）、一九一〇年代前半に一時減少するが（一九一二年一三七人一〇・八％→一九一六年七三人六・二％）、一九一九年には一一三人九・四四％、一九二〇年一四三人九・七七％と久保田市政期に増加に転じている。こうした傾向は震災後に復興事業の伸展とともに一層増大する（一九二四年二一五人、二五・〇％、一九二五年三七六人二六・九九％、一九二六年四五〇人二八・三％）。久保田市政期に開始された社会行政や都市行政の開始は、市機構の中で技術系職員を増大させたのである。

こうした技術系職員の需要を高めたのは都市計画関係組織の整備であった。震災前までの横浜市における都市計画は、前述の横

表 3-4　横浜市区改正委員会と都市計画横浜地方委員会

横浜市区改正委員会
1919年5月1日現在

委　　員	委員長（内務次官）	1
	内務省	4
	その他省	7
	県　知事	1
	市　市長	1
	市議	8
	民間	3
臨時委員	県議	2
	民間	3
	技師・書記・技手ほか	3
合計		33

都市計画横浜地方委員会
1920年7月1日現在

委　　員	会長（神奈川県知事）	1
	内務省	1
	その他省	5
	県　部長ほか	3
	議員	2
	市　市長	1
	助役	1
	都市計画局長	1
	市議	8
	民間	7
臨時委員	技師・書記・技手ほか	7
合計		37

出典：『職員録』各年版『内務省人事総覧』第2巻（日本図書センター、1990年）より作成。
注：数字は委員数。

浜市区改正委員会（一九一九年四月）に始まり、都市計画法の施行をうけて改組された都市計画横浜地方委員会（二〇年三月）によって推進された。この両組織を比較すると（表3―4）、メンバーの構成は市割合は二七・三％（九人／合計三三人）から二九・七七％（一一人／三七人）とほぼ同じであるのに対し県の割合は九・一％（三人／三三人）から一六・二％（六人／三七人）に拡大し、技師・書記・技手も九・一％（三人／三三人）から一八・九％（七人／三七人）へと倍増した。横浜の都市計画における横浜地方委員会と神奈川県の比重は、市区改正委員会時代に比べると高くなっている。内務省他の中央省庁の割合は二一・二％（七人／三三人）から一三・五％（五人／三七人）と減少しているが、都市計画横浜地方委員会の事務局は県庁内に置かれ、新任の技師の多くは神奈川県技師を兼任しており、県の比重は高まっている。これは内務省が県を通して都市計画行政をコントロールしようとした結果であった[41]。

　一九一九年の都市計画法にもとづく都市計画事業は、都市計画に対する国の決定権、全国画一的な都市計画基準に基づき、具体的には内務大臣が決定して内閣の認可（第三条）を必要とし、都市計画中央委員会と地方委員会（会長は知事、官僚・学識経験者などが半数、残りが府県会議員・市長・市議ら自治側）を設置し、内務大臣の監督に属し内務省官吏の地方委員会事務局職員が議案を作成した。これらは、都市計画を国家の事務とする中央集権的な特徴を持つもので、「都市に対する官僚支配」を強化するものとされたが、それは県を通じた専門官僚による統制の強化という形で現れたのである。(42)

2 職員体制の合理化

以上のように久保田市政は社会行政、都市行政の専門組織を整備していったが、と同時に肥大化する市の機構の合理化が課題となった。

横浜市の職員数は一八九八年に一九四人であったが一九〇三年三三四人、一九〇八年には七〇一人、一九一三年は一三二八人と五年ごとに倍増し、日露戦争をへて大正期にかけ急速に増加した。その後第一次大戦期は膨張状態が収まり、減少さえしたが（一九一四年一三五九人、一九一五年一一七五人、一九一六年一一八三人、一九一七年一一四四人）、第一次大戦後（一九一八年一一七七人）ころから増加に転じ、一九一九年一二〇〇人、一九二〇年一四八〇人となった。第一次大戦後は、二度目の増大期に入っているのである。

さらに市の事務量を計る指標の一つとして、各部局で扱われる文書の件数を見てみると発送収受合計で一九一七年二四〇、二四一件、一九一八年二四五、一一一件、一九一九年二五二、八三四件、一九二〇年二七一、九〇七件と、やはり久保田市政前後から増加に転じている。職員の増大と文書事務量は平行してこの時期増大しており、市の行政機構は膨張しつつあったといえる(43)（図3―1）。

しかし久保田市制期の横浜市の市役所機構（職制）をその前の安藤市政期と比較すると、安藤市政期（一九一五年四月一日）では一係（内記係）と二部一二課及び二局（水道、瓦斯の公益事業）であったが、久保田市政期には都市計画局が新設されたのにもかかわらず一一課一局と全体として縮小整理されている。[44] これは一九一九年六月「市役所処務規程」（大正八年六月庁達第一二号）による機構改革の結果であった。これは市役所機構の分課、事務分掌、庶務順序、服務、当直、非常心得など「市役所内部に関する広範な規則を一括して定めるもの」で、戦前期の横浜市の行政機構の「骨格」を規定するものとされる改革であった。[45] 久保田市政は、社会行政や都市計画行政といった一九二〇年代に都市行政の上で大きな課題となる行政分野への体制を準備しただけでなく、膨張する職員と文書事務への対応策を講じ市の機構を整理し合理的再編成を行ったのである。

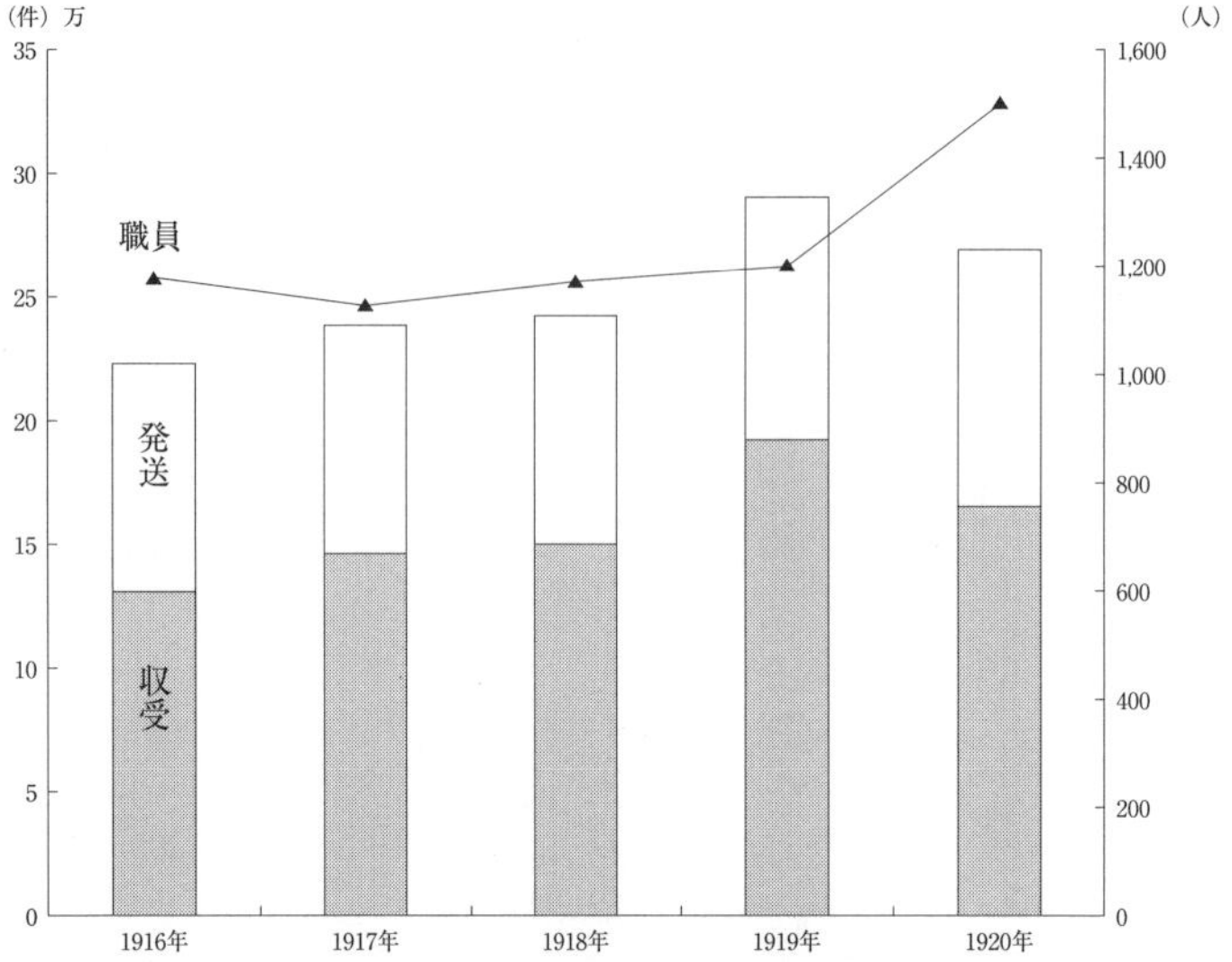

図 3-1　横浜市職員数と文書事務量

3　都市計画と特別市制運動

以上のような久保田市政期にあらわれた市機構の官僚化、専門行政の拡大は、横浜の市政運営にどのような方向性をもたらしていっただろうか。

ここで重要なのは、久保田市政期に比重を増した都市計画事業の推進との関連である。一般的に都市計画事業は計画は国の事業として立案されながら費用は都市に負担させ、またそのための財源も種々の制約を課したので都市計画事業の実施は都市財政を逼迫させた。そのため都市の側から独自財源として「両税委譲論」が起こり、また都市計画地方委員会にみられる国と県の「二重監督」を廃止させようとする特別市制運動が盛り上がりをみせていった。その中心になったのが東京、大阪、京都の三市であり、とりわけ関一市長の大阪市がこの大都市の自治運動を積極的に推進したことは有名である。[46]つまり大都市は都市計画事業の実施による負担軽減を求めて国や県の統制を制限し、分権と自治を目指す運動を開始したとされるのである。[47]

一九一九年一〇月一〇日、一一日に大阪で開かれた第一回都市事務協議会は、六大都市が特別市制の実施について一致して進めることを申し合わせたことで画期的な会議であった。この後二〇年二月京都市会が内務大臣あての意見書を決議し、七月には神戸市会と名古屋市会が政府宛の陳情書を提出するなど各都市は活動を本格化させた。[48]この運動の成果の一つが二二年三月第四五議会で成立した「六大都市行政監督ニ関スル法律」で、同法は六大都市に府県の許認可を要さない委任事務を勅令で認め、六大都市への府県の監督を若干ながら緩和するものであった。

しかし六大都市の特別市制への取り組みは一枚岩ではなく、基本的に二つの方向があったといえる。その一つは、右の会議を主導した大阪市のように「中央集権的官治的大都市制度をあらため、大都市の団体自治権を拡充する」方向であった。[49]会議で大阪市が出した河川法による府県知事の管理権ほかを市長に移管すること、土地収用法による事業認定の申請を知事経由でなく市長が直接すること、などの項目はそうした市の団体自治権の拡充を要求する提案であった。

では横浜市はどうであっただろうか。右の第一回六大都市事務協議会には久保田市長は出席せず、三松助役、阪田市区改正局長らが出席した。ここで横浜市が提案した項目は第一に、各種選挙権資格の欠格条件の市町村間の通報制度の創設、第二に「市ノ歳出入ノ款項及ビ種目ヲ内務省ニオイテ制定セラレタキコト」であった。後者はとくに市区改正委員会費のように内務省の通牒を受けて編成するものについて市の規定の科目に相違があり「統一ヲ欠ク」ため内務省と一体化した事業遂行上必要とされた提案であった。この会議で大阪市は、ほかに市税として「地価差額税」の設定や河川法に基づく府県管理権の市への移管などを提案しており、[50]横浜市の提案はこうした大阪市の自治権拡充の主張とは大きく異なる主張であった。

このような横浜市の姿勢は内務次官出身であった久保田市長の志向を反映するものであった。久保田市長は六大都市の事務協議会発足にあたり、田尻稲次郎東京市長にあて「毎年一回内務省ニ六大都市市長ヲ召集セラレタキ旨申述置候間右実現セラレ候様」依頼している。[51]この意見は結局容れられず、六大都市事務協議会は六大都市間で持ち回りの開催となるが、久保田市長は内務省での開催を主張したのである。さらに久保田市長は一九二〇年には、横浜の都市計画事業を推進するにあたり特別市制の実現を期待したが、その際にも「六大都市の如きは宜しく府県よりも独立せしめ内務大臣の直属」とすることを主張している。[52]すなわち六大都市の自治権拡充要求は、府県の二重監督を撤廃する点では一致していたものの、その方向としては府県から独立して自治を目指す方向と、より強い国の統制下に入ろうとする全く逆の二つの方向があったのである。[53]

この後、「六大都市行政監督ニ関スル法律」が六大都市の運動が要求してきた二重監督の撤廃にほど遠い内容であったため、東京、大阪、京都各市が一九二三年の第四六議会に特別市制を要求する法律案を提出したのを皮切りに、一九二五年第五〇議会では東京、大阪、京都、名古屋各市に関する法律案を提出するなど活発な運動を展開するなかで、これらについても何等運動を行わなかった横浜市の姿勢は際だっている。[54]

こうした横浜市当局の姿勢について、一九二〇年八月五日横浜市会で政友派市議赤尾彦作は「何カ故ニ他ノ都市ノ如ク其実施ニ付テ努力ヲシナカッタカ」と質した。これに対し、久保田市長は「自治体ノ根本義ト致シマシテ特別市制ガ最モ良イモノ」としながら、都市としての発達は「直接ニ内務大臣ニ手ヲ取ッテ貰ヘバ十分ニ発達ガ出来ル」という認識を示し、特別市制運動には「此際非常ニ運動シタカラト云ッテ急ニ行ハレベキヤウナ問題デモナイノデアルカラ、適当ノ時機ニ於テ十分ナル熱心ナル運動ヲ開始シタイ」と消極的な姿勢をみせた。横浜市の運動への対応は、他の五大市の運動の展開をみながらこれに参加するという消極的な「熟柿主義」であった[55]。内務省出身の官僚市長が、大都市に対する内務省と府県支配に対立する運動に消極的であったのはある意味では当然であった。そして前述のような市機構全体の官僚化が進展していた横浜市が、都市計画事業をはじめ専門行政の国や県への依存を強めていたことも、そうした自治への消極的な姿勢の原因の一つと考えることができるだろう。

おわりに

一九一八年八月から一九二二年五月まで市長を務めた久保田政周の市政期は、市長、助役、幹部職員おける官僚化（内務官僚、高文・技術系専門官僚の増加）、市の職員体制の整備、専門行政の拡充といった市政機構全体の専門官僚制化をもたらした。市長ほか幹部職員の官僚化は、中央における政党化が内務官界人事の変化を通じて大都市にもたらした影響の一つであり、専門行政組織やスタッフの拡充は、この時代の都市問題の生起という社会変化への行政的対応による現象であった。

このような久保田市政にみられた市政機構上の変化は、大きくいえばこの時期に進展した都市化と政党化という趨勢の反映であり、こうした傾向は多かれ少なかれこの時代の大都市に共通するものであった。しかしこうした変化の上に市政運営の方向をいずれに取っていくのかは、各都市には相違がある。大阪市に典型的にみられるように、専門官僚制の形成が都市の自立的な政策立案や行政機能の強化と合理化をもたらし、府県や国からの分権と自治を志向する場合と、横浜市のように府県の統制を拒否しながらより強い国（内務省）への接近を志向する場合である。

こうした大都市間の相違には、様々な要因が考えられよう。例えば一八八八年市制施行の際に特例で内務省と府の統治下に置かれ自治権を制約され、市制公布後一〇年にしてようやく自治権を獲得した大阪市などの三市の場合、自治権は府県や国の制約からの解放を意味したのに対し、横浜市はそうした歴史的経緯を経験していないことである。[56]

いずれにせよ久保田市政の後、横浜市は一九二三年九月一日の関東大震災で東京とともに壊滅的な打撃を蒙る。渡辺勝三郎、有吉忠一市長らはこの震災復興を市政最大の課題として取り組むことになるが、本稿でみた久保田市長期に現れた東京や国への一体化の志向は、帝都復興事業に横浜の震災復興を包含させようとするその後の横浜の市政運営の中で、より一層強いものとなっていくのである。[57]

注

（1）『日本都市年鑑』（東京市政調査会、一九三一年）四四～四七頁。

（2）渡辺治「日本帝国主義の支配構造―一九二〇年代における天皇制国家秩序再編成の意義と限界」『歴史学研究　別冊特集』一九八二年、車田忠継「第一次世界大戦期における内務省の都市政策」『専修史学』第三二号（二〇〇一年三月）を参照。

（3）芝村篤樹『日本近代都市の成立　一九二〇・三〇年代の大阪』（松籟社、一九九八年）二一一頁。ただし大阪における都市専門官僚制の形成過程に関しては「都市専門官僚制」という用語を初めて使用したとされる小路田泰直も、これが「上からの社会政策的統合」により「都市支配の再編」成功させたという機能には論究しているが、その成立の過程を具体的には明らかにしていない。『日本近代都市史研究序説』（柏書房、一九九一年）二七四、二七五頁。

（4）鍛冶智也「東京の市政改革　後藤市政における行政管理」東京市政調査会『大都市行政の改革と理念　その歴史的展開』（日本評論社、一九九三年）。

（5）『官吏・公務員制度の変遷』（日本公務員制度史研究会、一八八九年）一七四、一七五頁。

（6）季武嘉也『大正期の政治構造』（吉川弘文館、一九九八年）一三七頁。

（7） 三峰会編『三峰下岡忠治伝』（一九三〇年）三八、三九、八五頁。
（8） 「伊沢多喜男氏談話速記」伊沢多喜男文書研究会編『伊沢多喜男関係文書』（芙蓉書房出版、二〇〇〇年）四七八頁。
（9） 同右。
（10） テツオ・ナジタ『原敬　政治技術の巨匠』（読売新聞社、一九七五年）七八～八六頁、及び升味準之輔『日本政党史論』第四巻（東京大学出版会、一九七五年）二一九～二三九頁。
（11） 伊沢と大浦の関係については吉良芳恵「県知事時代の伊沢多喜男　和歌山・愛媛・新潟」及び季武嘉也「大浦兼武と伊沢多喜男　内務官僚として」の両論文が、伊沢の知事（一九〇七年から一九一三年まで）と第二次大隈内閣で就任した警視総監時代を通じて当初疎遠であった大浦と緊密になっていく過程を跡づけている。ともに大西比呂志編『近代日本と伊沢多喜男』（芙蓉書房出版、二〇〇三年）に所収。
（12） 前掲『三峰下岡忠治伝』八八頁及び季武前掲書一四〇頁。
（13） この後伊沢多喜男、下岡忠治、久保田政周、上山満之進、幣原喜重郎、浜口雄幸、小野塚喜平次、高野岩三郎らは帝大二八年卒（法律学科独法）同期として「二八会」という集まりを持ち、密接な関係を結んでいく。彼らの多くが憲政会・立憲民政党への親近性を持っていく契機は大隈内閣への参画にあった。二八会については前掲季武嘉也『大正期の政治構造』一四八～一五〇頁、『伊沢多喜男』（羽田書店、一九五一年）四九、五〇頁。
（14） 『東京朝日新聞』一九一四年二月二一日。
（15） 『東京朝日新聞』一九一四年四月二九日。
（16） 原奎一郎編『原敬日記』第三巻（福村出版、一九六七年）四二三頁、一九一四年四月二八日の条。
（17） 久保田政周宛原敬書翰一九一四年四月二一日付。原敬文書研究会編『原敬関係文書』第一巻書翰篇一（日本放送出版協会、一九八四年）五二一頁。
（18） 『東京朝日新聞』一九一六年一二月二八日。
（19） 粟屋憲太郎『昭和の歴史　第6巻　昭和の政党』（小学館、一九八三年）一三一頁。
（20） 「伊沢多喜男氏談話速記」前掲『伊沢多喜男関係文書』四九五頁。なお同文書中には伊沢らが大浦の名誉回復に奔走した際の「大浦兼武復権の意見書」がある。
(21) 伊沢多喜男宛大浦兼武書簡一九一七年九月二七日付。前掲『伊沢多喜男関係文書』一四四頁。この間の経緯は櫻井良樹『帝都東京の近代政治史　市政運営と地域政治』(日本経済評論社、二〇〇三年)二一四〜二一九頁に詳しい。
(22) 伊沢多喜男宛大浦兼武書簡一九一七年九月三〇日付。前掲『伊沢多喜男関係文書』一四五、一四六頁。
(23) 田尻市長就任とその後の市政運営については、車田忠継「東京市・市長と市会の政治関係―田尻市政期における政治構造の転形」『日本歴史』六四九(二〇〇二年六月)を参照。
(24) 政友会系の安藤謙介と伊沢多喜男の対抗関係は有名で、その地方官時代の対立については、前掲吉良芳恵論文「県知事時代の伊沢多喜男　和歌山・愛媛・新潟」を参照。
(25) 伊沢多喜男宛大浦兼武書簡一九一八年八月二日付。前掲『伊沢多喜男関係文書』一四八頁。
(26) 久保田の横浜市長就任の過程については、吉良芳恵「横浜と米騒動(下)」『横浜開港資料館紀要』第一四号(二一三〜二一五頁)も仔細に跡づけている。
(27) 伊沢多喜男宛大浦兼武書簡一九一八年八月一一日付。前掲『伊沢多喜男関係文書』一四八頁。
(28)『横浜貿易新報』一九一五年四月三日。
(29)『横浜貿易新報』一九一九年四月四日。
(30)(31)『横浜貿易新報』一九一九年六月二八日。
(32) 進藤兵「近代日本の都市化と地方自治の研究・序説　市長の経歴分析を素材として」『社会科学研究』(四六―五)参照。
(33)『横浜市史』第五巻下(横浜市、一九七六年)六六、六七頁。
(34) 前掲『伊沢多喜男関係文書』四七〇頁及び大西比呂志「伊沢多喜男と横浜市政」『市史研究よこはま』第八号(一九九五年)参照。
(35) 吉良芳恵「横浜と米騒動」(上)(下)『横浜開港資料館紀要』第一三号、第一四号。
(36) 横浜市の都市計画の開始については、小風秀雅「日露戦後の市区改正問題」『横浜の近代　都市の形成と展開』(日本経済評論社、一九九七年）参照。
(37)『東京日日新聞（横浜横須賀版）』一九一八年九月一二日。
(38) 堀勇良「市区改正条例準用時代の都市計画」前掲『横浜の近代』八六、八七頁。
(39) 同右九六、九七頁。
(40) 片岡安「都市計画事業の現状」『大横浜』第一八巻第六号（一九二一年六月）二四頁。
(41) 前掲堀勇良「市区改正条例準用時代の都市計画」九八頁。
(42) 石田頼房『日本近代都市計画の百年』（自治体研究社、一九九一年）一二四頁。
(43) 前掲鍛冶論文によると東京市では職員数（吏員及び雇員の合計）は後藤市政期に激増し、また市役所発送文書数も激増しているが収受文書は増えておらず、つまり国政委任事務が増加している訳ではなく、東京市固有の行政需要が増大し、その増大に対して市職員の増員によって対応しようとした（大阪市でも同様）とされる（四二頁）。
(44)『横浜市職員録』（横浜市内記係、一九一五年）、同（横浜市内記課、一九一九年）より算出。
(45) 天川晃「戦後横浜市の行政機構」『市史研究よこはま』第一三号（二〇〇一年）二頁。
(46) 前掲芝村篤樹『日本近代都市の成立』九五〜一〇二頁。
(47) 一九一九年の都市計画法は、附則第二九条で東京市区改正条例の準用されていた大阪、京都、名古屋、神戸、横浜各市は、第二条の勅令をもって指定する市とされていたので、都市計画法は当初は六大都市に限り適用され、適用市の市長、市議らが都市計画委員会に参画して「自らの都市計画を定め得るに到った」という「特別扱いが、特別市制運動に力を得た一因」としている。『大都市制度史（資料編）Ⅰ』（指定都市事務局、一九七五年）七九頁。
(48) 大都市制度史編さん委員会『大都市制度史』（ぎょうせい、一九八四年）一三七頁。
(49) 前掲芝村篤樹『日本近代都市の成立』九九頁。
(50)「大正八年　第一回大都市事務協議会記録」東京都公文書館所蔵。
(51)「大正八年七月二九日　大都市事務協議会々則ニ関スル件」東京都公文書館所蔵。
(52) 久保田政周「都市の新造」『大横浜』第一七巻五号（一九二〇年五月）。

(53) 前掲『大都市制度史』九〇頁。
(54)『六大市特別制度ニ就テ』(名古屋市会事務局、一九二七年)四二、四三頁。
(55)『大正九年横浜市会速記録』八八〜九一頁。
(56) 東京市など三市の市制特例については、『都史資料集成　第2巻　東京市役所の誕生』(東京都公文書館、二〇〇〇年)の白石弘之による「解説」、中嶋久人「初期議会期における内務省の大都市構想の形成過程―市制特例から東京都制案へ」(『内務省と国民』文献出版、一九九八年)が詳しい。
(57) 震災直後九月一五日に開かれた第二回復興市会で決議された第一項は「帝都復興に関する事業中に横浜市を必ず包含せしめ復旧の策を講ぜられ度事」であった。『横浜市史』第五巻下(横浜市、一九七六年)九〇頁。

第2部　地域と政党

第四章　大正期都市近郊における地方名望家と地域政治

――大綱村飯田助夫の政治活動

はじめに

都市膨張は近代都市の最も基本的な特徴の一つである。[1] 横浜市は一九〇一年増大する人口に対応するため周辺郡部の一部を編入する市域拡張を行い、以後一九三九年まで六次にわたる拡張を行った。これは港町として出発した横浜が大都市へ成長する過程であったが、同時に周辺農村部を包摂していく過程でもあった。都市横浜は絶えず新たな農村部を組み込んで成長していったのである。

横浜周辺の農村部を背景として市政に登場し昭和期に活躍した政治家の一人が、一九二七年四月に横浜市域に編入された地域の一つ橘樹郡大綱村の名望家飯田助夫である。

飯田助夫は一八七八（明治一一）年に神奈川県橘樹郡北綱島村（のち大綱村大字北綱島）に、「有識の豪農」とされる家門に生まれた。[2] 父の第一一代助太夫（快三）は、大綱村初代村長、橘樹郡会議員、神奈川県会議員を歴任、郡茶業組合長、郡農会長などを務め地方産業開発の指導者でもあった。その長男助夫も一九一三（大正二）年六月同村の村会議員となって以降、郡会議員（同一〇月）、村長（一七年四月）、県会議員（二四年）となり、横浜市に編入後の増員選挙で横浜市会議員（二八年）、さらに衆議院議員（三六年）を歴任、また父同様多くの団体役員を務めた。飯田助夫は地域の名望家子弟として戦前期日本の代議制の階梯を上昇した典型的な地方政治家であり、彼が横浜市政で地位を築くことができた政治的な資源が地元大綱村と橘樹郡であったことは間違いない。

　飯田助夫が政治へ関わり始めた時期は、日露戦後から第一次大戦を経て社会的には農村の変貌と都市化が進展し、政治的には大正政変と第一次護憲運動の高揚により地方における大衆の政治参加と政党化が進んだいわゆる大正デモクラシー期であった。横浜市に隣接する飯田の地元橘樹郡・大綱村も、むろんこうした傾向をまぬがれることはできなかった。

　地方名望家を対象とした従来の研究は、基本的に二つの側面から考察されてきた。第一は近代国家の行政村の担い手、[3]第二は政党の支持者としてである。[4]研究史においてこの前者の側面は主に明治国家形成期、後者は日露戦後以降の時期に力点が置かれているのは、それぞれの時代を象徴する地方名望家の特徴的な機能に着目しているからである。

　では政党勢力の浸透と都市化の波及が地域農村に及び始めた大正期の地方名望家は、どのようにこの趨勢に順応していったのか、というのが本章の課題である。これを別のいい方をすれば地方名望家によって担われる地域の公共性は、どのように政党化していったのかを明らかにすることでもある。[5]

　このような観点から、本章では飯田助夫が村議から県議となって地方政治家として上昇を遂げる大正期の政治活動を、主に選挙過程の分析を通じてその政治資源形成の過程を跡づけると同時に、横浜に包摂されていく隣接農村部の政治的秩序の変容を明らかにするものである。[6]

一　村政への登場

1　大綱村と地方選挙

まずこの時期の大綱村の動向について簡単に紹介しておこう。一八八九年に発足した大綱村は九字（大豆戸、篠原、菊名、太尾、大曽根、樽、南綱島、北綱島、白幡）からなり、一九一二年末の時点で戸数六五五、人口五〇二一人で橘樹郡二町一七ヶ村の中でも人口緻密順位は最下位であった。また土地利用では田が三九三町七反、畑二八五町、宅地が一三四町、山林原野二六六町あまりで、宅地は一二％程度という農村であった。[7]その後人口は一時減少して二一年八〇一戸、四七八二人となるが、震災後横浜市に接する白幡地区を中心に増加に転じ二五年一〇〇二戸、五七一〇人となった。[8]一九二七年に横浜市に編入されるまで、大綱村は都市近郊農村としては比較的緩やかな変化を辿った地域といえよう。

次にここで対象とする大正期の一三年間に、大綱村では村会、郡会、県会、衆議院の各選挙が補欠選挙をふくめて一七回実施された（表4—1）。選挙は毎年のように繰り返される村の日常的行事であった。これらの選挙は、一九二五年の普選法の成立まで納税資格による制限選挙であり、村会においては一九二一年の町村制改正までは二級の等級選挙制度であった。納税資格からいえばこの時期町村会、郡会議員選挙は、直接国税二円以上（一九一一年町村制、一八九九年郡制）、府県会議員は、直接国税三円以上から直接国税を納める者（一八六九年府県制、一九二二年府県制）、衆議院議員は直接国税および営業税で一〇円から三円（一九〇〇年衆議院議員選挙法、同一九一九年）という変遷であった。制限選挙制度のもと有権者数は村＞郡＝県＞国の順、割合において村人口の一割以

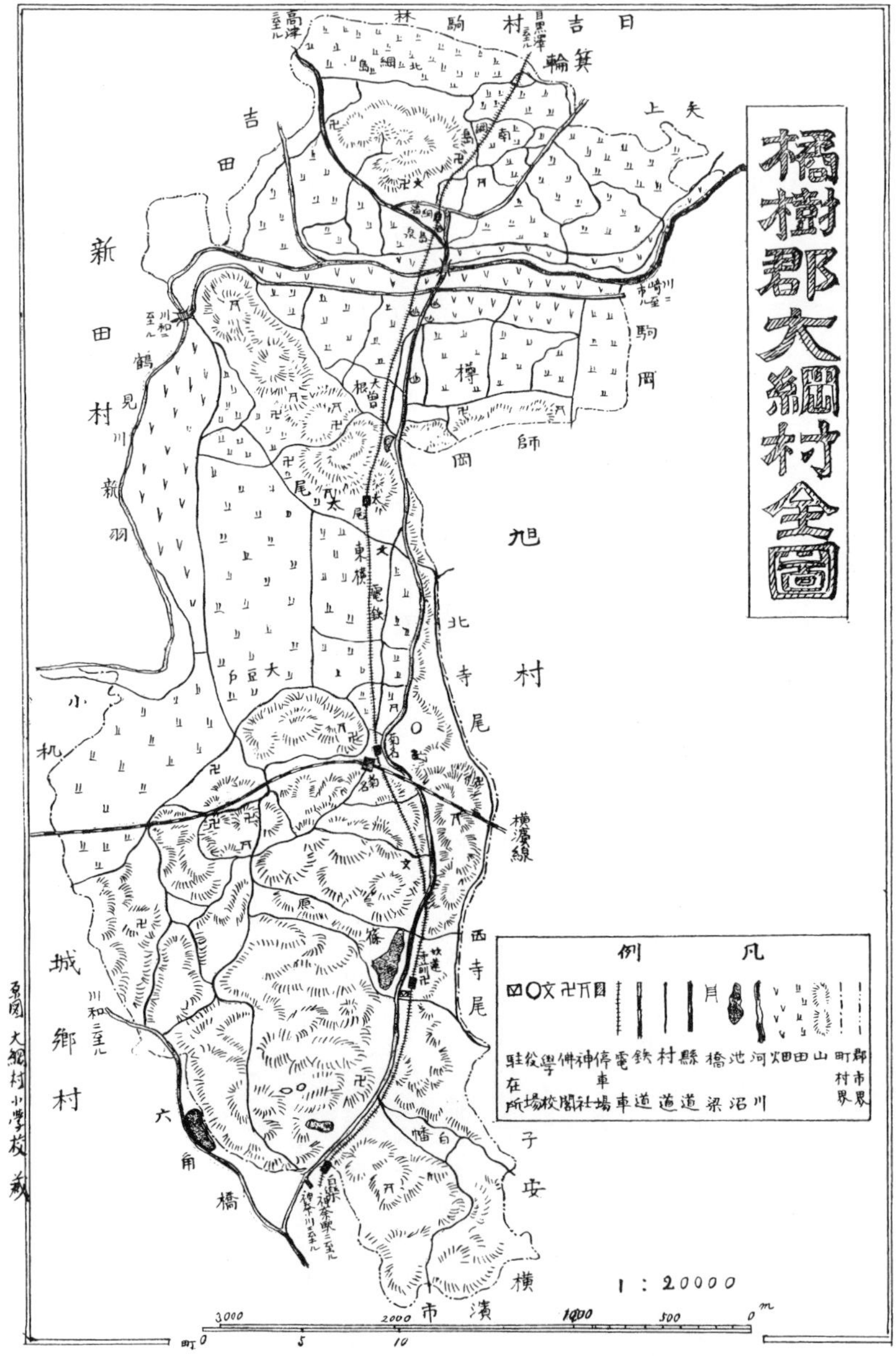

図 4-1　橘樹郡大綱村全図　大正後期　横浜開港資料館蔵　1926年

表 4-1　大綱村と大正期の地方選挙

1913年	3月31日	大綱村長・村会議員選挙
	11月10日	橘樹郡会議員選挙
1915年	3月25日	衆議院議員総選挙
	9月25日	県会議員選挙
	9月30日	橘樹郡会議員選挙
1917年	3月31日	大綱村会議員選挙
	4月20日	衆議院議員総選挙
	7月16日	大綱村長選挙
	9月30日	橘樹郡会議員選挙
1919年	9月18日	県会議員選挙
	9月30日	橘樹郡会議員選挙
1920年	5月10日	衆議院議員総選挙
1921年	3月31日	大綱村会議員選挙
1924年	5月10日	衆議院議員総選挙
	6月21日	県会議員選挙
1925年	4月 1日	県会議員橘樹郡補欠選挙
	9月21日	県会議員橘樹郡補欠選挙

出典：「飯田助夫日記」,『横浜貿易新報』より作成。

表 4-2　大綱村有権者（1919年時点）

衆議院	180
県会議員	312
郡会議員	308
村会議員	468
人口	5,337
戸数	734

出典：「大正八年三月調査　神奈川県橘樹郡大綱村村勢一覧」（「飯田助知家文書」）。

下であった（表4―2）。

このように一部の有権者が頻々と行われる選挙に絶えまなく参加したことは、各段階の選挙相互を密接に関連させ、選挙過程そのものを地域政治の大きな部分を占めさせることになった。都市化の波及を受けながらも依然農村的様相を強くとどめていた大綱村の村政は、限られた公民＝有権者によって運営される領域であり、大綱村の政治構造は、都市近郊農村の名望家秩序の典型的な事例を提供すると思われるのである。

2　村の予選体制

飯田助夫は、一九一三（大正二）年に村会議員に当選した。以後二七（昭和二）年に横浜市に編入になるまで四期を務め、その間一七年には村長に就任した。飯田助夫の政治活動の原点というべき村会議員選挙の動向をみてみよう。

飯田助夫は、この時までに大綱村農会の評議員（一九〇五年）、村学務委員（〇八年）などに携わり、父助太夫の後継者として周囲からも目されていた。(9)三月二四日飯田の村議擁立を決定した北綱島公民大会は次のようであった。

表 4-3　1913年大綱村会議員選挙

	2級		1級	
	氏名（大字）	得票	氏名（大字）	得票
当選	金子孝次郎（篠原）	43	田中佐吉（篠原）	14
	椎橋仁助（大豆戸）	41	飯田助夫（北綱島）	14
	小泉幸助（南綱島）	40	竹生源蔵（南綱島）	14
	小島周助（北綱島）	34	小泉金作（菊名）	11
	松阪伝太郎（大曽根）	34	鈴木寅蔵（樽）	11
	磯部弁蔵（太尾）	14	吉田三郎兵衛（大豆戸）	7
次点	田中佐吉（篠原）	13		
	鈴木寅蔵（樽）	11		
合計		230		71

出典：「飯田助夫日記」1913年3月31日。

「午後三時ヨリ来迎寺ニ於テ北綱島公民大会ヲ開催シ今回大綱村総選挙ニ於ケル村会議員候補者確定ノ為メ協議ノ結果前任者辞退ニ付新候補者トシテ一級飯田助夫二級小島周助両人ヲ選抜スルコト、右集会ノ決議トシテ南綱島ニ交渉調停ノ筈」（「日記」一九一三・三・二四）[10]。

飯田助太夫は大字北綱島出身の村議であったから、その後任も同大字の有権者による公民会で決定され、次いで近世まで同じ村であった隣接大字南綱島と「交渉調停」されるという手順であった。各大字単位の公民による候補者の事前銓衡、いわゆる予選は地方選挙の末端では恒常的に行われており、飯田助夫もこの体制を通じて村政に登場した。

こうした各大字での予選は厳しく行われたようで、三月三一日執行された選挙では、定数一二に対し立候補したものは一三人であった。北綱島からは予定通り飯田が当選したほか、南北綱島は一、二級とも近い得票で当選しており両大字間の「交渉調停」が奏功したことがうかがわれる。各大字別当選者は南・北綱島、大豆戸、篠原が各二、樽、大曽根、太尾、菊名が各一で、一九一〇年に編入したばかりの白幡は候補者も当選者がない。これに対し一、二級に一人ずつ議員を擁する南北綱島、篠原の各大字は、村内でも有力な地区であったようだ（表4—3）。

以上のように飯田が村議として登場した時期の村の政治運営は、事前の話し合いで地域有力者間で議員ポストが配分されるという予選を慣行としてい

表4-4　大綱村選出橘樹郡会議員

氏名	大字	選出年	備考
石黒重次郎	南綱島	1899	第1期・正選
飯田助太夫	北綱島	1903	第2期・正選
松坂伝太郎	大曽根	1905	第2期・補欠
磯部桑太郎	太尾	1907	第3期・正選
吉田三郎兵衛	大豆戸	1910	第3期・補欠
加藤峯太郎	篠原	1912	第4期・正選
飯田助夫	北綱島	1913	第4期・補欠
伊東伊助	大豆戸	1915	第5期・正選
横溝董次郎	樽	1917	第5期・補欠
竹生源蔵	南綱島	1919	終期・正選
竹生源蔵	南綱島	1921	終期・補欠
吉原園吉	北綱島	1921	終期・補欠

出典：『郡制有終記念帖』1923年。

た。この予選体制は、議員ポストという社会的栄誉をめぐって、大字を単位とした名望家秩序を前提とし、「競争」ではなく「配分」を一つの柱とした。

この体制のもう一つの原理は、大字間の「順番」であった。飯田が村議に次いで当選した同年一一月の橘樹郡会議員選挙でみてみよう。

郡会議員は、郡内町村を選挙区として町村公民が選挙し任期四年の名誉職であった（一八九九年郡制第四条、第六条、第七条）。大綱村から橘樹郡会に選出された議員は次のようであった（表4―4）。

大綱村の郡会議員選出において特徴的なのは、本来任期四年のところ二期目の飯田助太夫以降、正選と補欠の選挙が実施されて二年ごとに交替していることである。これは郡制第八条に郡会議員の欠員や定数や配当の異動が生じた場合、補欠議員を選挙できる規定に基づくものであったがこうした例は他町村ではほとんどみられず、表から明らかなように大綱村では郡会議員ポストを分割し、持ち回りで各大字の有力者に配分することが慣行化されていた。

しかし飯田の郡議擁立は、この慣行を乱すものとなった。飯田は一一月五日、南北綱島の惣代人会の決議によって両大字の候補者として推薦された（「日記」一九一三・一一・五）。次いで他の大字との調整に入ったが、菊名の小泉金作から大豆戸の吉田三郎兵衛を通じて今度の郡議は飯田助太夫以来二度目となる北綱島ではなく「菊名ノ順番」であると抗議された。これに対し南北惣代の竹生源蔵、吉原園吉らは直ちに小泉方に「談判ヲ為スコト」にし、問題は飯田を一気に郡議に就けようとする南北綱島と、慣行を主張して小泉金作を擁立した菊名という大字間の対立となった（「日記」一九一三・一一・六、七）。この対立はさらに篠原地区の有力者らが「菊名ニ於テ譲ラサルヲ不当トシテ大ニ同情」を寄せ、白幡、篠原地区は「総棄権ノ見込」となるなど他の大字も加わり、村長椎橋（菊名）の調停も「談判破裂」するなど、村全体へと拡大した（「日記」一九一三・一一・八、九）。

一〇日の投票の結果は、飯田助夫一三九、小泉金作一一九で飯田がかろうじて当選となった。しかし得票の内訳は飯田の計算によると、南北綱島七六（無効三）、大曽根二三、樽八、太尾二三、篠原九で、小泉を支持した菊名、大豆戸、白幡からの得票はない（一一日）。菊名とこれを仲介した大豆戸が無いのは経緯から当然ではあったが、「総棄権」と見込まれた白幡では「十五票ノ所十四票迄」小泉に流れたとみられ、大綱村各大字は、郡議のポストの配分と順番をめぐって二分された。飯田は出身大字は固めて当選はしたものの、郡議へ上昇する過程で地域間調整の困難に直面し、その克服は今後の政治課題となった。

3　村内対立

一五年春に飯田の本拠南北綱島で起きた郡道工事をめぐる紛擾は、村議から郡議となった飯田が調整能力を示して村内での威信を固めていく上で重要な事件であった。

この問題は、郡費補助による郡道の砂利敷工事の実施にあたり、関係する大綱村の南北綱島の小字である別所組と中村組の対立によるものであった。そもそも鶴見川の流域に位置してしばしば甚大な水害に見舞われてきた大綱村では、河川改修や築堤工事の負担をめぐって、各町村間および町村内の地域利害対立は日常的に生じていたが、この紛擾は鶴見川支流の早渕川下流の別所組と上流にあたる中村組が郡道の改修工事にあわせて耕地の一部を盛り上げて堰堤としようとしたことから惹起された。これは地域では「掻き揚げ土手」工事と呼ばれるもので(11)、上流地域の堰堤強化は下流に影響を及ぼすうえ、工事の労働力は「組」と呼ばれる単位で調達されたから上流下流の利害が対立するものであった。[12]

対立のもとになった中村、別所の「組」とは、もと一村であった南北綱島内の小字である。[13] ちなみに南綱島の別所組の構成は、惣代竹生源蔵、副惣代城田孝造以下委員一四名、総員三七名で、惣代竹生源蔵は「特任」として「人民惣代請願委員」、「常任」として「土木常設委員・衛生掛」を務めるとされた。[14] 大綱村では一八八九年以来、学務と土木に常設委員が置かれ、土木常設委員は右の竹生の功績として「早渕川通塘ノ改修」や「鶴見川通流域拡張」「堤塘新築」などに「南北綱島惣代人ト協力一致日夜苦心焦慮殆ント家政ヲ忘レテ之ガ解決ニ尽瘁」したとされるように、出身の大字を「担任」し土木事業の実施などに従事した。[15] つまり組は、人民代表となる「惣」組織であると同時に、常設委員を通じて村行政とくに土木行政の補助機関であり、末端地域の自治組織と村の行政補助機関という二重の存在であった。

一月両組の問題が発生し有力者間の調停が失敗すると、二月二〇日南北綱島協議会が開かれ、南綱島の竹生源蔵委員と北綱島の小島周助委員に両組間の「調停一任」することになった（「日記」一九一五・二・二〇）。組＝小字の問題は、常設委員を通じて大字の問題へ上げられたのである。しかし中村組では別所組の盛土にはあくまで反対して工事の決行を決議し、三月二日の南北協議会で竹生源蔵は委員を辞任した。こうして次いで飯田が「別所対中村組紛擾即チ郡道工事盛土ノ件ニ付善後策ヲ調停方依頼」されたのであった（「日記」一九一五・三・四）。

飯田はこの問題に対し「両組以外超然」とした立場で調停に乗り出した。三月八日開催された南北綱島協議会で飯田が解決策として提示したのは、「工事ハ郡道ノ性質トシテ認定スルコト」および「現在工事道路ヲ平均二寸鋤取相方ノ意志ヲ折中スルコト」で、公共事業として村全体で工事を扱い、両大字に譲歩を要求するものであった（「日記」一九一五・三・八）。飯田は、「郡道」の公共性を訴えて地域内の協力を要請したのである。

飯田はこの案を常設委員を通じて両組へ通知するとともに、郡役所と連繋して直ちに工事の実施を進めた。すなわち四月二〇日郡の土木吏員と郡費支弁道路を「契約通リ着手施行ノ相談」をなし、池谷、吉原、小泉ら土木常設委員と協議して翌二一日に工事を着手し、二三日には郡吏が出張検査し工事は完了した。この間吉原園吉が斡旋から手を引こうとするとこれを慰留し、さらに竹生の辞職後欠員となっている南綱島の土木常設員については南綱島有力者にあて、「常設委員ハ村ヨリ其大字土木其他ニ関スル事項ヲ処理スル所ノ村ノ嘱託機関」であって「此機関ヲ欠クトキハ村行政上一大支障ヲ生スル」とし、この「一村ノ自治機関ヲ活用」することは「村ニ対スル各大字共通ノ責務ナリ」と主張して、早急に選定するよう要請した。飯田は郡道の改修やこれに従事する常設委員を村全体の「公共事業」「自治機関」と強調し、組という小字の対立の「雲霧ヲ一掃」することを目指したのである。[16]

五月十四日、飯田は関係者を集めて「各組合体ヲ期シ従来ノ一切ヲ水ニ流シ互ニ意志ヲ疎通シ利害ヲ共ニシ協力一致更ラニ第三者ノ離間中傷陰謀悪策等ノ余地ナカラシメンコトヲ希望」する「宣誓書」を示した。[17]次いで欠員となっていた南綱島の常設委員には前惣代らと協議して小泉幸助（大綱村村会議員）を推薦し、翌日その就任の報告を兼ねて「南綱島将来ノ円満」を図る懇親会を主催した。飯田は両組の紛擾に決着を付け南北綱島の融和にひとまず成功した。むろんこれによって両大字内ないしは大字間の紛擾が終息したわけではなく、八月にも再び「郡道ノ件等圧制極マルコトアル故協議費上納セス」とする別所組を南北綱島より「分立」させる事態が生じるが、飯田はこの調停にもあたり解決をもたらす（「日記」一九一五・八・二七）。こうした活動は飯田を大綱村の実力者として声望を高めていくとともに、飯田自身に村政の問題点を浮上させ、その改革の必要性を認識させていくことになった。

二　村と政党

1　政党勢力の浸透

飯田助夫が村議、郡議に就任したころの地域政治上の重要な問題として、政党勢力との関わりがある。神奈川県は自由民権期以来、自由党・憲政党・政友会系勢力が優勢であったが、明治末年にはその転換期にあたっていた。すなわち一九一一年県会議員選挙で非政友系の刷新派が進出して以降両派は拮抗する状態となり、政友、非政友両派の対抗は地域政治の主要な争点となった(18)。

同年の県議選で橘樹郡では政友会の鶴見町潮田の吉沢忠兵衛、刷新派から椎橋仁助、中村瀬左衛門が出馬した。刷新派の椎橋は同村大豆戸の出身で一九〇四年以来の村議、県議在任中の一九一三年には大綱村村長に就任する同村の実力者であった。一方、飯田助夫は父快三とともに政友会に所属し、この選挙でも南北綱島有志らとともに「断然政友会ニ依ルコト」とし政友会の吉沢を推した（「日記」一九一一・九・一八）。大綱村では政友刷新に支持が分裂し、選挙の結果椎橋、中村が当選し刷新派二名、政友派一名となり同郡の県議選ではじめて勢力が逆転した。橘樹郡はこの時期以降に進展する神奈川県の政友非政友勢力の逆転現象を最も典型的に示したのであった。

こうしたなか助夫の父飯田助太夫は一九一五年二月、「昨年来より政友会が議会の多数を恃んで往々横暴の振舞あるのみならず海軍問題の醜悪を隠蔽せんと極力山本内閣を掩護したるを苦々しく思ひ」政友会を脱党した(19)。大正政変、シーメンス事件を経て立憲同志会などを与党として第二次大隈内閣が成立し、政友会の打破を目指して衆議院を解散した直後のことであった。しかし飯田助夫は、三月の第一二回衆議院議員総選挙において依然政友派に止まり、郡部選挙区で立候補した政友派の杉山四五郎の選挙運動を行った。杉山は高知県知事、衛生局長などを歴任した内務官僚で、政友会支部の輸入候補であった。「飯田日記」によれば「選挙ノ件下組ヘハ早ク杉山名刺配布スル方宜シク近日一般ヘ名刺配布」「十日以後ニ於テ各方面ヘ一斉射撃ノコト」「大曽根松阪良助氏ヘハ今晩ニテモ、名刺依託ノ筈ナリ」と、杉山の集票活動を記している（「日記」一九一五・三・五）。

選挙の結果は、杉山は得票数二〇〇八票のうち橘樹郡で七六八票、南北綱島で九六票で最下位当選であった。選挙区全体でも同志会の四議席に対し政友会は二議席であった[20]。トップ当選の同志会の戸井嘉作は、橘樹郡でも杉山を上回る一六三六を集め、同郡は戸井を中心に同派の勢力が優勢となった[21]。

こうした趨勢は九月に行われた県会議員選挙でも引き続き、同郡では同志会・刷新派は現職の椎橋、中村が当選、政友派は池上幸操の一名で、県全体（定数一三のうち政友五、刷新七、非政友一）と同様の「政友敗北戦」となった（「日記」一九一五・九・二六）。戸井―椎橋・中村という衆議院・県会を結ぶ刷新派の系統が橘樹郡に定着したのである。

飯田はこの県議選でもなお政友派に位置していたが、同派の動きについては「秘密ニ第一回委員会ヲ開キ優秀ナル候補者ヲ推薦スルコト、決タリト」（「日記」一九一五・八・二三）と、地元と疎隔した支部の様子を伝聞で記すのみで自ら積極的に運動を行った記述は見あたらない。飯田はこのころから次第に政友派との距離を取り始めていったとみられる。これは父の政友派からの離脱のほか、先の総選挙で支援をした輸入候補杉山派は、選挙での組織的な買収事件によって投票前に都筑郡の運動員が多数検挙され、選挙後の八月三〇日には橘樹郡の運動部長（秋元喜四郎郡議）が召喚されるなどその余波は橘樹郡にも及んでおり、こうした政友派の動向と無縁ではなかっただろう[22]。

そうした飯田の心境の変化を示すのは、県議選のさなかの次の記述である。

「選挙ハ孰レモ各有権者ガ其代表ヲ定ムル所ノモノ也、其代表者ヲ定メテ之ニ一切ノ公事ヲ委托セントスルモノ也、之他人ニ対スル義務ニ非スシテ各自ガ国民的生活、町村的生活ヲ為スニ際シ寧ロ放棄スベカラサル権利ト称スベキモノナリ」（「日記」一九一五・九・六）

こうした認識が、党上層によって輸入された地元と関係の薄い候補の集票に動員され、さらには買収事件を惹起したような先の杉山の選挙への批判に依ることは明らかである。選挙を「町村的生活ヲ為ス」ために「代表者」を定めて「公事ヲ委托」する権利とする飯田の主張は、地域の名望家として政治と選挙の、あるいは政治における中央と地域の本来の関係を模索するものであった。

2　刷新派へ

このような認識は、飯田をして地域に即した政党支持関係を再構築させることとなった。県議選の五日後に実施された郡議選挙はその転換点であった。

第一に、この選挙において飯田は郡議銓衡における従来の予選体制を変更しようとした。すなわち各大字別の調整にかえて村内三小学校（南綱島、大曽根、篠原）の「学区別二ヶ年交代」とする案を椎橋村長に打診したのである（「日記」一九一五・九・一九）。自らの当選時の各大字間の確執にかんがみて、候補者の選出方式を学区という複数の大字からなる行政上の単位に転換し、大字間の対立を緩和させることを意図したのであった。これが実現したかどうかは明らかでないが、大字主体の村政運営の改革を飯田が志向したことは重要であり、この後飯田が再び試みるものであった。

第二に、この選挙は党派所属において、飯田が政友派から刷新派へ転換する契機となった。この選挙では、選挙区となった各町村で政友刷新両派で争われ、例えば大師河原村では刷新派の秋元與吉に対し政友が前議員石渡藤太郎を推し、従来政友派の強固な地盤であった旭村では横山秀民が刷新派から出馬して政友派の前議員秋山広吉と争うなど、党派の対立が郡会議員選挙にも波及した。橘樹郡の選挙結果は「政友派ノ必勝ヲ期シタル大師、田島等ハ何レモ刷派ノ為ニ屠レタリ、結果十四対七ノ無惨ナル敗北」となり、飯田も「政友派ノ幹部ノ援護宜シキヲ得サルモノ」と支部幹部を批判した（「日記」一九一五・一〇・一二）。

こうした政友派の凋落は、飯田の本拠大綱村でも同様であった。飯田の後任郡議の選出でもあったこの選挙において、飯田は元郡議の吉田三郎兵衛との間で候補者銓衡について「妥協」した[23]。候補となった伊東伊助は、吉田と同じ大字大豆戸の出身で、さきの衆議院選で戸井嘉作を推した刷新派の有力者であった。選挙では、伊東は大綱村で「百〇五ノ投票中ノ百〇四票」を獲得して当選、飯田は「外ニ氏名ナシ無事平穏ナリキ」と記した（「日記」一九一五・一〇・一）。伊東の当選は前回と同様に郡議選出の大字「順番」が否定されただけでなく、政友刷新両派の対抗関係にあった大綱村が刷新派支持へ結束したことを示すものとなった。郡議選出はもはや大字の論理でなく党派の論理が優先し、飯田もこの趨勢に抗することはできなかったといえる。政友派支部への批判を強め、本拠大綱村で刷新派と妥協した飯田が刷新派へ転身するのは、もはや時間の問題であった。

3　村政改革

飯田は一九一七年の村議選で再選された。この選挙は人口増にともない議員定数が一八に増えたが、この選挙においても「村会議員予選ノ件」が各大字間で協定された（「日記」一九一七・三・二九）。

予選の中心となったのは、常設委員であった。三月二八日に開かれた村常設委員会において、一級では「選挙人数ヲ五名」、二級では「選挙人数ハ被選人一名ニ付十名乃至十五名迄」とし、「各常設委員ハ責任ヲ帯ヒテ上記十八名ノ選出ヲ期スルコト」が申し合われた[24]。本来村の執行機関である常設委員が、村会議員予選の「責任」者となったのである。

しかし、選挙では一級で大豆戸と篠原両大字間の「当選妥協破レ」、二級でも南綱島から二人立ち当選はしたが、飯田はこれを「過失ノ功名」と候補者調整の失敗を記した（「日記」一九一七・三・三一）。選挙後当選した議員たちは、椎橋村長にあて「予定ノ結果ヲ告クルニ至ラサルヲ以テ責任上当選辞任ヲ本職手元迄呈出セラレシモノ数名有之」、椎橋は四月四日「前後策御協議申度」との案内を関係者に発送する始末であった[25]。予選の慣行は存続しながらも、有力者間の「妥協」はしばしば破綻した。

こうした村政の混乱は、飯田を村政改革へと動かした。四月一三日、飯田は椎橋村長にあて次のように書き送っている。

「大綱村条例第一号土木常設委員ノ儀ハ町村制施行ノ当時ニシテ且旧八字ヨリ編成候成居リ何レニシテモ改正ノ手続キヲ断行セザルベカラズ御都合上諸規範編纂ノ折ニテモヨロシク何ントカ御決定相成度候[26]」

飯田が土木常設委員の廃止を要求したのは、前述の郡道盛土問題や右の村議選のように、常設委員が大字の組惣代を兼任してしばしば地域代表化し、地域間の利害対立が村行政に持ち込まれる弊害が生じたからであった。

飯田がこれに替えるべく提案したのが、区制であった。飯田は四月一六日の村会でこれを第七号議案として提出、その理由書には「本村ニ於テハ世運ノ進歩ト共ニ各大字ニ区長ヲ設置シ其ノ区内ニ於ケル土木衛生勧業ニ関スル事務ヲ分担セシムル便宜ナリ」とした[27]。区長設置は、「世運ノ進歩」に伴う村行政の近代化というべき改革であった。町村制第六四条に規定される区制は、「町村ノ区域広闊ナルトキ」に設置しうるが、区長は「市町村ノ機関」であって「旧制ノ伍長組長」や「従前ノ区内ニ存スル戸長ノ類ト混ス可カラス」と「町村制理由」に解説される制度であった。つまり大綱村におけるこの改革も、村の執行機関として惣代と分離した区長を設置して、部落割拠の状況を弱め村の行政系統の整備をめざすものであった。

この後内務省の認可を得た「橘樹郡大綱村区長設置規程」によれば、[28]大綱村の従来の大字は、第一区白幡、第二区篠原、第三区菊名、第四区大豆戸、第五区太尾、第六区大曽根、第七区樽、第八区南綱島、第九区北綱島と改称されて行政区画となり（第一条）、村会において村公民中から選挙した名誉職の区長を設置し（第二条）、「村長ヲ補佐シ区内ノ事務ヲ執行」することとした（第四条）。区長は名誉職とされたが、報酬を給与することもできた（第五条）。また任期は「満四ヶ年」（第三条）とされたが、飯田は同村会において、区長、学務委員の任期は「二ヶ年交代ノ事」を諮り、短期に交代させる措置を講じた（「日記」一九一七・四・一六）。常設委員は竹生源蔵のように九年に及ぶ就任の例があったが、同年四月に就任した新区長九名のその後の任期をみると、うち八名までが二年に満たない一九年一月までに交代している。[29]区制は村行政における地域代表的傾向を弱め、執行機関の強化をもたらすものとなった。

三　地方政治家への展開

1　村長就任

飯田が椎橋村長とともに村政改革を進めていたさなかの一九一七年四月に行われた衆議院議員総選挙は、飯田と椎橋の政治的距離をさらに縮めるものとなった。すなわち飯田はこの選挙以降、政友派から刷新派へ転換し、党派的にも椎橋及び大綱村と一体化した。

この選挙は、前年一〇月に成立した寺内内閣が憲政会の打破を目指した選挙で、橘樹郡を含む神奈川県郡部選挙区では刷新派の戸井嘉作に対し、横浜市会の政友派の重鎮赤尾彦作や官僚派から松本剛吉らが出馬した。[30]

四月五日大綱村役場で椎橋村長に面会した飯田は「村協定ノ予定」を相談、翌六日にはさきの郡議選で刷新派擁立を妥協した吉田三郎兵衛と面会して「村ノ円満ヲ計ル」ことを約束した（「日記」一九一七・四・六）。こうして七日の村会で決定したのが戸井嘉作の擁立であり、飯田もこれに賛成して、四月一〇日「全村一致」で戸井支援の体制が発足した（「日記」一九一七・四・一〇）。飯田は戸井を支持する刷新派の立場を鮮明にしたのである。

結果は戸井が橘樹郡総投票数の五六％を集めて当選した。戸井の得票中橘樹郡が占める割合も前回五三％から六二％へ上昇した。飯田のように従来政友系に位置した地域有力者を取り込んだ戸井は、橘樹郡を自派の最大の地盤化することに成功した。（表4—5）

表 4-5　1917年衆議院議員総選挙結果（郡部）

	氏名	党派	総得票数	橘樹郡
当選	小塩八郎右衛門	無	2,336	10
	小泉又次郎	憲政	2,325	15
	戸井嘉作	憲政	2,256	1,409
	赤尾彦作	政友	2,163	790
	松本剛吉	無	2,094	64
	中川隣之助	無	2,032	4
次点	山宮藤吉	憲政	1,947	1
落選	川井考策	憲政	1,776	122
	土井貞弥	政友	1,230	83
	その他		296	10

出典：『横浜貿易新報』1917年4月21日。

このように政治的距離を縮めつつあった飯田と椎橋の関係の帰結が、同年七月の大綱村長就任であった。椎橋の任期満了にともない村会が指名した銓衡委員五名は、「前村長椎橋氏ノ意向ヲ伺ヒタルニ飯田助夫ヲ推薦ニ一致シ」た（「日記」一九一七・七・一六）。飯田は椎橋の「意向」により後継者に指名され、村会で飯田助夫一六点、吉田三郎兵衛一点という圧倒的多数で当選した。飯田は村議当選後四年あまりにして親子二代にわたる、そして二七年に横浜市に編入されて消滅する同村最後の村長となった。(31)

こうして飯田は戸井・椎橋と人脈的につながる憲政会の党派系列の末端を担う有力者の地位を獲得した。この系列は選挙後の一一月七日に憲政会神奈川県支部が成立したことにより組織的に整備され、県議となった椎橋は同支部の橘樹郡役員に就任し、そのもとで飯田は同郡の選挙指導の中心となった。(32)

大正期に進展した政党の地方への組織系列化の動きは、飯田と大綱村にまで波及したのである。

2　選挙体制の形成

一九一九年から二一年にかけて、大綱村では県会、郡会、衆院、村会など主要な地方選挙が相次いで行われた。原敬が率いる政友会内閣期に行われたこれら選挙に、刷新派の有力者となった飯田は村長としてどのように臨んだのだろうか。

一九年九月の県議選には橘樹郡では刷新派から中村瀬左衛門、椎橋仁助の二人と多摩川改修問題で政友会から転じた池上幸操が出馬した[33]。九月六日、刷新派は定数四のうち三名確保を目指して候補者選定協議会を開き、これら候補の得票予想と地盤割りを決定した[34]。椎橋を擁立した飯田は、大綱村での得票を有権者三〇一のうち九割近い二六九票と見込み、この獲得を目指して村の組織を動員した。

九月一〇日、飯田は村長名で「県郡会議員選挙ニ関シ協議会開催ノ件」を村会議員、各区長に発し、県議選と郡議選は同時並行して選挙対策が講じられることになった[35]。一三日の協議会では、県会議員選挙は「本村ヨリ椎橋仁助氏ヲ推薦シ極力之レガ当選ヲ確実ナラシムルコト」を決定し、名簿や名刺の配布を区長を通じて行うこと、運動員として第一～三部に区長・村議ら八名を配置し、村長のもとに運動に従事することにした。運動員には、第一部加藤寅吉（区長・村議）、金子利助（村議）、小泉金作（区長・村議）、荒井亀吉（区長・村議）、第二部磯部広吉（区長・村議）、横溝菫次郎（区長・郡議・村議）、第三部竹生源蔵（前区長・村議）、吉原園吉（区長・村議）ら、多くは飯田村長時代に任命された区長であった[36]。

さらに同日の協議会で竹生源蔵と吉原園吉が郡会議員候補に決定された。竹生は南綱島、吉原は北綱島の出身で飯田の地元有力者であり、右の県議選の運動員（第三部）でもあった。二一日の協議会で飯田はこの両名を推薦し、竹生が前期、吉原が後期の候補に決定した（「日記」一九一九・九・二一）。こうして二七日飯田が各区長あてに発した「号外」は、「郡会議員候補者トシテ第三部落ヨリ両区長名義ニテ竹生源蔵氏ヲ選定ノ旨申出有之候ニ付御部内宜敷御誘導被下同氏ノ当選ヲ計レタク別紙名刺数葉相添此段御依頼申上候也」と、竹生の当選のため区長に運動を依頼するものであった[37]。

まず二六日の県議選の結果は、刷新派三名が椎橋七八七、池上七六四、中村七〇六票と見事に地盤割りが成功して全員当選（政友派一名当選）、一〇月一日の郡議選でも予定通り竹生源蔵が当選、郡全体でも刷新派一八名、政友派七名となった。県議選、郡議選では飯田村長の指揮によって村の機構がそのまま選挙組織へ動員され刷新派が勝利したのである。

これらに引き続いて翌二〇年五月に実施された第一四回衆議院議員総選挙は、この選挙組織が小選挙区制のなかでも有効に作動することを示した。すなわち原内閣による衆議院議員選挙法の改正により、従来の郡部選挙区から久良岐・橘樹・都筑三郡の神奈川県第三区が分割され、憲政会刷新派からは小野重行、政友派は赤尾藤吉郎が立候補した。両者とも前議員の戸井嘉作ないし赤尾彦作から地盤を譲られての出馬であった。

飯田は前回の戸井同様、小野の選挙にも積極的な支援を行い、橘樹郡での小野の得票を投票五〇〇〇のうち六割の三〇〇〇、赤尾を四割の二〇〇〇、三郡では各四二五〇、四一八〇とみて、僅差で「小野勝利也」と予想していた[38]。選挙の結果は、投票率が高かったため飯田の予想より得票は増大し、小野四五九二、赤尾四三九一となり僅差で小野が当選した。しかし橘樹郡では小野三四九〇、赤尾二一三七で、それぞれ七六％、四九％を占めた。前回の戸井、赤尾（彦）はそれぞれの得票の六二％、三七％であったから、小選挙区下でも橘樹郡において戸井・小野の憲政会刷新派陣営の地盤はいっそう強固な結束を維持したのであった。

翌二一年三月に行われた大綱村会議員選挙は、以上のように上級各選挙で郡内の憲政会刷新派の勢力を支えた飯

表 4-6　1921年大綱村会議員選挙

	2級		1級	
	氏名（大字）	得票	氏名（大字）	得票
当選	竹生源蔵（南綱島）	37	岩岡昌司（篠原）	12
	飯田助夫（北綱島）	36	小泉幸助（南綱島）	10
	峯岸新助（篠原）	25	吉原園吉（北綱島）	10
	富川喜代八（大曽根）	22	臼井義久（篠原）	10
	磯部広吉（太尾）	19	横溝董次郎（樽）	10
	吉田三郎兵衛（大豆戸）	18	池谷道太郎（南綱島）	8
	金子信吉（菊名）	17	松阪彦八（大曽根）	8
	鈴木寅蔵（樽）	14	椎橋仁助（大豆戸）	8
	萩原幸太郎（白幡）	10	磯部桑五郎（太尾）	5
次点			磯部弁蔵（太尾）	5
			青木近蔵（菊名）	1
合計		198		87

出典：「大正十年四月号　九冊目　乾」（「飯田助知家文書」）

田村長の末端での選挙指導をみることができる。三月二二日飯田は、各村会議員と区長にあて村会議員選挙執行にあたり「最善ノ方法ニ依リ公平円満ナル選挙ヲ終了致度…此際諸君ノ隔意ナキ御高見ヲ承」るべく役場への参集を依頼する号外を発した(39)。二五日大綱村役場において開かれた村会議員区長協議会では、大字への議員配当と投票割り当て（一級は議員一人に対し五人投票、二級は一五人とする）、大字の予選結果の役場への事前報告などが決定された。

村長・役場は村議銓衡の中心となり、さらに各区長は「無事円満ナル選挙ヲ終了スル目的ヲ以テ各区ト投票ニ関スル連絡ヲ取ルコト」とされ、翌二六日には「昨日ノ協議会ニ基キ菊名部内ニ於テハ村会議員候補者トシテ金子信吉氏推薦ノ件青木区長ヨリ申込」となった。村長—区長によって村議の大字予選体制が統括されたのである。

選挙の結果は、一級で一人が五票で次点となったほかはすべて当選、その得票は一級五人、二級一五人を割り当てた先の役場の指示に沿って、一級で一二〜五票、二級で三七〜一〇票となった。二級は各大字で均等に一名ずつが選出され、一級ではこのラインに届かない投票数の大字（菊名、白幡）から当選者はなく、当選ラインを基準として各大字間で票の調整が行われていたことが推測される。飯田村長は選挙運営において役場を中心に各地区を統括する組織的な体制を確立したといえるだろう（表4―6）。

3 県議へ

こうして村内基盤を固め橘樹郡内の有力者の地位を築いた飯田が、次に県政へと飛躍しようとしたのは当然であった。この間二一年一月飯田が発起人総代となって橘樹郡、都筑郡各町村に呼びかけて推進した鶴見川改修工事国庫補助請願運動は、実現にむけ飯田の県議就任をいっそう必要としたであろう。二二年七月、この運動の推進団体として鶴見川改修期成同盟会が会長飯田助太夫以下、橘樹・都筑両郡の政治家（衆議院議員、県会議員、町村長、町村会議員）を超党派で網羅して結成され、飯田助夫はその幹事に就任し、以後改修工事の国庫支出を目指して県、貴衆両院などに毎年のように行われる請願運動の中心人物となった(40)。

飯田が県政への出馬を固めたのは、翌二三年九月に予定された県会議員選挙であった。飯田は八月一六日大綱村長をいったん辞任し「此上ハ極力当選ヲ期」すべく村内有力者への協力を依頼して選挙運動を開始した（「日記」一九二三・九・一八）。飯田は村長職と同様、県議選でも椎橋仁助の後継候補となり、憲政会支部は二二日銓衡委員会で飯田ら四名の公認を決定した（「日記」一九二三・九・二二）。

しかしこの県会議員改選は、九月一日の関東大震災のため二四年六月に延期された。その間五月一〇日には第一五回衆議院議員総選挙が執行され、前回同様の憲政会小野と政友会赤尾の一騎打ちとなった第三区の選挙戦で、「飯田大綱村長の如きは護憲の為めに職を抛うち草鞋行脚を以て小野氏の危急を救ふなど目下稍々勢力挽回の状勢にあるらしく観測されて居る」との奮闘ぶりをみせた(41)。飯田は小野の選挙事務主任および会計主任を務め、運動者協議会を指揮するなど小野再選の原動力となった。この飯田の活躍には、当然来るべき自らの県議選が視野に入っていたにちがいない。

衆議院選挙が終わると二一日、憲政派は仕切り直しとなった県議選に、震災前に決定した飯田ら四候補を公認し、五月二六日には県支部から「候補者集合各地盤割ヲナス旨通知」された。すなわち、橘樹郡の橘村以北の「北部」が竹口文太郎、保土ヶ谷、城郷、大綱、日吉、中原の「中部」が飯田、「南部」は旭、鶴見、潮田が横山秀民、大師、川崎、御幸、住吉が池上幸操に配分された（「日記」一九二四・五・二六）。「北部」は多摩川流域で東京府に接する地域、「中部」は鶴見川流域および鉄道の東海道線・横浜線の沿線にあって横浜市に隣接する地域、「南部」は鶴見川、六郷川流域で東京湾に接する地域であり、それぞれ郡内の地域ブロックを形成していた。

ところがいったん引退を表明して竹口に譲ったはずの中村瀬左衛門が地元から擁立されて出馬を表明すると、候補者公認と地盤割りは振り出しに戻った。すなわち飯田は「中村瀬左衛門氏擁立ノ件今日ノ場合トナリ万止ムヲ得スンハ小生辞退シテ中部へ横山氏ヲ廻ハシ南部へ竹口君ヲ持廻リテハ如何事茲ニ至リ幹部ヲ困ラセヲシテモ是非ナキコト故候補者中犠牲トナル」ことを迫られたのであった（「日記」一九二四・五・三一）。橘村出身で長年県議を務めた中村は憲政会支部の最有力者の一人であり、[42]竹口を南部に廻すことになると横山が中部に回り、玉突き式に飯田が押し出される形勢となった。飯田は、県議選においてはじめて「北部」や「南部」といった広域の町村別ブロックの調整という課題に直面したのである。

いったん辞退も考慮した飯田は、しかしそれまで培った人脈を動員して選挙運動を継続した。飯田の選挙参謀となったのはさきの郡議選で推した竹生源蔵であった。六月一日、飯田は竹生に「大綱村三百票」を「吉田椎橋両元老ト相談ノ上ヨロシク取扱」うことを依頼し、翌二日には飯田の事務所開きが行なわれ、竹生が中心となって各大字の有力者を説いて「挙村一致ノ形式」を築くことに成功した。次いで飯田陣営は地盤に配分された神奈川方面、保土ヶ谷町、城郷村、岸根村、三枚橋、羽沢方面の「有力者ニ面会挨拶ヲナス」といった具合に、連日選挙活動を展開した（「日記」一九二四・六・二、三、四）。

こうした情勢に六月五日、憲政会支部ではこのまま推移すると「公認候補枕ヲ並ベテ打死スルノ運命トナル」との危機感を募らせ、また政友派が憲政派の足並みの乱れをみて北部で候補者擁立の動きをみせたことから、北部の「橘、宮前、中原、高津、向丘ノ五ヶ村ハ地所勝手」という新たな地盤割りを示した（「日記」一九二四・六・五）。これを飯田は「中村落計画」と記したように、支部はあくまで出馬の意向を示す中村の地盤地域を各候補の自由競争にまかせたのであった。これにより飯田陣営は直ちに七日「地所勝手」とされた橘、宮前、中原方面に「出動」して票の切り崩しを行い、郡内他町村に選挙活動を展開した。

一〇日の選挙の結果は、政友派は田中亀之助（川崎町長）、憲政派は中村瀬左衛門、横山秀民、飯田助夫、池上幸操の四名が当選し、竹口文太郎が中村にはじかれて落選した。飯田は得票数一一〇八票で第四位の当選であった。飯田は大綱村で有権者（四八九人）の八割近くの三七六票を獲得したが（「日記」一九二四・六・一〇）、これは飯田の得票の三割ほどにすぎず、むろんこれだけで県議選に当選は不可能であった。飯田はこの選挙を通じて支持基盤を大綱村から郡内全体へと広げたのである（表4―7）。

表4－7　1924年県会議員選挙（橘樹郡）

定数5

候補者	党派	得票数	当落	新旧	出身	大綱村得票数
田中亀之助	政友	1,846	当選	元	川崎	24
中村瀬左衛門	憲政	1,667	当選	再	橘村	
横山秀民	憲政	1,135	当選	新	旭村	2
飯田助夫	憲政	1,108	当選	新	北綱島	376
池上幸操	憲政	1,028	当選	再	大師河原	
竹口文太郎	憲政	663	次点	新	三重県	1

出典：『横浜貿易新報』1924年6月10日および「飯田助夫日記」同日。

こうして県議となった飯田の重要な活動の一つが郡内地域ブロック間の調整であったことは、当選の経緯からも当然であり、また県議として安定した地盤形成のためにも必要であった。飯田は当選後、混乱の焦点になった中村、竹口ら同派有力者を訪問し、「今後ノ郡下団結ヲ図ル」べく協力を要請し（「日記」一九二四・六・一六、一七、一八）橘樹郡内の地域対立の融和に動いた。さらに一九二六年四月と九月に相次いで実施された同郡での県議補欠選においても、飯田は憲政派の幹部として鶴見町など「南部」と宮前村など「北部」の間で対立した候補者銓衡に関与した。(43) 飯田の政治活動の領域は、村から郡へと拡大したのである。

おわりに

以上のように、大正期に村議から村長、郡議、県議という階梯を上昇した地方名望家飯田助夫の政治活動は、いくつかの画期にまとめることができるだろう。

第一は村議として政治生活を始め、当面する政治課題に取り組みつつ自らの政治理念や政治姿勢を模索した時代である。飯田が村議として登場した大正初年の村の政治体制は、名望家を中心とする大字単位の予選体制を基本的な枠組みとしたが、しばしば各地域の有力者間で対立が生じ、さらにこの時期進展した政党勢力の地域への波及が不安定要因となった。飯田は村内対立の融和と党派対立の解消という二つの政治課題に直面した。

第二は、この課題に取り組みつつ一定の政治姿勢と政治基盤を確立していった村長の時代である。すなわち常設委員の廃止と区制設置など村の行政改革を断行し、地域に即した政党支持の立場から刷新派へ転換した。そしてこれらを通じて飯田は、椎橋村長と政治姿勢を接近させその後継者としての地位を築いた。ここで重要なのは飯田が村長に就任する過程で、部落割拠的な予選体制が改革され役場中心の執行体制が整備されたことである。飯田村政はいわば新たな公共関係を構築し、この上に党派的挙村体制を形成したのである。

第三は村長という小なりとはいえ公権力を背景に、飯田が地域の名望家から県議という地方政治家へ飛躍を遂げた段階である。飯田は、この時期整備が進められた憲政会の地方支部組織のもとで衆議院、県、郡、村の各選挙に大綱村で培養した人脈と組織といった政治資源を最大限に動員して同派の勢力伸張に貢献し、大綱村を越えた郡内地域ブロックの有力者の地位を獲得していった。

以上のような飯田助夫の政治的軌跡は、地域名望家の社会的栄誉としての名誉職政治家から、政党組織に所属し権力の獲得を追求する専門的な地方政治家への展開といえよう。そして、この過程は自らの出自である既存の地域秩序に依存するだけでなく、その改革を通じて自己の政治的資源への組織化を実現し、これによって大綱村の政治構造は大字を中心として有力者間の調整や斡旋を運営の原理とする予選体制から、村長・役場が区長・村議を指揮する執行部中心の体制へと転換していった。こうして形成された体制のもとで衆院、県会、郡会、村会といった各地方選挙が、当時支部組織を整備しつつあった政党系列下に党派的に運営されたのである。飯田村長によって執行された一九年～二一年の各選挙はそうした事例とみることができるだろう。昭和期に本格的に確立する地方末端に至るまでの二大政党勢力の系列化は、飯田のような地方政治家の成長と、旧来の村内秩序の変革を前提として成立しているのである。

飯田助夫は、この後大綱村の市域編入とともに横浜市会議員となり（二八年）、立憲民政党の支部幹部となって普選法施行期に都市政界における政党運営に与り、三六年には同党から衆議院議員に当選する。昭和戦前期の大都市と普選状況という飛躍的に拡大した政治空間の中で、なお飯田が政治活動を持続しえた背景には、本章でみたような大正期における地域政治構造の再編成を要因の一つに挙げることができよう。(44)

注

（1） 柴田徳衛『現代都市論（第二版）』（東京大学出版会、一九八九年）「第一章　都市の発展とその本質」を参照。
（2） 品川貞一『飯田家三代の俤』（一九四一年）二頁。
（3） 石川一三夫『近代日本の名望家と自治―名誉職制度の法社会的研究』（木鐸社、一九八七年）、高久嶺之介『近代日

本の地域社会と名望家』（柏書房一九九七年）、丑木幸男『地方名望家の成長』（柏書房、二〇〇〇年）ほか多数の蓄積があるが、丑木氏の研究史整理（同書七～一五頁）にあるように、主として近世近代の移行期ないしは近代国家形成期における「近代化」のなかで地域政治に果たした名望家の機能に関心が注がれている。

（4）いまや古典的代表作に、三谷太一郎『日本政党政治の形成』（東京大学出版会、一九六七年）、テツオ・ナジタ『原敬』（読売選書、一九七四年）、有泉貞夫『明治政治史の基礎過程』（吉川弘文館、一九八〇年）、伊藤之雄『大正デモクラシーと政党政治』（山川出版社、一九八七年）があり、最近では源川真希『近現代日本の地域政治構造』（日本経済評論社、二〇〇一年）がある。研究史については櫻井良樹『大正政治史の出発―立憲同志会の成立とその周辺』（山川出版社、一九九七年）が詳しい（五～一二頁）。

（5）筆者はかつて大石嘉一郎・西田美昭編著『近代日本の行政村―長野県埴科郡五加村の研究』（日本経済評論社、一九九一年）への書評として、「行政的公共」の政治的な造出過程を分析する必要を指摘し、その具体的な対象の一つとして地域政治における「政党政治期とそれ以降における「行政的統合」の主体と目的の変化」を挙げた。『経済研究＜一橋大学経済研究所＞』（第四四巻第三号、一九九三年七月）二七二頁。同書からは多大の教示を得たが、本章はこうした問題意識に基づいている。

（6）大正期の神奈川県郡部の政治状況については、上山和雄『陣笠代議士の研究―日記にみる日本型政治家の源流』（日本経済評論社、一九八九年）、吉良芳恵「日露戦争前後の神奈川県の政治動向」『地域政治と近代日本　関東各府県における歴史的展開』（日本経済評論社、一九九八年）、松本洋幸「大正前期・橘樹郡政の展開――郡道問題を中心として」『横浜近郊の近代史　橘樹郡にみる都市化・工業化』（日本経済評論社、二〇〇二年）を参照。

（7）『橘樹郡案内記』一九一四年、四一頁。

（8）『大綱村村勢要覧』一九二五年。

（9）前掲『飯田家三代の俤』三七頁。

（10）「飯田助夫日記」（飯田助知氏所蔵）の引用は、本文中に（「日記」年月日）を略記する。

（11）内田四方蔵監修『鶴見川水害予防組合史』（鶴見川水害予防組合、一九八四年）九八、二三〇、二三一頁。

(12)『港北百話』(港北区役所、一九七六年)二二五、二二六頁。
(13)南北綱島には別所、大北谷、中北谷、中村、下、ネゴラの六つの組があったとされる(『港北区史』(港北区史郷土史編さん刊行委員会、一九八六年)三九〇頁。組の起源は近代以前にさかのぼり、別所組も明治四二年の時点で「伊勢太々講」といった積み立て金徴収の講組織の母体でもあり、講長・副講長は惣代、副惣代が兼ねている。横浜開港資料館所蔵「竹生寿夫家文書」F―三七「伊勢太々講規約」、同三八「伊勢太々講金受領簿」参照。
(14)前掲「竹生寿夫家文書」F―一三「別所組人名一覧表」。
(15)「飯田助知家文書」大正期の資料四―九〈飯田助知氏所蔵、神奈川県立公文書館保管〉。
(16)同右。
(17)「宣誓書」(「椎橋忠男家文書」四二―一三〈椎橋忠男氏所蔵、横浜開港資料館保管〉。
(18)前掲吉良芳恵「日露戦争前後の神奈川県の政治動向」一七七、一七八頁。大正政変期の地域における非政友勢力の動向については、拙稿「大正政変期の埼玉県政界―非政友勢力の結集過程」『埼玉県史研究』(第一六号、一九八五年)を参照。
(19)『横浜貿易新報』一九一五年一月二八日。
(20)『神奈川県史 通史編5 近代現代(2)』(神奈川県、一九八二年)六一頁。
(21)『横浜貿易新報』一九一五年三月二八日および「日記」同年三月二五日。
(22)『横浜貿易新報』一九一五年三月二四日、三月三一日。
(23)『横浜貿易新報』一九一五年一〇月一日。
(24)「常設委員会協議事項(村会議員選挙等)」(「椎橋忠男家文書」四二―五一)。
(25)「通牒(村会議員選挙ニ関スル件)」(「椎橋忠男家文書」四二―四〇)。
(26)(27)「書簡(区長に関する規程送付ほか)」(「椎橋忠男家文書」四二―五四)。
(28)「大正八年三月調査(現行)神奈川県橘樹郡大綱村条例規程類」「飯田助知家文書」大正期の資料九―一〇。
(29)「飯田助知家文書」三七六「大正八年調整神奈川県橘樹郡大綱村村勢一覧」。

(30) 吉良芳恵「赤尾彦作宛書簡集―大正篇」(『横浜開港資料館紀要』第九号、一九九一年)九三、九四頁。
(31) 飯田助夫が大綱村長として推進した民力涵養運動などの事績については、前掲『神奈川県史 通史編5 近代現代(2)』九一～九六頁参照。
(32) 『横浜貿易新報』一九一七年一一月八日。
(33) 前掲吉良芳恵「日露戦後の神奈川県の政治動向」一八四～一八六頁。
(34) 「大正八年九月県郡議選挙関係書類　大綱村長飯田助夫」(「飯田助知家文書」大正期の資料八―九)。
(35) 「県議争覇大観　大正八年九月改選」(「飯田助知家文書」大正期の資料八―二五)。
(36)(37) 「大正八年九月県郡議選関係書類」(「飯田助知家文書」大正期の資料八―九)。
(38) 「飯田助知家文書」大正期の資料九―三二。
(39) 「村会議員総選挙ニ関シ協議会開催ノ件」号外「大正十年四月号　九冊目　乾」(飯田助知家文書」大正期の資料一〇―三八)。
(40) 前掲『鶴見川水害予防組合史』二九～三一頁。
(41) 『横浜貿易新報』一九二四年五月七日。
(42) 中村瀬左衛門については、濃沼政夫・城所素直『随想玉萌雑記―歴史に見る先人たちの生きる知恵』(私家版、一九九九年)参照。
(43) 『国民新聞』一九二六年九月二日、『朝日新聞』一九二六年九月四日。
(44) 横浜市域編入にあたっての飯田助夫の政治活動は、本書第五章三を参照。

第五章　市域拡張と地域政治

——一九二七年横浜市第三次拡張をめぐって

はじめに

一九二七（昭和二）年四月一日、横浜市は橘樹郡鶴見町、旭村、大綱村、城郷村、保土ヶ谷町、都筑郡西谷村、久良岐郡大岡村、日下村、屏風浦村を合併した。横浜市の市域拡張は、今日の市域を確定した一九三九年の拡張まで六次にわたり拡張を行ったが（表5—1）、この第三次の市域拡張は、面積を一挙に三・六倍にしたただけでなく特別な意義を持つものであった。

すなわち今回の市域拡張は、震災前に策定された都市計画構想にもとづき、「従来に於けるが如き抽象的見地からで無く、実際正銘正真に具体的のもの」であり、「大横浜の実現」となるべきものであった。[1]この市域拡張は、震災によって廃墟と化した横浜の復旧のみならず、復興とさらなる発展「大横浜」の形成が期待されて実施されたのである。

この復興事業と「大横浜」実現への整備を推し進めたのが、一九二五（大正一四）年五月横浜市政財界の輿望をになって招聘された有吉忠一市長（在任一九二五年五月〜一九三一年二月）であった。有吉市長は横浜の市域拡張

表 5-1　横浜市の市域拡張

年次	人口（人）	総面積（Km²）	市域拡張
1889	121,985	5.4	
1901	299,202	24.8	1901. 4.1　①
1910	419,632	24.8	
1911	444,039	36.71	1911. 4.1　②
1915	428,663	36.71	
1920	422,938	37.03	
1925	405,888	37.03	
1927	529,300	133.88	1927. 4.1　③
1930	620,306	133.88	
1935	704,290	135.63	
1936	738,400	168.02	1936.10.1　④
1937	759,700	173.08	1937. 4.1　⑤
1939	866,200	400.97	1939. 4.2　⑥

出典：『横浜市第三十四回統計書』1953年。

に際して「形式は出来た、実質の充実を望む」と述べたが、これは大阪市が同年四月、四四ヶ町村の編入によって「大大阪」となった際、関一市長が「大大阪の建設は今日にはじまるのである」と述べたことに対応している。[2] 市域拡張は「大横浜」「大大阪」に込められた新たな都市のあり方を実現するうえで必要とされた空間の確保であり、ここにどのような「実質」を作り上げていくのかは、有吉や関ら市政担当者の手腕にかかっていた。

ところで従来の都市史研究のなかで、都市計画史の研究は多数の蓄積があるが、都市計画の一環としての市域拡張が地域政治に及ぼした影響を明らかにする研究は意外と少ない。[3] 都市史の主要な対象は、都市（ないし都市部）そのものに向けられ、都市と農村の間にあって「都市化」現象が生起した隣接周辺部分はあまり着目されてこなかったといえる。膨張する都市空間は、核となる都市の機構や周辺地域の政治構造にどのような変化をもたらしたのだろうか。本章では、有吉市政期の一九二七年に行われた横浜市の第三次市域拡張における市行政と政治過程について、都市と周辺部双方の側から検討し都市膨張の政治史的考察を行う。

一　震災復興と大横浜の建設

1　都市計画区域の設定

一九二〇年代、都市計画法の施行以来、深刻化する都市問題を解消するため東京市をはじめとする六大都市は、都市計画を策定しまたこれを適用する都市計画区域を設定した。それは行政区域を越えて拡散し膨張する「実態としての都市」に生起する諸問題を一体の空間として統制しようとする試みであり、これに基づいて行政区域を都市計画区域に近づけ単一の行政系統下に置く市域拡張が相次いで行われた[4]（表5―2）。

横浜市における都市計画の構想は、日露戦後にはじまり、第一次大戦後に本格化した[5]。すなわち一八年五月市会議員、市公民二三名からなる「大横浜建設調査機関」としての横浜市改良調査委員会が設置され、九月に東京市区改正条例の準用をうけ、翌一九年四月に都市計画法が公布され二〇年からの六大都市への施行が決まると、横浜市でも市区改正局が開局して都市計画調査が本格的にスタートした[6]。都市計画区域の設定について隣接町村の実地調査が実施されたのもこの市区改正局時代にはじまり、一九年一〇月に内務省の池田宏都市計画課長らを招いて、市内および「隣接町村にして将来市域に編入すべき所謂大横浜の計画区域」につき詳細な調査が行われた[7]。翌年一月都市計画法の適用とともに改組された都市計画局は、「大横浜区域」の調査を継続し、七月に発足した横浜都市計画地方委員会はこれに基づく成案を内務省に上申した。内務省からの市への諮問は九月二九日市会で原案可決され、二二年四月に内閣で認可決定された[8]。

こうして策定された都市計画区域は、横浜市と周辺の橘樹郡鶴見町、旭村、大綱村、城郷村、保土ヶ谷町、久良

表 5-2　六大都市の市域拡張（1920年代前後）

	合併年次	合併市町村	合併面積（Km²）	合併市町村人口（人）	総人口（人）	総面積（Km²）
東京市	1920	1	1.1	15,007	2,173,201	81.2
	1932	82	469	3,211,510	5,875,667	550.9
大阪市	1925	44	121.2	700,138	2,114,804	181.7
京都市	1931	27	228.2	195,195	1,080,593	288.7
神戸市	1920	1	24.8	20,376	608,644	63.6
	1929	3	19.3	73,700	787,606	83.1
名古屋市	1921	15	112.2	180,867	768,558	149.6
横浜市	1927	9	96.2	128,501	529,300	133.9

出典：『大都市制度史（資料編）Ⅰ』（指定都市事務局、1975年）。

岐郡大岡村、日下村、屛風浦村など二町一一村にまたがり、これらは横浜港に浮かぶ港界線の交差点にある浮灯台から半径三里の円内、都心部に港界と埋立地で接続する地域、放射道路網で都心と直結する地域とされた。震災復興をめざす横浜の市是として、横浜港の拡張と工場招致を核とする近代的港湾都市の建設が目標とされ、このもとに都市計画区域が設定されたのである。[9]

こうした計画の総てが二三年九月の関東大震災によって挫折したわけだが、震災後再び市域拡張を市当局に強く働きかけたのは、「震災の善後と復興の大策」を掲げて市の政財界を挙げて結成された横浜市復興会（二三年九月三〇日結成、会長原富太郎）の都市計画部会であった。[10]二四年一一月一七日に開催された同部会（第二五回）において高木太郎（市議）委員より「大横浜計画に関し私見」が述べられ、一二月一日の会議では次回までに「具体案を作製し建議する事」が決定された。[11]同部会はこれ以後独自に調査を進め、市当局に実現を働きかけていくのである。

2　有吉忠一と「大横浜計画」

横浜市の復興事業を大きく前進させたのは、内務省出身で元神奈川県知事、前朝鮮総督府政務総監の経歴をもつ有吉忠一であった。二五年五月七日、有吉は横浜市長に就任するが、この間の人事には有吉と帝大法科同期（一八九六年卒）の井上準之助、内務官界の実力者伊沢多喜男、伊沢の「刎頸の友」であった横浜財界の中村房次郎が介在した。有吉は、横浜の政財界有力者が立ち遅れている横浜の復興を実現させるために中央から招聘した大物市長であった[12]。有吉は就任当初、「復興計画は前の市長の時、大体決まって居たのであるが、実行の段取りは未だ何等決定していなかった」と述べている[13]。横浜にとって震災で中断している復興計画の早急な具体化は急務であり、横浜の政財界は内務官僚出身の有吉の行政官としての手腕に期待したのであった。

有吉が市長に就任すると、横浜市復興会都市計画部会は前年の計画の具体案作成について早速働きかけた。同部会の六月二三日の会議は「本市が大横浜計画を実現するの機運に到達し居るを認むるに依り併合の利益を相互に認め、自然的併合を見る様適当の方法」を講じるため、前年度に市が留保した土木局提案の都市計画調査費予算の復活を要求することを決議し、二五日有吉市長に対し「大横浜計画調査」を上申した[14]。七月六日、市参事会はこれをうけて二万七千円余りの調査費を復活する議案を決定し、市当局は一五日の市会に歳出更正予算として提出した[15]。すなわち「最早一日モ此ノ都市計画ノ大体計画ヲ立テマスルコトニ於キマシテ躊躇スベキデナイ」（藤宮惟一土木局長）として、書記四人、技師一人、技手一〇人らの人件費、調査費など都市計画事務費を承認した[16]。横浜市は有吉新市長のもと、震災前からの懸案であった「大横浜計画」＝市域拡張に向けて動き出したのである。

横浜市は二六年一月、保土ヶ谷町・鶴見町など隣接町村の市域編入を県知事に内申した。その「横浜市隣接町村編入理由書」は、次のように述べている。

「現在ノ横浜港ニ付テ考フルニ港内甚タ狭隘ニシテ国港タルノ使命ヲ全ウセシムル上ニ於テ頗ル遺憾ト為スハ何人モ異論ナキ所ニ属シ政府ニ於テモ已ニ港内拡張ノ議ヲ決セラレタルヤニ仄聞ス。然ルニ港湾ヲ抱擁スル一帯ノ地域ハ横浜市以外数ヶ町村ニ及ビ行政区劃ノ単一ナラサル結果延テ各種ノ施設計画ニ於テ遺憾ノ点頗ル多シ更ニ本市ノ市是トシテ多年其ノ実現ニ努力シ来タレル工場招致ノ上ヨリ見ルモ地域ノ狭隘ナルカ為メ障害少カラス此故ニ曩ニ都市計画区域設定セラレ近郊一市十ヶ町村ヲ加ヘタル面積一〇、三平方里ノ地域ヲ以テ大横浜ノ区域ト定メラレタリト雖モ其ノ間十余ノ行政区劃ヲ有シ各施設ノ異ナル所アルヲ以テ系統的施設計画ヲ樹立スルコト頗ル困難ニシテ斯カル施設ノミヲ以テハ当大都市建設上遺憾尠シトセス。[17]」

すなわち、狭隘な港内を拡張し、工場を誘致するためにはこれに接続する地域を必要とするが、そのために設定された都市計画地域は「十余の行政区劃」に分かれており、隣接町村を編入して一元的な行政系統を確立することが必要であった。市域拡張は横浜市にとって、横浜港の拡充と工業化を中核とする横浜の経済的発展政策を実現するために必要な空間であった。

3 周辺町村の編入

「大横浜計画」の中核となる横浜港の拡充計画は、二六年三月鶴見川改修と横浜港防波堤築造の建議案が衆議院で可決、七月に市会が大防波堤築造に関する意見書を内務大臣に提出、一〇月には横浜港の港界を六郷川口付近まで拡張するなど、政府にも認められて本格的に始動した。こうした動きは周辺町村の合併気運を刺激し、一一月二五日には保土ヶ谷町ほか七ヶ村連合の横浜市合併促進運動協議会が合併促進を決議、県に陳情を行った。

横浜市の上申をうけた神奈川県は翌二七年三月一日、横浜市域への編入につき関係市町村に諮問し、三月四日横浜市をはじめ橘樹郡の保土ヶ谷町、大綱村、城郷村、旭村など各町村が合併決議を行った。[18]その際、例えば大綱村会で「本村ノ一部ハ市ノ西白楽町ニ突入シ曩ニ東京横浜電鉄開通ニ由テ更ニ密接ノ関係ヲ生スルニ至レリ」とし、城郷村では「城郷村小机ヲ経テ保土ヶ谷町岡野公園ニ市電ヲ延長シ接続ノコト」を希望した。周辺町村では横浜市を中心とする都市化の進展とともに密接化する関係を強調したのである。[19]

同日これら周辺町村長が連名で提出した一四項目にわたる「横浜市隣接町村併合ニ関スル希望並ニ条件」は、そうした都市化の恩恵に与ろうとする周辺地域の期待が込められている。そこで掲げられたのは、都市計画事業の完成、編入町村を行政区および独立選挙区とすること、道路網の拡充や上下水道設備の着手、小学校の位置を変更せず必要な場合の増設、各町村役場吏員の継続採用、市役所出張所の設置、市農会の設立、耕地整理事業などによる郊外農業の振興などであった[20]。

こうしたなかで橘樹郡最大の鶴見町は、横浜市との合併に消極的であった。二五年八月、横浜市からの打診に対し町長は調査会を設置し、同町に関係する道路、上下水道などの敷設、学校など教育施設の新設計画、工場招致のための埋め立て事業の概要、税負担の増減など合併による得失を論議したが、町内の意見は二分した。反対論の急先鋒となった同町出身の憲政会代議士小野重行によれば、要するに「独立都市たるの要素と実力を有する」鶴見町にとって、復興の途上にある横浜市との合併はむしろ「鶴見の負担加重となる」とされた[21]。こうした反対意見に対して、斡旋にたった県は、横浜・鶴見の港湾設備や交通機関の一体性による都市計画実施上の「密接なる関係」を強調するとともに、住民の県税および町税負担が軽減し、「鶴見町民の幸福を増進するに必要なる公共的施設が行われ得ること」などを挙げて合併促進を図った[22]。また横浜市は鶴見町への水道供給、生麦漁業組合への補償、公債償還問題などの条件を提示して合併後の実現を約束した。周辺の農村部と違ってある程度都市化が進んだ鶴見町には、より直接的な利益の提示によって町民を納得させる必要があったのである。

三月一〇日鶴見町会はこれらを条件に全会一致で合併を決議し、ここに関係市町村すべての合意が得られ四月一日横浜市は第三次となる市域拡張を達成した。これにより九町村、一二万八五〇一人を編入して総人口五二万九三〇〇人、面積一三三・九平方キロメートルとなり、この時点で総人口では六大都市中最下位であったが、総面積では大阪市、名古屋市に次ぐ第三位の規模となった（表5—1、2参照）。これは今回編入地域の人口は横浜市総人口の二割にすぎなかったものの、面積では七割を占めており、人口の少ない広大な周辺農村部を編入した結果であった。港都として発展してきた横浜は、今回はじめて広大な農村部を抱え込んだのである（図5—1）。

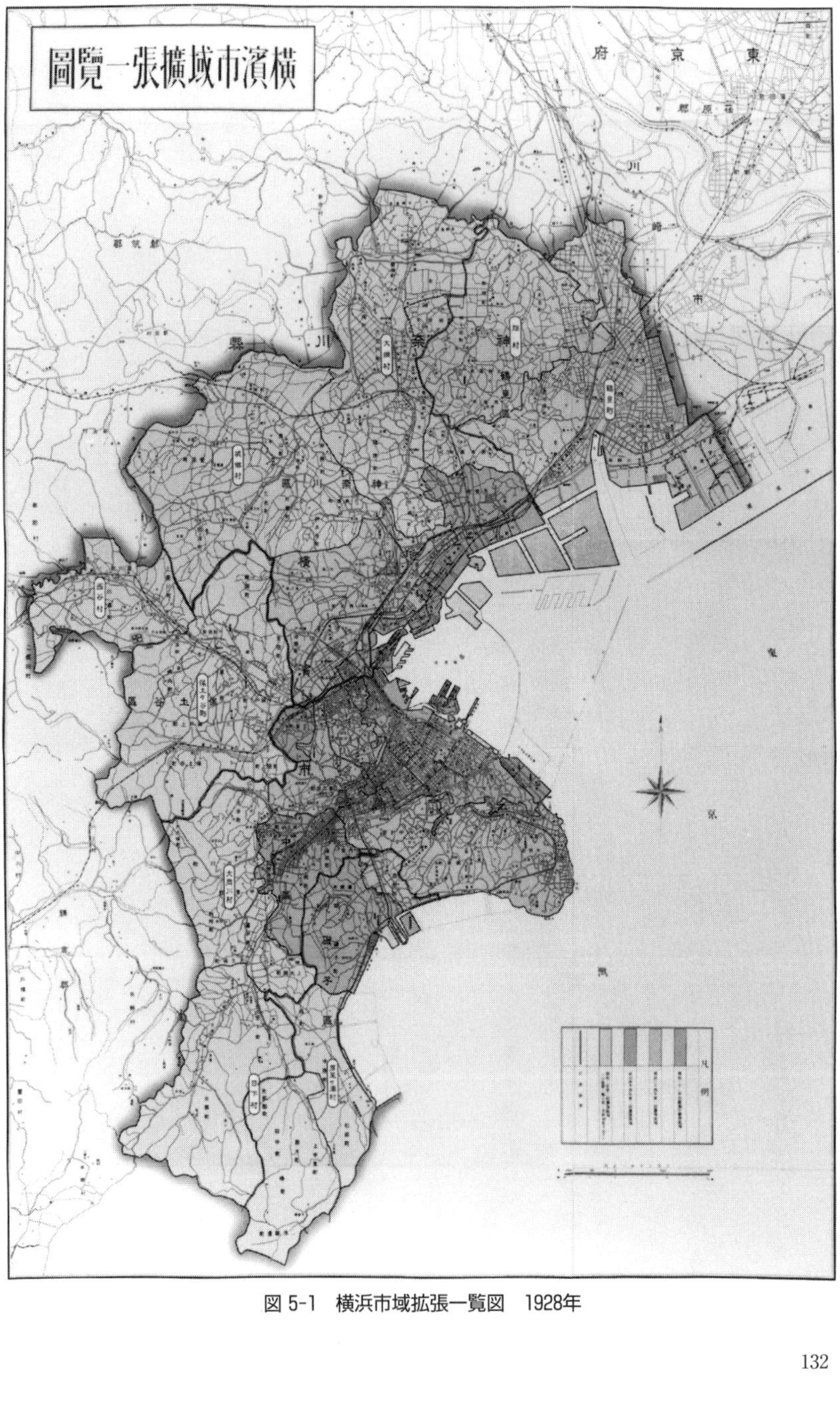

図 5-1　横浜市域拡張一覧図　1928年

二　市域拡張と行政組織

1　区制施行と機構改革

市域拡張によっていわば異質な空間が都市に包摂されたわけであるが、ここから旧市域と新市域を一体化させる試みが進められる。

市域拡張が実施された四月一日、横浜市は編入地域の旧町村役場を市役所出張所として事務の引き継ぎを行い、また後述するようにその区域内で「本市の事務の一部を補助せしむる為」の町総代を設置した。これらは、新たな地域を円滑に編入する当面の措置であったと同時に、次に予定されていた本格的な行政改革、区制施行への布石でもあった。

六大都市における区制は、東京市、京都市、大阪市の特例三市が明治期以来市制第六条に基づく法人区を設定していたが、名古屋市が一九一一年に市制第八二条第三項に基づく指定区（法人格を持たず、区長に有給吏員を置く行政区）を設置し、神戸市もこの後三一年に設置するなど、都市膨張への対応策として三市以外にも採用されつつあった(23)。

横浜市は合併直後に「大横浜将来の行政区画を五区に分割する方針」を決定し、区名の選定と区役所の建設準備を進め、六月二二日市会に調査を付託し、七月二五日一部修正（師岡町の神奈川区編入）してこれを可決した(24)。こうして一〇月一日、横浜市は鶴見・神奈川・中・保土ヶ谷・磯子の五区からなる区制を施行し、区に区長・吏員を任命し、区役所に庶務、税務、戸籍、会計の四係を置いた（「区役所庶務規程」）。これは市政の「新紀元」とされる大改革であった。[25] 同日有吉市長名で発せられた「横浜市告諭」第一号は、「今回本市を五区に劃し区長を置き市の行政事務を敏捷にし且処務上の便益を図らんとする素より其の目的は市域の拡張に伴ひ市政の運用を円滑にし自治の内容を拡充し時運の進展に順応せしむとするに外ならず」と、その意義を述べた。[26]

しかしここでいわれる「自治」の拡充とは、市の権限を区に与えて分権化するのではなく、むしろ旧町村から引き継いだ出張所を整理して市の本庁機能を強化するものであった。[27] 区制施行と同時に「市役所庶務規程」、「土木局土木工区規程」、「水道局庶務規程」などの改正・制定が行われ、これにより商工課が勧業課、内記課が秘書課に改組、財務課、戸籍課が廃止、水道局に給水課新設、土木局の工区が変更された。秘書課は「機密ニ属スル事項」「職員其ノ他ノ進退」などを所管し職員と文書管理の中心となり、職員体制の合理化を進める有吉体制の市長部局を強化するものであった。勧業課は、市域拡張によってそれまでの港湾と市街地中心の旧市域に新たに広大な農業地域と臨海部が編入されたため、従来なかった農政や、水産部門への対応が重要性を増したからであった。勧業課はそうした新たな産業行政を、主として合併と同時に発足した横浜市農会、横浜市水産会への補助を通じて行った。

このような全面的な市の機構改革が断行された背景には、当面する右のような課題のほかに震災以来の復興事業遂行のなかで蓄積された障害をこの機に抜本的に是正する必要があったからであった。すなわち震災復興事業の遂行は、市の職員や事務処理を肥大化させ、一九二〇年代を通じて職員数は一九二四年の八六一人から一九二七年には一九七七人と倍増していた。

さらに震災後の市行政において、役所が処理する文書の総件数は二四年三一万四二四七件、二五年四二万六四四三件、二六年四四万九五一八件と増加し、その中で発送文書のうち戸籍業務は二三年以後二六年まで増大しつづけ（六六四〇件→一一四五七三件）、割合も四割ほどを占めた。これは震災の影響も含めて都市横浜おいて人口の出入りが激しかったことに起因した。戸籍業務は市行政内で最も過重な部門であった。また市が外部の団体・機関から

表 5-3　市収受・発送文書の動向（1923年～1928年）

		1923年	1924年	1925年	1926年	1927年	1928年
市発送文書	戸籍課→	6,640	92,095	122,522	114,573	82,656	－
	総計	14,705	162,862	263,545	283,709	219,989	107,031
	割合（%）	45.2	56.5	46.5	40.4	37.6	－
市収受文書	←町村役場	2,895	26,790	35,992	37,028	39,116	1,245
	総計	15,316	151,385	162,098	164,978	159,370	85,158
	割合（%）	18.9	17.7	22.2	22.4	24.5	1.5
市総計		30,021	314,247	425,643	448,687	379,359	192,189

出典：『横浜市統計書』各年版より作成。

うける収受文書中では、町村役場が二三年二八九五件↓二七年三九一一六件と増大し、割合も一八・九%から二四・五%と増加した（表5—3）。これは周辺町村からの人口の流入にともなう戸籍照会業務の増加と、のちにみるように復興過程で実施された都市計画事業など、市域を越えた業務拡大の結果であった。

　このような戸籍や周辺町村との関係業務は、震災後の市行政のなかで重要性を増す反面大きな負担となっており、二七年に施行された区制に伴う機構改革は、こうした事態への対応として本庁で飽和状態にあった行政事務を各区の窓口業務におろし、本庁機構の改善と住民対応の合理化を進めるものであった。市機構は本庁—区役所体制によって住民対応機能を強化し、外向きの機構へと転換が図られたのである。

　このような行政機構の整備は、これを支える職員体制の合理化と専門官僚化に対応するものであった。有吉市長は就任当初に「横浜市役所局課長会議規程」（二五年六月一日）、「横浜市有給吏員任用規程」、「吏員任用に関する詮衡委員規程」（同六月一七日）を公布し、「各種事業ノ連絡事務ノ改善及能率ノ増進」と情実任用を排除し、吏員の採用基準と選考手続きの制度化を図るなどの改革を行った[28]。このような職員任用制度の整備を反映して有吉市政期には、いわゆる高文（文官高等試験）に合格した東大をはじめとする専門官僚が横浜市に就職するルートが定着している[29]（表5—4）。この時期以降の戦前期に大学卒業後五年以内に横浜市就職した高文合格の職員は一七名いるが、そのなかには例えば戦中戦後にわたった半井清市

表 5-4　文官高等試験合格者と横浜市

合格年	氏名	学歴	卒年	入省先	配属	後職など
1924	佐伯敬嗣	東法	1925	横浜市→内務	26神奈川県属	上海領事
	高瀬五郎	東法	1925	横浜市→内務	25横浜市書記	名古屋経専校長
	谷口明三	東法	1925	横浜市→内務	26徳島県属	宮崎知事
	福永与一郎	東法	1925	横浜市→内務	26茨城県属	統計局人口課長
	宮脇参三	東法	1925	横浜市→内務	神奈川県属	東北商工局長
1926	芦田尚義	京法	1926	横浜市		
	木村定	東法	1925	横浜市		
1927	柴山峯登	東法	1927	横浜市→台湾	31横浜市交通局書記	高雄州総務部長
	星野武	東法	1931	横浜市→農林	32農林省嘱託	茨城県経済部長
	美間正紀	東法	1927	横浜市		
1928	山崎次隆	東法	1926	横浜市	27横浜市書記	横浜市助役
1929	及川盛雄	京法	1930	横浜市	32横浜市書記	横浜市助役
1930	風間高一	一高	06退	横浜市	08北海道事業手	横浜市主事
1932	藤沢見邑	東法	1931	横浜市		満州国司法部事務官
	渡辺一俊	東法	1929	横浜市		商工省書記官
1933	植田夏次	東法	1934	横浜市	横浜市書記	副検査官
1935	金子幸男	東法	1935	横浜市→商工	40燃料局事務官	東海北陸商工局燃料課長

注：秦郁彦・戦前期官僚制研究会編『戦前期日本官僚制の制度・組織・人事』（東京大学出版会、1981年）より作成。

政期の山崎次隆、戦後の飛鳥田一雄市政期の及川盛雄など、その後の横浜市政で助役ほか幹部職員となっていく人たちがおり、有吉市政は大正期以来の市政の官僚化傾向を確立しまた再生産していく基礎を形成したといえる。

2　都市計画事業の推進

市域拡張にともなう市機構の整備と並行して、市は新市域への都市計画事業を開始した。前述のように合併運動の過程で噴出した周辺町村の要求の多くは道路や上下水道の整備で、市は合併交渉のなかでこれを早急に事業化することを約束していた。区制施行にともなう機構改革で水道局、土木局が拡充されたのもそのためであった。

二七年四月一一日横浜市会は、昭和二年度歳入出追加更正予算として七四万五五六七円を上程した。これは隣接町村の合併によって生じた横浜市の「持出」を補填するもので、有吉市長は「大ニ此ノ地方ノ発展ヲ見込アルコトヲ前提トシテ……今日ノ機会ニ於テ足ダケノ事ヲ忍フコトモ亦已ムヲ得ザル勢デアル」と市会の理解を求めた(30)。

これに対して政友会の赤尾彦作は、この更正予算編成に際して倍額に増税された家屋税が所得税付加税、営業収益税付加税など他の市税に比べて甚だしく高率であり、「偏重偏軽ニ陥ツテ居リハシナイカ」と批判した(31)。家屋税の負担は旧市域の市民に大きく、市域拡張の費用を都市部に負担させるとして批判したのである。一方市会の非政友系政党組織である同志会の三宅磐は、新旧市域の不均衡な「負担ノ状態」は単に今回の合併によるものではなく、同時に行われた三部経済制の廃止による「財政上ノ変革」によるものであって、むしろ新編入町村に「如何ナル計画」を実施するかが将来の市財政にとって重要であるとした(32)。三宅は積極的に新市域に都市計画事業を推進して「大横浜」を発展させ、それによって格差を是正する立場をとったのである。新市域への対応において、同志会は積極的で政友派は消極的であった。当時市会で優勢であった同志会の議案は全員委員会に付託され、市の方針もこれに沿って実施された。

合併後の都市計画事業の中心となったのは、道路網の建設であった。従来の復興事業では、街路改修は保土ヶ谷町の一部を除いて市内に限られていたため、横浜市および復興局は三・六倍に広がった市域全体の道路網の拡充計画を作成し、二八年一月二五日に特別都市計画委員会に付し、四月一六日議決のうえ五月一日に内務省の告示をうけた。この道路網建設は「新市域の開発、市域の一体化」を目指し、幹線三〇路線は、新横浜駅と東海道を軸とする新都心を中心として「放射線系と環状線系とを組み合わせて市域全体に広がるネットワークを形成しようとするもの」で、補助五六路線は幹線相互の連携を目的とした(33)。

これら幹線の主要路線の起点と終点についてみると、区制施行後の神奈川区起点が一三、鶴見区七、中区三、保土ヶ谷区三、その他二、終点は神奈川区一二、鶴見区五、中区五、となっている。つまり神奈川区、鶴見区といった新市域に編入された地域が重点的に実施されている。また一一月二二日市会では大綱村が企画した白幡村地内道路四路線の改築工事費三万九四八三円が追加されたほか、鶴見町と横浜市との境界地域に下水道（暗渠）建設費四万円が計上され、いずれも原案通り可決した。[34] これらはいずれも合併前の町村が計画し、一部実施していた事業を横浜市が継続して完成を期したものであった。

さらに合併前からの懸案であった鶴見町への給水問題では、市は四月一日鶴見拡張施設事務所を設置し、直ちに工事に着手した。工事は当初一年の予定であったが、半年の九月末には延長五六、四五四メートルの配水管工事を完了した。これは「まことに大スピード工事」とされた突貫工事であり、九月二八日市会で五六六万円余の追加予算措置がとられた。市はいち早く鶴見町との合併条件を達成したのである。[35]

以上のように横浜市は都市計画事業の推進にあたり、編入地域の基盤整備事業を優先的に実施した。これらは合併交渉のなかで周辺町村から提示された要求事項を実現し、道路や水道によって都心部と周辺部を連結し一体化させようとするものであった。これ以後財政上の問題から事業は容易に進捗せず、道路網の整備も計画の数パーセントが実施されたに過ぎなかったが、[36] 右のような合併地域への事業実施はそうした中で優先的に実施されたのである。

3　町総代の設置

都市計画事業の推進が新旧両市域の一体化への施策のいわばハード面であったとすれば、ソフト面を示すのは四月一日市役所出張所の区域内で任命された町総代である。[37] 町総代は名誉職とし市公民中より毎年市長が嘱託し（「横浜市町総代規程」第三条）、出張所別に五月一日より一〇七名の町総代を依嘱する予定で人選を行い、最終的には六〇名を依嘱した。[37]

近代都市として造出された横浜は旧来の隣保組織の伝統が薄く、一八八九（明治二二）年に横浜市当局が「伝染病予防心得」を訓令した際に、実施機関として衛生組合を設立し、以後衛生組合は衛生のみならず地域社会の行政補助をも担当してきた。一九二一年には横浜市衛生組合連合会（会長原富太郎）が設立され、二六年には市内で二〇六組合が組織されていた。さらに関東大震災を機に結成された自警団の解散後、青年会や町内会など任意の自治組織が結成され、旧市域では衛生組合、青年会、町内会などが併存していた。(39)

　市域編入にあたり合併決議を行い、横浜市と最終的な協議に入った三月一七日の関係市町村会議は、町名改称、出張所設置が協議されたほか、「市政周知方の件」が論議された。これは市政に関する事項は従来主として衛生組合長を通じて市民に通知されており、合併後の町村においても同様の方法をとるとするものであった。(40)

　これに対し編入町村長会議は「合併実施と共に町総代を設置することが適当」との意見書を提出した。そして町総代には、合併とともに消滅する名誉職区長を市の嘱託として任命することとした。(41)市の末端行政機関に、地域の自治的な代表を送り込もうとしたのである。

　この問題は三月三一日横浜市会に提出された。そのなかで有吉市長は、従来市政の伝達事務を衛生組合長へ委任してきたことは、「法規に依って権限を与へられて居るのではな」く、慣習として市が「已むを得ず衛生組合長を煩はして」いたのであって、「所謂行政庁の趣旨を伝達しまする等の、色々実情調査の場合に其の実状を知るために、特に誰か煩はさなければならぬ」と、町総代設置の意義を説いた。(42)町総代は、慣行として委任された衛生組合という本来は衛生行政の補助機関にかわり、法令に基づいて包括的に地域の「実情」に関わり行政を補完する末端機関として意図されたのである。

表 5-5　衛生組合と町総代（1927年末現在）

		組合数	組合戸数	人数
衛生組合	関内方面	16	3,446	14,484
	関外方面	50	13,949	62,378
	太田戸部方面	44	21,371	88,938
	神奈川方面	60	21,182	93,796
	山手方面	27	20,992	84,911
	蒔田方面	17	14,433	53,058
町総代		72	122,717	515,107
合計		286	218,090	912,672

出典：『横浜市統計書　昭和四年』。

町総代の二七年末までの設置状況をみると、衛生組合は「関内」「関外」ほかに二一四組合（九万五三七三組合戸数、組合人口三九万七五六五）、町総代は七二設置され戸数一二万二七一七、人口五一万五一〇七を網羅した（表5―5）。[43]

例えば城郷村六角橋では、五月六日元村議山室周作が町総代に任命され、同元村議で区長でもあった黒瀧伊助が町内会長、衛生組合長を勤め、市からの通達はこれら三者連名の宛名で発せられた。[44] 衛生組合と町総代は併存して行政の末端における補助機関となった。

町総代は、編入地域の住民を「横浜市民」へ統合していく機能を果たした。五月一六日、旧橘樹郡城郷村出張所で開催された町総代会では、納税、土木、衛生その他に関して市域編入に伴う新たな行政事務が伝達された。[45] 例えば「来年度施行スヘキ土木事業」に関する調査の提出、「伝染病患者」の市立病院への入院、市公報の様式（「公告式」）、市街地建築物法の適用と警察署への届け出義務、納税組合設置の奨励などであり、町総代を通じて「一般ニ周知方」が依頼された。[46] さらに五月二一日には、有吉市長が天皇に進講して五月には横浜市青年連合団席上で講演した筆記「横浜市に就て」の頒布方取りまとめが依頼されている。[47] 同書は大横浜建設の意義を説いたものであり、新市民への啓発書として町総代を通じて配布が依頼された。

しかし、町総代と衛生組合が併存する当初の状況は、市による市政伝達機関の統一整備の上では過渡的な段階であった。東京市では一九〇五年一二月に牛込区長から府知事にあて衛生組合にかわり町内組合を各町に新たに設置し東京市行政の補助機関とする「町総代設置に関する建議」がなされた。これは結局実現しなかったが、こうした動きは「衛生組合から町会への転化を象徴」するものであった。[48] 横浜市においても新市域に設置された町総代は、そうした統一的な行政組織への「転化」を橋渡しする暫定的な組織であった。

すなわち、横浜市は合併後早々に一〇月に予定した区制の実施に向けて、これら機関を町内会へと再編成し、全市を統一しようとした[49]。市当局は九月の市会に「市政周知ノ機関ニ充テル為メニ横浜市当局ガ全市的ニ町内会ヲ組織セシメヤウトスル計画」として、「町内会組織奨励規程」、「町内会規程」、「町内会連合会規程」の三議案を上程する準備をすすめた。これらは「各町ニ於テ二百戸乃至三百戸ヲ一団トシテ町内会ヲ組織スル場合市ハ之レニ補助金ヲ交付スル」こと、組織にあたっては「会長以下ニ衛生、庶務ノ二部長ヲ置キ且ツ若干名ノ委員ヲアゲテ会ノ事務ヲ処理セシメル」こと、またこれら「役員公選ノ方法」につき準則を示すものであった。これによって町総代は消滅し、衛生組合も町内会に設置される衛生部に吸収されることになっていた[50]。町内会は区制施行と同時に設置を奨励し、年度末までに全市に完成するものとされた[51]。

しかし市当局のこの試みは、「会の役員選挙の為めに各町内会の平和が攪乱する虞れがある」とする市参事会の反対にあって頓挫した[52]。市参事会は、この構想が実現すると市長が「指揮統一も出来る様権限を拡張」し、参事会員に代表される地域名望家が役員に就任することが多かった衛生組合の実権を奪われることを懸念したのである[53]。

さらに、この草案では衛生組合が消滅して市の管轄下に置かれることになるが、二八年三月六日神奈川県が衛生組合規則を改正公布し衛生組合を存続させる方針をとったため、横浜市が町内会に改編することは困難となった[54]。それでも町内会はその後漸次各地域で結成され、また町総代は町内会へと切り替えられて減少していく[55]。こうした横浜市域における住民組織の併存状況は、結局戦時下の圧力のもとで一九四〇年九月、内務省が発した「町内会部落会整備要綱」によって解消されるが、市域拡張を機として試みられた町総代から町内会設置への試みは、行政による全市的画一的な住民組織網形成への端緒であったといえるだろう。

三　地域政治の変容

1　町村公職の消滅

行政によって旧市域と新市域を一体化させる「大横浜」の建設が進められるなかで、合併された町村の政治構造はどのように変化しただろうか。

町村の政治・行政は、町村役場を構成する町村長以下の吏員と町村会議員、町村行政の末端を担う区長、各種委員など、主に在地名望家層が就任した名誉職によって担われるが、二六年現在合併町村ではこれら公職に四八〇人が在職していた（表5―6）。これら町村制が規定する町村吏員や名誉職は、市への編入によって消滅する運命にあった。そのため保土ヶ谷町では、三月二八日の最終町会で町長以下助役、収入役以下全吏員、区長、区長代理者などにあわせて六五九〇円、町会議員などに二万四二二〇円を報労金として「総花的に分配」した(56)。このように多くの町村で吏員および名誉職にあった人々への慰労金が支給された。

一般吏員については、前述のように町村の側は合併運動のなかで横浜市に対し継続採用を要求し、横浜市の緊急市会も三月三一日、合併町村に出張所八ヶ所を設置し当該町村の吏員を全部継続雇用し、俸給の基礎となる在職期間も通算することにした(57)。ただし、元大綱村村長の飯田助夫が有吉市長に「元大綱村役場員俸給の件に対し特に御考慮願度候」と書き送っているように(58)、旧町村間で俸給の格差があり、市の吏員に引き継がれた場合の是正が問題となった。

町村長、町村会議員、区長などの名誉職は、保土ヶ谷町、鶴見町の各三〇を筆頭にあわせて一五〇議席が消滅す

表 5-6　編入町村吏員（1926年1月）

	町村長	助役	収入役	その他吏員	区長	区長代理者	学務委員	常設委員	合計
保土ヶ谷町	1	1	2	15	17	17	10		63
城郷村	1	1	1	5	9	9	8		34
大綱村	1		1	4	9	9	5		29
旭村	1	1	1	5	8	8	8	3	35
鶴見町	1	1	1	44	26	26	8	8	115
屏風浦村	1	1	1	2			4	6	15
大岡川村	1	1	1	2			4		9
日下村	1	1	1	4			10		17
二俣川村 西谷村組合	1	1	1	4	3	3			13
合計	9	8	10	85	72	72	57	17	330

出典：「昭和二年横浜市境界変更ニ関スル書類」神奈川県立公文書館所蔵。

ることになり、これらの議員の処遇について、横浜市は四月一日「編入地町村会議員待遇規程」を発し、合併時にその職にあった議員の残任期間（たとえば保土ヶ谷町会議員は次回改選期日の大正一七年六月まで、鶴見町会議員は大正一八年六月まで）は、「市会議員待遇者ニ準シテ」待遇することにした。これらは任期の終了とともに、漸次消滅していくこととなったが、町村吏員、議員の既得権は最大限に尊重されたのである。

2　横浜市農会の創設

これらの旧町村名誉職にあった人々は市域編入後どのように市政に再編成されたのだろうか。旧町村の名誉職を包摂した新たな組織として、四月一日合併と同時に創設された横浜市農会がある。農会は「農事ノ改良発達ヲ計ル為メニ設立」（一八九九年農会法）され、帝国農会のもとに全国に県—郡—市町村に系統農会が設置された。今回合併地域の橘樹郡では一八八九年私設農会として橘樹郡農会が創立され、農会法の定める農業団体となっていた。(59)

これまで農会組織のない横浜市に編入されることになった町村は、新たに市農会を設立することが必要となり、県では一九二六年六月、関係郡町村農会役職員協議会を開き、合併市町村の農会を統合して横浜市農会設立を決定し、大綱村農会および橘樹郡農会の副会長で橘樹郡選出の県会議員（憲政会）の飯田助夫が設立委員長となった。飯田は横浜市および県当局者と協議を進め市農会の規約など確定し、四月一日横浜市農会が発足した。

横浜市農会は旧市内に加え新市域および久良岐郡金沢町、六浦荘村を範囲とした地域の農会を網羅し、会員数は一万二七七人、同会助成の団体として農事改良、果物、蔬菜、花卉、養蚕、養豚、養鶏の各組合（合計六七組合、二八二八組合員）を傘下に擁した。[60]横浜市農会は市域拡張によって「一躍多数農業地帯を包容するに至ったのを機会に市の別働隊」という「都市農会として特殊の使命」を持って創立された。[61]

二二年の改正農会法は、会員から投票により選挙された総代会の設置を規定した（法律第四〇号及び農会法施行規則）。総代会は事業の予算決算の議決や会則の変更、評議員などの役員の人事などを行い組織の中心であった。横浜市農会の総代定数は三六人で任期は四年、六月三〇日に地域会員の中から一二の選挙区別に無記名投票で選挙された。また評議員は会長の諮問に応じ、財産の監査にあたった。これら役員は名誉職であったが、報酬を給することもできた。農会の事務所は市役所内に置かれ、職員にはこのほか技師、技手、書記が置かれた。

設立当初の役員は次のような人々であった（表5―7）。

幹事に商工課長と改組された勧業課長が就任し、市行政と密接な関係を持っていることがわかる。農会は、従来横浜市が「郡部ト其ノ趣ヲ異ニシ直接当業者ニ接触シテ指導奨励ヲ為スノ便利乏シキ」ため設置した勧業課を通じ、市が「当業者」と「接触」する窓口とされた。[62]

評議員（二一人）は、市議、県議、郡議のほか合併町村の町村長が多数を占め関係地域の最有力者層が網羅されている。総代（三六人）は町村会議員クラスと農業関係の組合長、衛生組合や町総代、氏子総代といった末端有力者層が多い。農会総代は選挙によって選ばれたが、飯田助夫の日記によると「農会惣代選挙ノ件南北両町惣代飯田

表 5-7　横浜市農会役員

会長	有吉忠一	横浜市長
副会長	飯田助夫	橘樹郡大綱村村長、橘樹郡農会長、県会議員
幹事	近沢定吉	市商工課長
	松居久吉	市勧業課長
	徳植信之助	市技師
評議員	小岩井儀八	市議
	上郎清助	県議
	中村六三郎	保土ヶ谷町町長、峯耕地整理組合長
	池谷庫吉	橘樹郡鶴見町長、鶴見出張所庶務係長
	磯ケ谷太助	橘樹郡旭村村長
	鈴木栄輔	橘樹郡城郷村村長、県議
	田中弁次郎	久良岐郡大岡川村村長
	高田重太郎	久良岐郡日下村、郡議、村長、郡農会長
	金子賢次郎	久良岐郡金沢町長
	島崎房三郎	都筑郡西谷村村議、郡議、教育会長、農会長、県議
	間宮五兵衛	衛生組合長、三ツ沢蔬菜組合長、町会長
	宮崎留五郎	市議、横浜市農産物販売組合長
	荒井熊次郎	市議
	金指八郎右衛門	衛生組合長、鶴見区駒岡町
	石井時三	橘樹郡保土ヶ谷町、衛生組合長、区長、町議、町農会総代
	北見玉吉	市議
	荻久保金之助	久良岐郡日下村村議
	鹿島源左衛門	市議
総代	金子喜代蔵	横浜農産物販売組合長、横浜青果株式会社社長
	宮崎留五郎	市議、横浜市農産物販売組合長
	高野八左衛門	農事督励員
	栗原権蔵	市議
	荒井熊次郎	市議
	竹生源蔵	橘樹郡南綱島村議、郡議
	磯部弥三郎	衛生組合長、神奈川区太尾町
	岩岡昌司	衛生組合長、神奈川区篠原町
	横溝誠一	鶴見町獅子ヶ谷町衛生組合長、帝国在郷軍人会旭分会長
	金指八郎右衛門	衛生組合長、鶴見区駒岡町
	餅田米蔵	町内会長、神奈川区羽沢
	河原利一	橘樹郡城郷村村議
	岩田泰次郎	橘樹郡城郷村岸根区長、氏子総代
	小島太助	橘樹郡城郷村小机区長、村議
	植村秋蔵	保土ヶ谷区坂本町郵便局長
	島崎房三郎	都筑郡西谷村村議、郡議、教育会長、農会長、県議
	石井時三	橘樹郡保土ヶ谷町、衛生組合長、区長、町議、町農会総代
	北村雄之助	保土ヶ谷区仏向町、農事督励員
	加藤萬蔵	久良岐郡星川町町会総代、衛生組合長、小作調停官
	川井菊太郎	衛生組合長、中区南永田町
	北見玉吉	市議
	宇田川佐一郎	久良岐郡日下村村議
	荻久保金之助	久良岐郡日下村村議
	寺田徳太郎	久良岐郡日下村村議
	小泉佐市郎	久良岐郡屛風村村議、村長
	鹿島源左衛門	市議

出典：『横浜市農会創立十周年記念誌』（横浜市農会、1937年）、『橘樹郡農会史』（橘樹郡農会、1938年）、『神奈川県名鑑』（横浜貿易新報社、1935年）、『神奈川県職員録』（神奈川県、1926年）、『自治団体之沿革』（東京都民新報社、1927年）、『横浜市会史』第 6 巻（資料編）（1987年）より作成。
注：主要な役員の成立前後の時期の経歴を記した。経歴不明の12名は除外した。

三名へ一任」(六月一一日)、「協定ハ四名ノ市農会惣代ハ旧学区別トシ南北綱島一、樽、大曽根、太尾一、菊名、大豆戸一、篠原白幡一、トシ来ル二十五日迄ニ出張所迄申込ムコト」(六月一五日)とされた。つまり農会総代も行政系統下に有力者の調整と地域間の協定によって、町村の末端有力者層が担う名誉職の一つであった。

以上のように新たに創設された横浜市農会は、旧町村の多数の名誉職を包摂した。横浜市農会は、市農政の補助組織のみならず、有吉会長—飯田副会長という配置に象徴されるように、新市域の名望家層を市の行政機構に統合する意味を持ったのである。

3 地域政治の再編成

以上のような周辺町村の名望家層の行政的再編成と同時に、選挙を通じて政治的な再編成が行われた。合併による人口増と区域拡大のため、市会定数は増員されて新市域から市議を選出する補欠選挙が予定され、七月二五日に公布された「横浜市会議員定数条例」は、旧市域を第一選挙区として従来通り一級二級各二六人とし、新市域のうち鶴見区を第二区、神奈川区を第三区として各定数三人とし、新市域に一二人の定員を割り当てるという「破格」の措置を講じた。(63) これは合併町村の要求と同時に、前述のように新市域への都市計画事業の実施に積極的であった市会同志会の要求でもあった。(64) 新市域からの市議補欠選挙は一一月一日、二日に二級、一級各選挙が行われることになった。

この選挙は編入町村の有力者が市政に直接関わっていく最初の契機であったが、この間中央では六月一日立憲民政党が成立し、政友会との二大政党政治が本格的に始動する時期にもあたっていた。横浜市政でも前回二六年一月の市会議員選挙では政友会一六(一、二級各八)、同志会二四(一、二級各一二)、中立一二(一、二級各六)であった。同志会は憲政会・立憲民政党系の横浜市独自の政党組織(一九二六年七月二二日結成)で、当時市会で政友派に対して優位であったが、中立派にキャスティングボードを握られており、この増員選挙は党勢拡張の絶好の機会であった。[65]

この選挙に同志会から第三区（神奈川区）の二級で擁立された旧橘樹郡大綱村村長飯田助夫の事例を通じて、同派の勢力拡張の動向についてみてみよう。[66]

一九二四年以来の憲政会系の現職県会議員であり、また前述のように新設された横浜市農会の実質的な指導者でもあった飯田助夫の出馬は早くから予想されていたが、地元で正式に擁立されるのは一ヶ月前であった。飯田の日記によれば一〇月二日、「午後三時太尾小学校ニ至リ市会議員増員補欠選挙ノ件ニ付銓衡会ヲ開催左ノ如ク確定ス。決議書　横浜市会議員補欠選挙ニ当リ第三区（大綱村）ヨリ政党政派ヲ超越シテ飯田助夫氏ヲ適任者ト認メ候補者ニ推薦ス。右十月二日旧大綱村内銓衡会ニ於テ決議ス。椎橋仁助、吉田三郎兵衛、竹生源蔵、横溝董次郎、各町惣代、出席者一同」とある。[67]飯田の推薦人のうち、椎橋は飯田の前の大綱村長および県議（憲政会）、吉田は郡議、村議などを歴任、政友会の県議上郎清助、磯野庸幸らは実弟である。その他町惣代らの支持を受けた飯田は、まさに「政党政派ヲ超越」した村の代表であった。

一方、立憲民政党成立後の七月、民政党神奈川県支部長戸井嘉作、横浜同志会顧問中村房次郎、同支部長三宅磐、総務部長平島吉之助ら県市の同派幹部が会合し、市議補欠選挙の方針として「合併町村同志を抱擁する事」を決定した。[68]その後同志会は、新市域への勢力拡張を意図し、「程ヶ谷有志弐拾余名集会」、「程ヶ谷久良岐方面ノ有志家参集」といったように新市域の有力者を次々と召集し、候補者の調整を進めた。[69]しかし一〇月七日の会議は「午後三時支部ニ於テ市議補選ノ件ニ付保土ヶ谷、久良岐ノ連中ト協議会ヲ起ス。戸井支部長小野重行立会、保土ヶ谷町ハ一人ト銓衡会ニテ決議セルモ井上〔与市〕山田〔由五郎〕相譲ラス結局二名立タルカ、久良岐モ仲々侵攻困難ノ模様ナリ」と候補者の調整はしばしば難航した。[70]

そのため各候補は地元はもちろん、周辺町村とも協定を結び支持の獲得につとめた。飯田助夫も大綱村で正式に候補者擁立が決定するとすぐに、近日予定された隣村の城郷村での銓衡会に先立って同村の前村長小川道之助に交渉を開始し、一四日には同地域の「代表者ト選挙ノ方法ニ就テ協議会」を開いた。小川は以前の県議選では政友会候補を支援し飯田と旧郡内で対立したこともあったが、飯田はこれにも協力を依頼したのである。

協議会には城郷村から村議ほかが出席、大綱村からは「大曽根町惣代ヲ除ク惣代全部」が会合し、協議の結果一級で神本四郎作城郷村議、二級で飯田を候補者とすることが決定した。この結果をうけて小川は旧城郷村会議員・町総代に対し「運動方法其他ニ関シ是非共御協議申シ上ゲ度」との通知を発送して運動を開始し、六角橋町総代など各方面の有力者に「第三区旧大綱城郷両村有志者一同」名の「推薦状」を発送した[71]。

表５－８　横浜市会議員選挙各派議席数（1926年・27年・30年）

		①1926年	②1927年
	計	旧市域	新市域
同志	31	24	7
政友	21	16	5
中立	12	12	
合計	64	52	12
③1930年	計	第１区	第２区
同志	23	12	11
政友	13	10	3
中立	5	4	1
無産ほか	15	8	7
合計	56	34	22

出典：前掲『横浜市会史』第６巻（資料編）。
注：①26年1月市議選、②27年11月増員選挙、③30年1月市議選（第１区＝旧市域、第２区＝新市域）

一方政友会からも大綱村篠原地域に対し村議臼井義久を「政友系ヨリ擁立スルヤウ策動」があり、この動きに対し一〇月一七日、吉原義介区長、横溝董次郎樽町総代らが「鎮圧上出動」した。両村の町総代など有力者らは、候補者の調整と地盤協定を結んで他派の「策動」に対抗した。

以上のように、この選挙では旧村の村長、村議、区長、町総代らが「政党政派ヲ超越」して票の取り纏めに奔走した。旧村の名望家秩序はそのまま選挙機関《マシーン》となったのである。選挙の結果、飯田は「予定通リ」七三七票を獲得し当選した。飯田の地元南北綱島地域では棄権がなかったという「空前ニシテ又絶後」の投票で、飯田はまさに合併地域の「代表的郷土愛」により選出されたのである[72]。

新市域の二区、三区の選挙の結果は、同志会・民政党が七、政友会が五となり、市会での民政党優位はさらに拡大した（表5―8①②）。次の三〇年に行われた市議選は、普選法の実施と定数変更（旧市域の減少と新市域の増加）と条件の変化はあるが、旧市域（第一区）での両派の拮抗に比べ、新市域（第二区）での同志会・民政派優位は一層拡大している（同③）。その要因の一つに、同派が積極的に飯田助夫のような周辺地域で影響力を持ち様々な公職を兼ねた有力者を取り込み、彼らの政治的影響力を選挙に動員することに成功したことを挙げることができるだろう。

おわりに

一九二七年の横浜における第三次市域拡張は、港都から工業化を軸とする近代都市建設への脱皮を図る都市計画の一環として実施され、都市横浜の「新紀元」を画する事業であった。この「大横浜」建設を託された有吉忠一市長は、二つの方向でその実現に努力した。

一つは、市域拡張によって得られた臨海部及び内陸の後背地を活用する港湾機能の拡充と工業化政策の推進、周辺町村の開発志向に対応しつつ旧市域と新市域を緊密に連結する道路や水道の敷設といった基盤整備、ハード面での新旧両市域の一体化であった。これは震災前からの都市計画事業の継承であり具体化であった。

もう一つは行政組織網の整備による住民統合、いわばソフトな市域一体化の政策であった。すなわち、有吉は本庁機構の合理化や区制施行など市行政機構を改革し、ついで町総代や農会などの結成を通じて地域住民や有力者層の行政への組織化を進めた。これらは内務官僚としての行政手腕が発揮された側面であり、新市域に設置された出張所から町総代を通じて有吉市長の「大横浜建設」の趣旨が通達されたことは、有吉による市民統合策の一面を反映している。

この二つの方向による「大横浜」の建設は、行政によって都市周辺を統合しようとする試みであったが、周辺部においてもこれに対応する動きが現れた。すなわち市農会創設の後、増員選挙で市議当選を果たした飯田助夫の例のように、周辺地域の名望家政治家は、その伝統的な政治資源を動員して市行政に参画し、また政党支部の勢力拡張策に呼応して市内部に「愛郷」的利益を実現する地位を獲得していく。都市と周辺部は、行政的にも政治的にも連繫する回路を持ち、市政の重要な変動要因となった。市域拡張によって旧来の市政構造も変容を余儀なくされたのである。

横浜市おける第三次市域拡張が「大横浜」の建設と呼ばれたのは、都市計画事業の展開のみならず行政機構の改革や名望家、住民の組織化が進められ、新たな市と市民の創出、すなわち新たな公共空間の創出が図られたからである。有吉市長は本稿で論じたような市民統合政策のほかにも青年団の組織や市民教育などを実施している。[73]都市の膨張によって必然的に都市が抱え込む異質な地域と住民をいかに政治行政的に統合するかは、現代都市にとっても最も重要な課題の一つであり、第三次市域拡張における有吉市長の政治指導によって近代横浜ははじめてこの都市問題に本格的に取り組んだといえよう。

注

（1）『横浜貿易新報』一九二七年四月一日。

（2）『横浜毎朝新報』一九二七年四月一日、『大大阪』一巻一号、一九二五年一二月。

（3）この分野でも大阪市を事例とした研究が顕著である。竹村保治『大都市行政区再編成の研究』（清文堂出版、一九九六年）は、戦前戦後の動向を概観している。原田敬一は一八九七年、一九二五年の大阪市域拡張について「都市ブルジョアジーの大都市脱出」と論じ（『日本近代都市史研究』（思文閣出版、一九九七年、一三五〜一三七頁）、芝村篤樹は二五年の大阪市域拡張を関一の「都市政策の展開」として分析している（『日本近代都市の成立』（松籟社、一九九八年）、一〇五～一一〇頁）。都市（支配層）の側に視角を置いた市域拡張の評価であることに両者は共通している。従来の大都市を中心とした地域区画再編過程の把握に新たな論点を付け加えるものとして、山本吉次「『大金沢論』と周辺町村編入問題Ⅰ—昭和十年代周辺町村金沢市編入協議の頓挫をめぐって—」（『市史金沢』七号、金沢市、二〇〇一年）は地方都市の市域拡大過程を詳細に跡づけている。また市域拡張そのものではないが、多摩広域行政史編さん委員会『多摩広域行政史—連携・合併の系譜』（財団法人東京市町村自治調査会、二〇〇二年）は、「広域行政」の要請に対する地域の側の自立的な動きを江戸～昭和期・現代にいたる視野で多摩地方を対象に明らかにしている。

（4）高木鉦作「都市計画と建設の主体と組織」『岩波講座　現代都市政策Ⅶ　都市の建設』（岩波書店、一九七三年）参照。

（5）小風秀雅「日露戦後の市区改正問題」『横浜の近代　都市の形成と展開』（日本経済評論社、一九九七年）参照。

（6）堀勇良「市区改正条例準用時代の都市計画」同右、八二～八七頁。

（7）『横浜貿易新報』一九一九年一〇月五日。

（8）『横浜市事務報告書　大正十年』四頁。

（9）小風秀雅「都市計画と公共事業」『横浜市史Ⅱ』第一巻（下）（横浜市、一九九六年）七〇頁。

（10）『横浜復興誌』第一編（横浜市、一九三二年）一九七頁。

（11）『横浜復興会誌』（横浜復興会、一九二七年）五五〇～五五一頁。

（12）一九二五年四月二二日付伊沢多喜男宛有吉忠一書簡には、「御滞京中ハ小生身上ニ関し種々御厚配被下候段難有奉謝候。其後未た何等正式之交渉に接し不申候へ共地元の方ハ兼て御話の人々の考の如く進行致居哉に御見受候」とある。伊沢多喜男文書研究会編『伊沢多喜男関係文書』（芙蓉書房出版、二〇〇〇年）一一二頁。

（13）『有吉忠一伝』（私家版、一九四九年）一〇九丁。

（14）前掲『横浜復興会誌』五五一～五五四頁および『横浜毎朝新報』一九二五年六月二四日。

（15）『横浜毎朝新報』一九二五年七月七日。

(16)『横浜市会議事速記録』一九二五年七月一五日。
(17)「昭和二年横浜市境界変更ニ関スル書類」神奈川県立公文書館所蔵「県各課二・二・二二」。
(18)『横浜市会史』第四巻（横浜市、一九八八年）九九頁。
(19)(17)に同じ。
(20)「昭和弐年村会関係書類」「飯田助知家文書」五七六。飯田助知家所蔵。
(21)「鶴見の横浜合併」藤田鎌吉『鶴見興隆誌』（自由新聞社、一九三〇年）一三〜一五頁。
(22)『横浜貿易新報』一九二七年二月二三日。
(23)竹村保治『大都市行政区再編成の研究』（清文堂、一九九六年）一六〜一九頁。
(24)『横浜貿易新報』一九二七年四月五日。
(25)同右、一九二七年一〇月一日。
(26)『横浜市報』号外　一九二七年一〇月一日。
(27)佐藤雅亮「横浜市における区制の歴史」横浜市総務局調査室『調査季報』（一〇号、一九九六年二月）五三頁。
(28)『横浜市例規類集』（横浜市、一九三一年）所収。
(29)鍛治智也「東京の市政改革」（東京市政調査会編『大都市行政の改革と理念　その歴史的展開』日本評論社、一九九三年、所収）が東京市への文官高等試験の合格者の動向を分析している。
(30)『横浜市会議事速記録』一九二七年四月一一日、四九六、四九七頁。
(31)同右、四九八頁。
(32)同右、五〇三、五〇四頁。
(33)前掲小風秀雅論文、八七頁。
(34)『横浜市会議事速記録』一九二七年九月二八日、九八六、九八七、一一二六、一一二八頁。
(35)『横浜市水道七十年史』（横浜市水道局、一九六〇年）二四二頁。
(36)前掲小風秀雅論文、八八頁。

(37) 高岡裕之「町総代制度論—近代町内会研究の再検討」『年報都市史研究3　巨大城下町』一九九五年参照。
(38)『横浜貿易新報』一九二七年四月一日。
(39) 横浜市総務局調査室『住民組織と自治意識に関する実態調査』(一九六五年)四、九～一二頁および山田操『現代日本の地域社会』(世界書院、一九六七年)八六～八九頁。
(40)『横浜貿易新報』一九二七年三月一八日。
(41)『横浜貿易新報』一九二七年三月二七日。
(42)『横浜市会議事速記録』一九二七年三月三一日。
(43)『横浜市統計書　昭和四年』。
(44)「山室宗作家文書」(横浜市史編集室所蔵「庶務No.六、三一　(二)」)。
(45) 同右「城郷四—三九」
(46) 同右「城郷一—三二」、同「四—五六」。
(47) 同右「城郷四—五」。
(48)『都史資料集成　第二巻　東京市役所の誕生』(東京都公文書館、一九九九年)「解説」(白石弘之)xxx頁。
(49)『横浜貿易新報』一九二七年五月二七日。
(50) 同右、一九二七年八月二五日。
(51) 同右、一九二七年九月二〇日。
(52) 同右、一九二七年一〇月二一日。
(53) 同右、一九二七年一〇月七日。
(54) 前掲『住民組織と自治意識に関する実態調査』一一頁。
(55)「本市における町内会及町総代の現況」『横浜市報』一九三七年九月二一日第五三八号付録。
(56)『横浜貿易新報』一九二七年三月二九日。
(57)『横浜毎朝新報』一九二七年三月二五日。

(58) 一九二七年四月二八日付有吉忠一宛飯田助夫書簡「有吉忠一文書」横浜開港資料館所蔵。
(59) 『橘樹郡農会史』(橘樹郡農会、一九三八年)二～六頁。
(60) 『横浜市農会創立十周年記念誌』(横浜市農会、一九三七年)三頁。
(61) 前掲『横浜復興誌』第四編、三一八頁。
(62) 『横浜市事務報告書　昭和二年』二四頁。
(63) 『横浜市会議事速記録』一九二七年七月二五日。
(64) 『横浜貿易新報』一九二七年五月七日、七月二四日。
(65) 横浜同志会ほかこの時期の横浜市の政党組織については本書第六章参照。
(66) 飯田助夫については、本書第四章参照。
(67) 「飯田助夫日記」一九二七年一〇月二日(「飯田助知家文書」所収)。
(68) 「平島吉之助日記」一九二七年七月三一日(「平島治家文書」所収)。平島吉之助については、本書第七章参照。
(69) 「平島吉之助日記」一九二七年九月二九日、一〇月七日。
(70) 「飯田助夫日記」一九二七年一〇月七日。
(71) 前掲「山室宗作家文書」「選挙一五」「選挙一八」。
(72) 「飯田助夫日記」一九二七年一一月二日、一一月三日。
(73) 有吉市長は、青年団の修養教育に熱心であったほか、新市域となった青年団に横浜市連合青年団への加盟を呼びかけた(『横浜貿易新報』一九二七年五月六日)。また二九年に刊行された『市民読本』の有吉の「序」で、有吉は同書編纂の意義を「真に横浜市を理解し、衷心より愛市の心を湧出せしめまして、市の公民として立派な者を養成致したい、斯う云ふ趣旨」としている。なお有吉市長による市民統合策については松本洋幸「一九三〇年代の横浜市政と史蹟名勝保存―横浜史料調査委員会を中心に」(大西比呂志・梅田定宏編著『「大東京」空間の政治史　一九二〇～三〇年代』日本経済評論社、二〇〇二年、所収)が文化政策の側面から取り上げている。

第六章　都市における政党組織とその基盤

――普選期における横浜市街地及び周辺部を中心に

はじめに

近代政党は中央の党本部、地方に支部という組織系統を基本としている。では都市における支部はどのような構造を持っているのだろうか。都市横浜の市政を考察する上で、その支部組織や支持基盤の構造の解明は不可欠な前提である。都市には都市特有の政党構造があるはずである。[1]

本章では、普選が始まった一九二〇年代後半から三〇年代前半において横浜市において政党支部がどのような支部と地域組織を形成していたかを取り上げる。

従来の昭和期の都市における政治状況を考察した研究の中で、普選期の研究は必ずしも多くない。研究の対象は主として普選の前後、つまり大正デモクラシー（運動）期と、政党政治が変質していく選挙粛正期以降であり、普選そのものよりもその形成と崩壊過程に関心が注がれている。[2] 大岡聡が指摘するように「一九三〇年代（普選実施期）の都市の政治構造・社会構造に関する研究が不足しており、したがって都市の政治社会における普選の意味は充分な検討がなされているとはいえない」のである。[3] また従来の研究史において、都市における普選状況下の政党を考察したものは無産政党に集中している。無産政党はこの普選による政治的大衆化状況を象徴するものであったからである。[4] たしかに無産勢力は都市の新しい部分を代表したかもしれないが、都市の政治状況の展開過程を継続的に追究する上では、旧来の既成政党がこの新たな事態にどのように対応し変容していったのかをまず明らかにする必要があるだろう。

以上の観点から本章では横浜市における主として憲政会—立憲民政党系勢力の市部組織を取り上げ、また都市の内部の市街地やその周辺部を事例として具体的に政党の社会的基盤について考察を行う。本論で明らかなように、憲政会—立憲民政党の系統は大都市部を代表する政党であり、また横浜市では市部組織という都市独自の組織を有しており、普選期における都市政党の動向を考察する上で適していると考えられる。また政党支部の社会的基盤は都市内においても地域によってその性格が異なるからである。

一　都市における政党支部

1　県支部と市支部

横浜市が含まれる政党支部として歴史が古いのは一九〇一年（明治三四）一月一〇日に結成された政友会神奈川県支部である[5]（会長は高島嘉右衛門）。一九二七年当時は県下一円に約一万人の会員を擁していたとされるが[6]、支部長の若尾幾太郎（衆議院議員）が前年辞任し、元代議士で横浜市会の長老赤尾彦作が実質的にこれを代表するなど政友会県支部の指導体制は不安定であった。若尾の父若尾幾造は甲州財閥と呼ばれた生糸売込商で横浜市議をへて一九一二年から四期衆議院議員を務め貴族院議員にもなった横浜政財界の重鎮で、赤尾も同じく甲州出身で若尾幾造の「参謀長」という関係にあった。こうしたことから幾造の後継者幾太郎と赤尾は支部内でしばしば反目したのである。[7]そのため支部では二八年五月上郎清助（貴族院議員）、佐藤政五郎（元代議士、県議、市議）ら幹部が前内相鈴木喜三郎を支部長に、若尾、赤尾を顧問席に置くという暫定的措置を採り、五月には上郎清助を支部長に佐藤政五郎、赤尾彦作、若尾幾太郎を顧問とし、鈴木喜三郎は相談役となった。[8]こうして表面上改革が実施されたが、「赤尾対若尾ノ問題ハ依然釈然タラス」という状況で、赤尾は「別個ノ行動ヲ執リ動モスレハ党中党ヲ作リ自己ノ傘下ニ集ル一派ノ者ヲ卒ヒ支部ト反対ノ行動ニ出テムトスル」状勢にあった。[9]これは県支部内での郡部と市部派の対立でもあった。

政友会神奈川県支部では郡部と市部の双方に関わる事項は、市郡連合幹事会において処理され市部独自の組織はない。これは元来神奈川県では衆議院議員選挙に顕著にみられるように郡部に勢力を持ち多数の議席を持ったが、島田三郎を擁する横浜市のように市部においては劣勢であったからであった。このため市郡の有力者間の対立がそのまま支部内に持ち込むこまれることになり、右の混乱も長年市会政友派を牛耳る赤尾派が、郡部を含む支部派に対して「党中党」の勢力を成していたことを示している。

これに対し非政友勢力は、明治末年以降大正期にかけて刷新倶楽部（一九一一年三月三日）、横浜自治倶楽部（一九一三年一二月一六日）、憲政会神奈川県支部（一九一七年一一月七日）などが相次いで結成されている。刷新倶楽部は郡部の旧改進党系県議、衆議院議員を中心に、郡市を超えた党派的な結集を目指して結成され、横浜自治倶楽部は一九一三年に市政を揺るがした市会の選挙区撤廃問題に端を発した県と内務省による「自治権蹂躙事件」の過程で、市出身の刷新派市議・県議によって結成された。[10]このような地域における非政友勢力の再編過程と中央政界での二大政党化の動きとが結びついたのが憲政会神奈川県支部の成立であった。[11]

これらの組織は県会議員、市会議員を中心とした倶楽部組織であった点が共通しており、憲政会県支部は支部長

（井上保次郎・鎌倉郡選出県会議長）以下、副支部長（岩崎次郎吉・横浜市選出県議、吉田義之・高座郡選出県議）、幹事（五名）、常任幹事（二名）、相談役（島田三郎ら一四名）のもとに、横浜市以下各郡に評議員を置くという市郡の県議有力者による連合組織であった。発会式には加藤高明総裁、尾崎行雄、島田三郎ら著名政治家が来浜し、「現内閣の秕政」を糾弾する決議を行ったが[12]、支部の運営は市郡の評議員たちによって選挙の際の候補者銓衡や地盤の調整などが主体であり、中央本部に対して支部、支部に対して各市郡は比較的自立的であり、系列関係は組織的というより人的な連繫関係が中心の組織であった。

このような政友会や憲政会支部の政党組織の形態は、フランスの比較政治学者デュベルジェのいう政党の基礎的な構成要素としての「地方幹部会」にあたる。「地方幹部会」とは「政党構造の一つの古風な類型」として「伝統的な社会エリートの集団」であり、「地方幹部会の制度は、根の深い個人主義の産物であり、名士の政治的影響力と一致するもの」である[14]。横浜における初期の都市政党支部も、こうした伝統的な組織形態に含まれていたといえるだろう。

2　横浜同志会

憲政会神奈川県支部から市独自の組織横浜同志会が分離して成立するのは一九二四（大正一三）年六月護憲三派によって第一次加藤高明内閣が成立し、普選法の可決（三月）、政友会と革新倶楽部の合同（二五年五月）といった普選と二大政党化が明らかになった頃である。横浜同志会は、一九二五年五月一五日、中村房次郎、平沼亮三、大浜忠三郎の三人を総務に、各選挙区から一五〇名を理事に銓衡し、規約を作成して組織の構成を発表し、七月二二日に憲政会本部から箕浦勝人、永井柳太郎、中野正剛ら代議士を招いて発会式を行った[15]。この時座長となった大浜忠三郎は横浜自治倶楽部の創立委員で市会議員（商人派）、県会議員、一九二〇年より衆議院議員（憲政会）でもあった横浜市非政友派の最有力者であった。

横浜同志会は発起人が六五七名に上るという全市的な組織で、会員は「横浜市内各方面の有志を以て組織」、と市の組織であることを明記した（第三条）。この会の目的は憲政会県支部が政府批判を掲げたことに比べ、その規約には震災を経過しただけあって「本会は横浜市の復興を促進し其招来の繁栄に関係ある市政、県治其他一般経済及社会上の諸問題を調査研究して其適正なる解決を図り以て市民共同の福利を増進」する（第二条）とあり、ここに県ではなく市の組織として結集の意図があったといえる。(16) また役員任命にあたり「本会は其団体行動の公正と其統一とを図る為選挙に依りて左記役員を設け本会事務の掌理を托するものとす」（第五条）とし、総務、顧問、相談役、常務理事、会計理事を置いてこれを執行部とし、そのもとに横浜市復興促進審議会、時事問題研究会、県市会部会、常務理事会、評議員会などを置いた。横浜市復興を掲げ、「市民共同の福利を増進」するための組織としてより実行性のある組織となったのである。

同志会のこうした組織的性格は、右のデュベルジェの分類にある「支部」を想起させる。デュベルジェの「支部」は地方幹部会が「分権的」であるのに対し、社会主義政党をモデルとした「全体のたんなる一部」として統制される地域組織を指すが、内部組織を持ち開放的で党員を増加させることを目的とすること、地理的基盤が狭いことなどの点は、この横浜同志会にもあてはまる特徴である。(17) つまり横浜同志会は憲政会支部から、都市部の組織として統制ある一体性の高い組織へと分離したのであり、その傾向は立憲民政党支部への改組とその後の機構改革でいっそう明確に示されることになる。

3　立憲民政党横浜支部

中央で憲政会と政友本党が合同して立憲民政党（二七年六月一日）が結成され、同日憲政会神奈川県支部は立憲民政党県支部に移行したが、横浜同志会はそのまま存続した。当時県の支部長は代議士戸井嘉作、会員数は創立当初五〇〇、二七年七月末までに三五〇〇とされているが、同志会は「立憲民政党神奈川県支部別働隊トシテ横浜同志会アリ市内同志ヲ以テ組織シ会員約一万人ヲ有ス」とされるように、民政党の都市勢力は県を上回る勢力を持ち、「別働隊」として独自性の強い存在であった。ここに民政派勢力は県支部と同志会の並立状態となった。(18)

県支部長戸井嘉作は、山梨県出身で一八九五年改進党横浜通信部設置の際に主任となり、一九〇二年以来市議を勤め一九一五年には郡部から三期衆議院に当選し、さらに一九二八年からは横浜市から衆議院議員を四期つとめる横浜市政の実力者であり、(19)中央本部の総務にも推され「支部内ニ於ケル威望ト信任トヲ増加シ党内ノ統制ハナハダ宜敷ヲ得」た状態となり、これがために「横浜市内現在ノ状勢ハ同派ノ益々伸張スルモノアルコトヲ明ニ観取セラル」とされた。(20)

横浜同志会は三二年の五一五事件の当日、立憲民政党横浜市支部と名称変更した。市支部長は三宅磐、幹事長に飯田助夫、役員には総務平沼亮三、戸井嘉作、顧問中村房次郎、忽名惟次郎、中島兼吉、会計監督田辺徳五郎、法律顧問染谷徳平らであった。

三宅磐は大阪朝日新聞社をへて一九〇八年に中村房次郎と島田三郎の推薦で横浜貿易新報社社主兼主筆となり、一九一八年より市議、一九二四年には県議にもなり、二七年の衆議院議員補欠選挙で当選後、連続四回選出された。(21)また中村は横浜財界を代表する実業家で明治以来非政友派の後援者であった。(22)県支部長の戸井と市部の三宅、中村らはいずれも横浜市を代表する有力者であり、かれらは長年密接なつながりがあった。民政派の指導部体制は県支部長の戸井と市支部を代表する三宅、最高顧問の中村ら合議制によって最高意思が決定される「幹部専制」と呼ばれた。

立憲民政党横浜支部に改組された際、同時に機構改革が行われた。それまでの横浜同志会の構成員は「市内各方面の有志」という規定であったが、民政党横浜市支部では「横浜市に於ける立憲民政党員を以て之を組織す」とした。[24] また組織面では従来明記されていなかった党務部、遊説部、調査部、庶務部、県会部、市会部、会計部などの各部が設置され、それぞれ「部長一名、理事及び委員各若干名を設け其任務」を行うこととした。

党務部（部長杉山謙造）は「各部支援の下に党勢の拡大を期す」ことを任務とし「各方面に於ける党情に注意し又党外大衆に対しても積極的に応援指導し或は円満有利なる解決を与へ我党か市民大衆の親切なる唯一の味方たる実績を挙るこ」とを使命とした。遊説部は「弁論演説により党の拡大強化を図るを以て目的」とした。[25] 調査部（部長平島吉之助）には「土木建築、金融財政、教育衛生社会、電気瓦斯水道、港湾産業の五部に区分し各部に委員を置き各担任の事項を調査す」ることとした。立憲民政党は、名望家中心の議員政党としての性格の強い政友会に比し、党本部でも政務調査機関が重視されている。[26] こうした同党の性格を反映して、地方支部でも本部に準じた調査の専門機関が設置されたのである。遊説部（部長北見清吉）は「弁論演説により党の拡大強化を図るを以て目的」とし、「政治並に時事問題の演説」や「.部員の研究会」を行うこととした。[27]

これらの機関は、党支部を統制ある組織とし、調査に基づく政策立案能力を高め、また組織を市民へ〝開かれた〟ものにしようとするもので、都市政党として憲政会―民政党勢力は支部組織の近代化を図ったといえるだろう。

さらに一九三四年一月の市会議員選挙後、民政党支部では調査委員会を設けて支部の機構改革の検討を行い、その結果九月の役員会で支部機構改革を決定した。その主要な改革の一つは、支部に分会を設置することであった。これは地域的な政党団体を廃止し、従来選挙で地元有力者の間で行われてきた「地盤割」を「分会の処置に一任すること」にし、末端組織を支部の統制下におこうとするものであった。[28]

この改革をうけて例えば中区の民政党系組織港東同志会は、「立憲民政党横浜支部は党勢拡張の為め分会設置を決議し規約変更相成り候に付き吾港東同志会も支部連繋の必要上左記順序に依り大会に代るべき役員会を開催協議

表 6-1　六大都市における第16回衆議院議員総選挙

	東京市		京都市		大阪市		横浜市		名古屋市		神戸市		全国	
	議席	絶対得票率	議席	絶対得票率	議席	絶対得票率	議席	絶対得票率	議席	絶対得票率	議席	絶対得票率	議席	絶対得票率
民政党	10	35.2	2	30.7	8	34.5	2	32.4	3	45.5	1	34.6	216	33.9
政友会	7	23.8	1	5.9	3	9.7	1	12.0	1	15.6	2	16.4	217	33.9
無産政党	1	6.6	1	7.9	2	7.9	0	16.9	0	2.2	1	6.5	8	3.7
実業同志会	0	1.8	0	5.6	1	6.6			0	1.1	0	3.1	4	1.3
革新党	0	2.7	1	6.5	0	2.7					0	2.8	3	0.6
中立・その他	0	5.1	0	13.0	0	7.1	0	2.6	1	6.8	1	13.5	18	5.2
棄権・無効		24.8		30.4		31.5		57.9		28.9		23.1		0.2
合計	18	75.2	5	69.6	14	68.5	3	31.5	5	71.1	5	76.9	466	45.0

出典：遠山茂樹・安達淑子編『近代日本政治史必携』（岩波書店、1971）より作成。
注：東京市、大阪市は各第1～第4選挙区。

致度候間万障御繰合せの上御来会被成下度此段案内申上候」との通知を会員に発している。[29] 民政党の地区組織は「支部連繫」を強化した組織へと再編されたのである。

二　政党と地域組織

1　大都市と普選

政友会が郡部に強く、民政党が都市部で強いとはよく指摘されるところである。さらに都市部でも東京市以下の六大都市がさらにその傾向が強いことも従来指摘されている。[30] 例えば第一六回衆議院議員総選挙（一九二八年二月二〇日）は政友会の田中義一内閣のもとに執行されたが、全国では政友会二一七議席、民政党二一六議席、絶対得票率は両者とも三三・九％でほぼ拮抗する勢力であったが、六大都市の結果は表6―1である。これをみると民政党は政友会に対し神戸を除く五大都市で議席が上回り、得票率ではすべて大きく上回っており、民政党は六大都市で強いことが確認できる。

またこの選挙で注目された無産政党勢力は全国では八議席、得票率三・七％であったのに対し、六大都市では大阪二、東京、京都、神戸各一で計五議席を占め、また議席はなかったものの横浜市では、社会民衆党の岡崎憲が一万二五二三票、労働農民党の神藤寛次は六七四一票を獲得して無産政党全体をあわせれば政友会を凌駕する高い得票率（一六・九％）を占めている。無産政党が大都市に勢力基盤を持っていたことが明らかである。

衆議院選挙ののち、県会（一九二八年六月一〇日）、市会（一九三〇年一月二八日）と相次いで普選による地方選挙が行われた（表6－2、3）。これら選挙でも民政派の政友派に対する優位、無産政党の進出を確認できるが、それぞれの絶対得票率をみると各選挙ではその配分が変化しており、衆議院議員選挙や市会議員選挙にくらべ、県会では議席で七対四、得票率で一七・七％対一三・〇％と両派はかなり接近している。これは政友派の県会議員が一定の勢力を保持しており、またその基盤となる地域が市内にあることを示唆している。都市内部でも民政派、政友派あるいは無産派それぞれ優勢な地域があることは容易に想像される。その構造はどのようになっているのだろうか。

表 6-2　神奈川県会議員選挙（横浜市）

1928年6月10日

所属党派	議席数	得票数	絶対得票率
民政	7	20,445	17.7
政友	4	15,063	13.0
社民	1	5,824	5.0
市政研究	1	2,131	1.8
自治	1	1,840	1.6
地方無産	1	1,744	1.5
定数	15		
有権者総数 115,788			

出典：『横浜貿易新報』1928年6月11日。
注：政友には「準政友」を含む。

表 6-3　横浜市会議員選挙

1930年1月28日

所属党派	議席数	得票数	絶対得票率
民政	28	33,045	28.9
政友	13	11,568	10.1
無産	7	9,155	8.0
中立	6	4,817	4.2
其他	2	2,923	2.6
定数	56		
有権者総数 114,377			

出典：『当代の選良』横浜市勢調査会、1930年。

2　横浜市街地─寿警察署管轄区域

発展膨張する大都市はその内部に、旧来の市街地・都心部と郊外地と接する周辺部がある。市街地は古い時代の都市形態を含む「中心地帯」であり、周辺部はその外側に広がる「中間地帯」ないしは「郊外地域」、さらにその外周にある「外部地帯」ないしは「外縁地域」である。[31] 市街地の周辺地域はかつては郊外地で市域拡張によって編入された地域であり、また新たな市域拡張で編入した郊外部と接する地域でもある。六次にわたって実施された横浜市のように大都市で繰り返される市域拡張は、都心・市街地と郊外の間にこうした周辺部を絶えず拡大させる過程でもあった。都心と郊外の中間にあるこの地域は都市の拡大の影響を最も反映する地域といえる。大都市の政治構造の考察にあたり都市内の地域性に対するよりミクロな分析が必要である。

ここでとりあげるのは寿警察署（一八九七年石川町警察を改称）と、これより一九二八年七月に分かれた大岡警察署が所管する地域である。この地域はそれぞれほぼ現在の横浜市南区（一九四三年中区より分区）および港南区（一九六九年南区より分区）にあたり、二七年の区制当時は中区に含まれた[32]（図6—1）。

このうち寿警察署が管轄する千歳町、永楽町、真金町以下の二六町は代表的な市街地で[33]、当時戸数一万九四六八戸、人口、八万〇一一四人で、真金町、永楽町には明治初年以来の遊廓、いわゆる「横浜遊廓」もあり横浜きっての盛り場であった[34]。

この地域は横浜のいわゆる「関外」地域で地主派・自由党系の勢力が強い地域であった。とくに南太田町方面は自由党が強い地区であり、その理由として警察署の報告書には「明治十九年保安条例ニヨリ中央政界ニ於ケル自由党ノ志士東京ヨリ退去ヲ命セラル、ヤ横浜ニ逃レテ仮寓スル者多ク就中中島信行、竹内綱等ハ南太田町ニ居ヲ構ヘ其ノ策源地トシテ当時ノ勢力家志村義路同慎一郎、小岩井儀〔義〕八等之レニ私淑スル者多ク一時自由党万能時代ヲ現出シタリ」と記している[35]。

さらに遊廓のある真金町永楽町方面では次のようであった[36]。

「由来政党ノ区別確然タラズ政界ノ分野ニ多大ノ興味ヲ注ガレタル土地ナリシガ廃娼論ノ急先鋒島田三郎ガ横浜ニ於テ勢力ヲ張ルヤ反島田熱ハ遂ニ廓内ヲ自由党化セシメ和田宋作（三日月）島田英世（松島）鈴木秀吉等

図 6-1　寿・大岡警察署の所管区域　1928年　横浜市域拡張一覧図に加筆。

ハ悉ク同派ニ属スルニ至リ和田ハ五回ノ市議ニ当選シ其活躍ト戦法ハ他ノ追随ヲ許サズ勢力ハ廓内ヨリ埋地方面ニ及ビタリ、其後数回ニ亘ル国会選挙ニ於テ政友会ノ謀将関貞吉（亡）ノ手ヲ経テ同派ノ地盤トシテ赤尾等ヨリ常ニ期待セラレタル土地ナリ…斯如種々ナル其営業政策ヨリ地盤ノ固定ナキモ分野ヲ挙グレバ大体政六分民四分ナランカ」

一九〇八年の時点で真金町には三三軒、永楽町には三四軒の妓楼があり娼妓は一四六三人、これが大正期には妓楼八〇軒前後娼妓一八〇〇人に上り「最高潮の時代」となった。[37]当初この地域は「政党ノ区別確然」としなかったが、非政友派の廃娼運動の指導者としても著名な島田三郎[38]の勢力が大きくなるにしたがって、「反島田熱」が自由党化せしめたというのである。

その中心人物の一人の和田案作は横浜民報社、横浜製材会社などの社長で一九一一年以来の市会議員で土木常設委員なども歴任した「政友派の重鎮」であり、伊藤重吉、黒部与八らも同派の市会議員、県会議員であった。[39]この和田を中心として同派は人的なつながりを周辺地域にも拡大している。例えば南太田町の隣の南吉田町（高根町、白妙町、浦舟町、高砂町、二葉町、新川町、吉野町、山王町、日枝町）は次のようである。[40]

「南吉田町方面ハ地主派以来自由党ノ巨頭和田案作伊藤重吉等ガ地盤ヲ開拓シ政派ノ中堅ヲ築キ上ゲ其ノ御台所ト称サレタル土地ニシテ他ノ一指モ染ムル能ハザル鞏固ノ地盤ナリキ、和田、伊藤ノ没後赤尾彦作ノ乾分三木賙造（県議）一色伊太郎（市議）等来住シ和田ノ政党的思想ヲ継ギテ民派ノ人材ナキヲ幸ヒ地盤ノ固守ニ努ムル処アリタル」

このように南太田町、真金町、永楽町、南吉田町という旧市街地は和田、伊藤、三木ら有力者を中心に自由党系の根拠地であったが、島田らの勢力拡張に加え、一九一一年の市域拡張による新たな地域の編入が、政治的変化をもたらした。

表 6-4　寿署管内地区の選挙動向（1928年衆議院選挙と県会議員選挙）

	有権者		民政		政友		無産政党		中立	計	
投票区別	衆議院	県会	衆議院	県会	衆議院	県会	衆議院	県会	衆議院	衆議院	県会
第20投票区	6,111	3,934	1,578	758	523	625	1214	345	270	3,585	1,728
第21投票区	5,808	4,459	1,757	636	635	685	838	581	233	3,463	1,902
第28投票区	835	5,834	231	1,076	183	525	56	654	15	485	2,255
第29投票区	887	5,439	274	1,085	271	639	21	648	19	585	2,372
計	2,641	19,666	3,840	3,555	1,612	2,474	2129	2128	537	8,118	8,157

出典：『横浜貿易新報』1928年2月21日、6月11日。
注：無産政党は社会民衆党、労働農民党、日本労農党。中立は衆議院議員選挙のみ。

この市域拡張に際して蒔田町（共進、宮元、花木、宿、榎、蒔田）方面でも以前は「屈指ノ勢力家ハ悉ク地主派（自由党—政友派）ニ属シ」ていたが「明治四十四年市ニ編入ヲ一転期トシテ恂和会ナル団体ヲ組織シ市内ノ大勢力ヲ行動ヲ共ニスルコト、ナリ、自由党若尾幾造ノ知遇ヲ受ケ居タル森市左衛門一門ヲ除キ挙ゲテ改進党ニ走リテ全ク其勢力ノ転倒ヲ見ルニ至」ったという[41]。ちなみに久良岐郡・橘樹郡の一部が横浜市域に編入された一九〇一（明治三四）年の第一次市域拡張では、定数増六（四二→四八）のうち、地主派が二議席増（二七→二九）であったのに対し、商人派は四議席を増加させており（一五→一九）、また一九一一年の第二次市域拡張（子安・滝頭・磯子など編入）では、定数に変更はなかったが地主派が前回一五議席から二二議席へと大きく増加させている。市域の変更は地盤を変化させ党派の消長に大きな影響を与えている。

では普選を迎えてこの市街地域の政党の勢力基盤はどのようになっているのだろうか。横浜市における衆議院議員選挙および県会議員選挙は市内三一の投票区で投票されるが、この地域は第二〇投票区（寿小学校）、第二一投票区（南吉田小学校）、第二八投票区（平楽小学校）、第二九投票区（大岡小学校）であった。一九二八年二月の第一六回総選挙および六月の県会議員選挙の各派の選挙結果は次のようであった（表6―4）。

横浜市において普選期の政友民政の勢力は「全市を通じ民政の二に対し政友の一と云ふ割合は多年厳重に保たれ、之を動かす事は容易ではな」い状況とされたが[42]、衆議院、県会ともに民政派は政友派に対し優位にあり、また社会民衆党、労働農民党、日本労働党といった無産政党の進出という傾向はここでも顕著である。無産政党勢力は民政党には及ばないものの投票区によっては政友会をしのぐ得票があり、衆院選では議席獲得はならなかったが、県議選で八議席を獲得した原動力となっている。政友会についていえば、得票は衆議院より県会で強いという傾向がはっきりしている（衆議院一六一二、県会二四七四）。しかし、民政党が全体として優勢の中で第二一投票区・南吉田小学校は政友派が民政派を凌駕している（民政六三六、政友六八五）。この南吉田地域は、右にみたように伝統的に自由党系の強い地域であり、県議選でその勢力を示しているのである。

3　横浜周辺地域―大岡警察署管轄区域

右の寿署管轄区域に隣接する大岡署（横浜市中区大岡町字力者町一二八四番地）管内は、当時中区通町以下の一六町を所管し、三一年の時点で上記一六町は戸数六九四七、人口三〇五一九人であった。この地域の「地勢」は次のように描かれている。(43)

「概ネ周囲ハ丘陵ニシテ東北部ノ一部ハ所謂横浜市街地ト接続シ市街地ノ形態ヲナシ商工業稍殷賑ヲ呈シ居リ管内中央部ヲ貫通スル日野川清戸川、大岡川ノ各一部ノ流域ハ土地平坦ニシテ地味肥沃シ農作物ニ適シ居リ農業ニ従事スルモノアリ米麦ヲ始メ野菜及花弁ハコレヲ婦女ガ行商スルモノ多シ、又養鶏養豚ニ従事スルモノアリ、市内トハ謂ヒ野臭芬々タリ然レ共近時都会ノ膨張ニ伴ヒ外廓ヘ発達ヲ余儀ナクシ為メニ漸時移住者ヲ増シ郊外住宅地トシテ遅レタリト雖モ発展ノ機運ニアリ」

この地域は弘明寺町、井戸ヶ谷町、通町、中島町、大橋町、大岡町、若宮町からなり、井土ヶ谷町（人口八三九二人）や大岡町（五五五八人）のように人口の集中地区、弘明寺町のように門前町があり、これに一九二八年六月、

表 6-5　大岡署管内地区の選挙動向（1930年衆議院選挙と県会議員選挙）

投票区別	有権者		民政		政友		無産		その他	計	
	衆議院	県会	衆院	県会	衆院	県会	衆院	県会	衆院	衆院	県会
第29投票区	5,127	5,611	1,582	299	726	164	1,677	222	360	9,472	6,296
第30投票区	1,011	979	218	26	196	15	196	18	11	1,632	1,038
第31投票区	670	659	286	28	269	16	51	3	19	1,295	706
計	6,808	7,249	2,086	353	1,191	195	1,924	243	390	12,399	8,040

出典：『当代の選良』横浜市勢調査会、1930年。
注：衆議院の無産は社民、大衆、労農。県会は社民。

久良岐郡の元大岡川村、日下村地域）から横浜市に編入された地区を含んでいる（永田町、六ツ川町、中里町、最戸町、別所町、上大岡町、大久保町、笹下町、日野町）。つまり前者は都市化の影響を受けて繁栄した「都市周辺部」、後者は農村的性格を残している「都市郊外部」とすることができる。

この地域の政情について、大岡警察署の報告は「部内ノ政党的分野ハ概シテ民派七、政友二、無産一、ノ割合ノ如ク観測セラル」とし、その地理的分布は「旧横浜市タル弘明寺大岡両町及其ノ囲繞町居住民ハ中小商工業者及従事者多数ニシテ何レモ民派ヲ擁シ居ル模様ナリ」と市街地域が民政派、「新編入町タル元久良岐郡ニ属セシ永田六ツ川、中里、日野ノ各町ハ殆ト農家ニシテ政友派ヲ支持シ居レリ之レ元来政友派ハ農民間ニ勢力アリ此ノ地又農村ナルニ依リ斯クハ政友ノ地盤タルナリ」と農村部が政友派の地盤であるとしている[44]。また無産派については「更ニ遂年無産党ノ進出ニ伴ヒ部内ニ於テモ全般ニ亘リ共鳴者散在シ職業的ニハ主トシテ労働者ニシテ現下ノ観測ニテハ総有権者ノ約二割同党支持者アル」という状況であった。

一九三〇年二月二〇日に第一七回衆議院議員選挙、四月二七日には県会議員補欠選挙が実施されており、これらからこの地域の各選挙での党派別の得票状況をみてみよう（表6−5）。この地区は県会・衆議院議員選挙では弘明寺町、井戸ヶ谷町、通町、中島町、大橋町、大岡町、若宮町が第二九投票区、編入地域の永田町以下は投票区では分割されて、永田町、六ツ川町、中里町、最戸町、別所町、上大岡町、大久保町は第三〇投票区、笹下町、日野町は第三一投票区にあたる。

この表から、民政派はどの地区にも勢力があるが、第三〇投票区と第三一投票区が優勢である。これに対し政友派は第二九投票区では民政、無産派に劣り、第三〇投票区でようやく民政、無産派に拮抗する勢力となり、第三一投票区では民政と政友が圧倒的となる。無産派は第二九投票区では民政、政友派を超える勢力があり、第三〇投票区でなお政友派と拮抗するが、第三一投票区ではほとんど勢力がない。

この第二九~第三一投票区の地域性は、第二九→第三〇→第三一の順で周辺地→郊外部と都市化が波及した地域である。右の警察の報告書が指摘するように、民政党及び無産派は周辺部市街地に優勢で、政友派は郊外農村部に勢力を持っていることが確認できる。都市化の程度と民政派、無産派の勢力伸張は対応しているのである。

以上のような考察から横浜の場合、民政党が全体として政友派に優位にあるが、政友派は市街地の根拠地とともに郊外農村部にもその基盤を持つという両極構造を持ち、その中間にある周辺部は民政派や無産派が勢力を持っているのである。

4　政治上地方有力者

各派の勢力を地域で支えたのは地域に居住する有力者であった。その動向は高等警察の重要な関心事であり、「政治上地方有力者」としてその党派や支持系統、職業、公職の種類などが調査されている。(45) 警察資料からこの地域の有力者について検討してみよう。これら資料の地域有力者の情報は、役職の兼任などにより重複しており、これを総合すると寿署の管内の「政治上有力者」は五二人、大岡署では九六人であった。これらの有力者は、地域において政党勢力の支持者であると同時に、様々な公職につき政治的にも一定の重要性を持っていると目される存在である。

調査項目には「崇拝人物」という欄があり、政党の支持系統が示されている。民政派は中村房次郎(元市議)、平沼亮三（市議・県議・衆議院議員・多額納税議員）、戸井嘉作（市議・衆議院議員）、田辺徳五郎（市議・県議）、小岩井貞夫（市議・県議）ら、政友派は若尾幾太郎（衆議院議員）、赤尾彦作（市議・県議・衆議院議員）、上郎清助（市議・県議・多額納税議員）、佐藤政五郎（市議・県議）、三木聞造（県議）らである。日本大衆党では金井芳次（市議）、社会民衆党では安部磯雄（党首・衆議院議員）、岡崎憲（後衆議院議員）、民政研究会では石河京市（県議）の名前が挙がっている。「政治上地方有力者」はこれら衆議院議員、多額納税議員、県議、市議という政党議員の系統下にあって日常の政党支部活動を支え、選挙においては地域の票をとりまとめる存在であった。

これら有力者の職業は以下の①～⑧に分類できる。

①農業（農業・農業地主）、②地主・貸業（地主、地主貸家業・貸地貸家業）、③商業・製造業・土建業（金物商・呉服商・荒物雑貨商・材木商・古物商・菓子商・雑貨商・雑貨貿易商・貿易商・白米商・白米商地主・米穀商・湯屋・自転車屋・洋品商・洋服商・自動車営業・製材業・醤油醸造・脂肪製造業・製造業・製革・皮革製造業・土建木業請負業・土工親分）、④会社員・団体役員（銀行員・会社員・三等郵便局長・東京毎夕支局長・自動車学校々主・海員組合支部長）⑤公務員・専門職（官吏・公吏・市書記・市吏員）、⑥職工（石工・車火工・銅工職・銅壺職）、⑦その他・風俗（絵師、素人下宿・土地ブローカー・芸妓組合長）、⑧無職（無職・記載なし）括弧内は資料中の表記である。

寿署の地域は「市街地」を代表し、大岡署の地域は「周辺部」「郊外部」といった地域性があり、右の職業分類と、党派、地域性についてまとめたのが表6–6、表6–7である。

市街地（寿署管内）には政治上有力者に農業がなく、地主・貸業、商業、製造業が多く、周辺部、郊外部にいくにしたがって農業が増加、地主・貸業、商業、製造業が減少し、会社員・団体役員が周辺部に増加しているのは、都市化による職業構成の変化を反映している。

表 6-6　市街地の政治上地方有力者（寿署地区）

職業分類	民政派	政友派	無産派	合計
①農業	0	0	0	0
②地主・貸業	13	4		17
③商業・製造業	7	10	2	19
④会社員・団体役員			3	3
⑤公務員・専門職	2	1	3	6
⑥職工・職人			3	3
⑦その他・風俗	1	3		4
⑧無職				0
合計	23	18	11	52

出典：「昭和四年高等警察要覧」。

表 6-7　周辺・郊外部の政治上地方有力者（大岡署地区）

職業分類	周辺部				郊外部		地域不明		
	民政	政友	無産	中立その他	民政	政友	政友	中立その他	合計
①農業	4	2	1		10	13			30
②地主・貸業	6	9			1	1	1		18
③商業・製造業	12	1	6	3		1			23
④会社員・団体役員		2	2						4
⑤公務員・専門職				1	2				3
⑥職工・職人			2	1					3
⑦その他・風俗	1	1	1						3
⑧無職	2	1	1	1	4	1	1	1	12
合計	25	16	13	6	17	16	2	1	96

出典：「昭和六年四月大岡警察署管内一覧」。
注：無産派は、大衆、社民、労農各党。

まず市街地からみてみよう（表6−6）。

全体五二名のうち民政二三人（「民政賛」というシンパ二人を含む）、政友一八人、無産派一一人で、民政派が優位であるが、政友派、無産派も多い。民政派のうち職業として特徴的なのは、①の農業がなく、②地主・貸業と③商業・製造業が多く、⑤公務員や④会社員というホワイトカラーがそれに次ぐのは市街地の特色を表している。

党派では民政が②と③が主体で（一三人、七人）、政友派は③が多く（一〇人）②は少ない（四人）。民政派はかつて商人派、政友派は地主派と呼ばれたが、普選期の市街地では職業的基盤は大きく変化しているといえる。またこの地域に遊廓があることは前述したが、⑥その他・風俗で、民政派一、政友派三で政友派にこの種の経営者がやはり多いが、民政派にも一人いる。

無産政党は③~⑥で都市労働者を基盤としていることを反映しているが、具体的には③は酒商、理髪店、④は横浜工信購買組合長兼事務員、政党事務員、⑤は横浜市傭人、新聞記者、著述業、⑥は大工、自転車修繕、船渠会社職工などであり、労働団体、政党関係者や下級公務員、都市雑業的職業者が多い。

周辺部・郊外部では九六人いる（表6–7）。周辺部は農業ほか無職まで多様な職業が現れ、党派も民政優位のもとに政友、無産のほか中立、その他（革新党、中政党）などの多党化がみられる。周辺部では様々な職業を持つ無産派や中立系の有力者がいるのである。これが郊外に移ると農業が主になり、また民政、政友に収斂し無産派、中立その他はなくなる。民政派・政友派ともにそれぞれの地域の主体となる職業に有力者がおり、周辺部、郊外部ともに一定の勢力を持っているが、無産派などは市街地、周辺部までは進出しても郊外部にはそうした基盤を確保するには至っていない。これらのことは、市街地と郊外部の間にある周辺部が都市化による社会的政治的変動の過渡的な状況にあることを示している。

民政派と政友派では、両者の勢力は市街地より周辺部で差が広がり郊外部でほぼ接近する。民政党は都市的な地域に基盤があるのは明らかであるが、市街地→周辺部→郊外部の様々な職業に一定の基盤を有しており、都市化状況に対応した基盤を持っていたという方がふさわしい。これに対して政友派は市街地と郊外部に基盤はあるが、無産派その他の勢力が進出する周辺部において民政派ほど充分その社会的基盤の確保ができていないということができよう。

三　末端組織

1　末端組織の活動

これら有力者が中心となり地域住民を選挙に際して自派の票に獲得するために、地域には政党の末端組織が置かれ様々な活動を行った。

既成政党では、政友派が蒔田大岡町倶楽部（森市作、二〇〇名）、誠和倶楽部（寺升玉吉、四五〇名）、民政派は港南同志会（内倉伊助、八〇名）興信会（村田重義、三七二名）といった団体がある。例えば、蒔田町堀内町方面では二八年五月に結成された政友派の大岡町倶楽部は政友派市議の森市作を会長として「同会員二百名ヲ算シ政派ノタメ気ヲ吐キ居レリ」、また中村町方面では「南部ニハ熱情家ヲ以テ聞エタル寺升玉吉ガ昭和三年政派ノ御用団体誠和倶楽部ヲ組織シ四百名ノ会員アリ、目下ノ勢力略〻対等ナラン」と、「御用団体」として党勢の維持拡大に機能した。

無産政党では日本大衆党系で日本大衆党横浜支部第一分会（中村須計、支持者八〇名）、同第四分会（鈴木平一郎、五〇名）、横浜支部港南分会（相沢彦太郎、一七〇名）、横浜無産青年同盟（松坂栄次郎、一〇〇名）があり、ほかに社会民衆党横浜支部（岡崎憲、八五〇名）、港南倶楽部（実業同志会系、鶴岡庸、四五〇名）がある。

これら無産政党を支持する労働団体として、横浜仲仕同盟会（北村精、三〇名、中区中村町）、横浜市従業員組合（平山伊三雄、一三七〇名、中区堀内町）、神奈川県浴場従業員組合同盟（中村須計、一三〇名、中区高根町）、横浜地方労働者聯盟（柏崎武次郎、三〇名、中区宮元町）、労働向上会（青木亀太郎、八〇名、中区中村町）、神奈

川県合同労働組合（鵜野寛、二〇名、中区二葉町）、神奈川技工同盟会（五〇名、中区高根町）といったものがある[46]。無産政党の支部・分会、労働団体・組合などの末端組織は、既成政党より整備されており、小規模な細胞組織となっていたことがわかる。

2　政党と各種団体

最初の普選総選挙を前にして一九二八年二月二日付『横浜毎朝新報』は次のように報じている。

「武相青年は須らく選挙を超越せよ　県下青年団に通達

普選最初の選挙戦が漸く白熱化し一般人心の興奮動揺が著しくなるに伴ひ熱血にもゆる武相青年の態度に対して県当局は頗る慎重に考慮をめぐらしているが大日本聯合青年団理事長井上準之助氏から本県聯合青年会長宛左の示達があつたので県聯合青年団から各郡市町村青年団へ知達して青年の軽挙妄動をいましめた」

中央でもこの第一回普選総選挙の実施にあたり大日本連合青年団は井上準之助理事長名をもって小冊子「総選挙に直面して青年団のとるべき態度」を全国青年に配布し、青年団が「政争の渦中に入ること」を戒め、同様の通知は三〇年の普選でも発せられた[47]。

横浜市における青年団体は、大正期以来様々な名称のもとに地域活動に従事していたが[48]、これが内務省文部省の訓令（一九一五年、一九一八年）に基づき、名称を統一して青年団が結成された[49]。しかし一九二四年六月までにその系統には三つあり、横浜市連合青年団（団長若尾幾太郎）傘下の五七団体、横浜市連合青年修養団（団長市長渡辺勝三郎）の下の三三団体、その他単独の四一団体で計一三一団体に達した。これら「三者は相互に連絡統一なく諸般の事業遂行上甚だ不便なるものがあった」とされ統制ある組織ではなく、一九二五年一月渡辺市長と若尾団長との会見により横浜市青年連合団としてようやく統一がなり（二月一日創立）、渡辺市長が団長に就任した。その後二七年の市域拡張に際しては、編入地域の青年団に対しても漸次組織化が進められ市内の青年会は一九一団体であった[50]。

この間の経緯にもうかがわれるように、統一なったとはいえ青年団には、若尾幾造が政友会所属の衆議院議員であったことに示されるように、政治的に活動的な団体と非政治的な修養団体の二つの系統があった。そして普選という政治的大衆状況の到来のなかで、「我国政治史上に一新紀元を要する普選法の下に於て最初の選挙開始せられ政戦漸くたけなはとなつた此際青年団が其の本領たる社交修養の両面を沒却して選挙の実戦にまき込まるゝが如きこと」、あるいは「青年団が団として政治の実際運動に参加する如きこと」が警戒されたのである[51]。選挙を前にして当局の危惧が表明されていることは、青年団体がすでに日常的に政党の影響下にあって政治運動への積極性を高めていたことを推測させる。

青年団のほか地域の様々な団体が選挙に動員され問題視されたのは、次の一九三〇年の普選市議選において横浜市教育課が発した警告からもうかがえる。

青年団や衛生組合が選挙母体となつてひそかに選挙運動の手先となつていることは種々ある事実であるが市議選も愈々切迫するにつれ露骨にこの種の町内会が表面に現れ中村町方面某中立候補に対し某町青年団長以下六十余名の団幹事が連署して推薦状を発したので市教育課では修養団体の青年団の如きが政治運動の表面に出た為教育課では全市の各青年団に対し警告を発する事となつた。尚右に関し教育課では「かねて青年団を利用する選挙運動に就いては前以て警告した所であつたが尚徹底していない様ですから重ねて忠告を発して青年団本然の使命を誤らぬ様努める考えです」と[52]。

青年団をはじめとする各種団体への組織化を積極的に行ったのは無産政党勢力であった。蒔田町堀内町方面では「無産党ノ進出ハ未ダ見ルベキモノナキモ革新系、民政研究会ノ活動ト最近ニ於ケル神奈川自治党原一郎、苗代沢利三郎等ノ庶民信用組合今後ノ経済的画策（既ニ第三衛生組合長西英雄ハ之ニ参画シ居リ）及分会ヲ有シ日常生活ノ問題ヲ捉ヘテ地盤拡張ニ余念ナキ社民、大衆両党ノ進出ハ政民両派共ニ一層ノ警戒ヲ要スル所ナルベシ」と、信用組合や衛生組合を対象とした「画策」が報じられている。また南吉田町方面は前述のように自由党・政友派の強い地域であったが、民政派の切り崩しに加え無産派も台頭して「各派入乱レテ蚕食ノ巷ト化サントシツツアリ」とされるなか、「無産党ノ情勢ヲ見ルニ日本大衆党、社会民主党、新労農党悉ク根拠ヲ此位置ニ定メテ政争ノ渦中ニ介在シテ漁夫ノ利ヲ占メントシ常ニ衛生組合、青年団、町内会ノ役員奪取ノ機ヲ覗ヒツツアリ」と報告されている。[53]表6-6や表6-7にみるように、無産政党勢力は既成政党に比べて「政治上地方有力者」の末端での社会的基盤が劣っており、個人ではなく組合といった団体レベルでこれを組織化しようとしたのである。

3　衛生組合

右の新聞記事や報告書にも挙げられているように、青年団のほかに普選で問題となったのは衛生組合、町内会であった。

衛生組合は横浜市における地域住民団体としての開港以来の歴史を持つ存在で、旧来の横浜の市街地において行政と住民をつなぐ重要な組織であった。[54]住民組織の起源が衛生組合に求められるのは、開港地神戸市も同様であった。[55]

衛生組合は、横浜市からの補助のもとにたんに衛生事業だけでなく様々な分野において包括的に行政を補助する団体として発達し、一九四〇年九月に内務省が公布した「部落会町内会整備要領」による町内会への統一で解消するまで住民組織として最大のものであった。ちなみに一九三一年における市内の衛生組合は、組合戸数一三万五三九〇、組合人口五九万六一一三に上り、この組織率は同年の市人口六四万八〇〇人、一四万三三八戸の九割以上に

表 6-8　有力者の公職
（大岡署地区）

種類	数
衛生組合	41
方面委員	11
青年団	6
家屋税調査委員	4
団体役員	4
市議県議	2
農会	2
消防組	1
合計	71

出典：表 6-7に同じ。
注：兼職はそれぞれカウントしたため合計は58人を超える。

表 6-9　衛生組合役職者の党派
（大岡署地区）

党派	衛生組合役職者			
	周辺部	郊外部	地区不明	計
民政	10	14		24
政友	2	12	1	15
中立				
大衆	1			1
社民				
革新	1			1
労農				
合計	14	26	1	41

出典：表 6-7に同じ。

なる。また衛生事業など各種の事業を市の補助金、組合員の負担金、寄付金その他の収入で実施したが、会員の会費と市からの交付金による経費収入は二九万〇八九六円余、事業支出は二七万一六八五円でこの規模は市の総歳出一五一八万円の約一・八%にあたる。[56]

市からの交付金をうけ、多額の支出を伴う事業の主体であった衛生組合は、社会民衆党が一九三〇年の市会議員選挙で「衛生組合等公共団体費の市費支弁乃至民衆化」を要求したように、地域住民多数の生活に関わる団体であり、衛生組合の役員をめぐって内紛がしばしば生じている。[57]例えば南吉田東部衛生組合では「常に内部の円満を欠き紛擾」を重ねていたが、総会での委員選挙に関する事項の協議をめぐって紛糾し「組合長は突如くらまし五百余名参列者騒ぎ出し十数名の警官鎮圧に努めた」騒ぎとなったという。[58]普選期になって衛生組合の役員のポストが政党各派に注目されその争奪が演じられるようになったのは、こうした背景があったといえるだろう。

では、これら青年団や衛生組合など地域住民団体はどのように政党の支持基盤に組み込まれ、また選挙で活動したのか、またその地域による相違はどのようであったか、周辺、郊外部を含む右の大岡署警察管内の区域を事例にみてみよう。

この地域の政治上有力者（九六人）の公職をみると（表6−8）、公職を持っている有力者五八人のうちの四一人が衛生組合関係者（組合長、副長）である。衛生組合は地域のもっとも大衆的な公職であった。ついで方面委員、青年団長、家屋税調査委員などの役員が政党有力者で占められている。

この衛生組合四一人を党派別・地域別に分類してみると（表6－9）、民政派が周辺部、郊外部ともに多数占め、無産政党は周辺部で衛生組合の役職を獲得している。政友派は周辺部では関係者が少なく郊外部でこの衛生組合関係の役職者が集中している。これはすでにみたような各派の勢力分布に対応している。各地域の衛生組合は政党各派の影響下に置かれ地域における重要な基盤になっていたのである。

また家屋税賦課の基準となる家屋の賃貸価格を審議する責任を持つ家屋税調査委員の選挙は全県下で一九三〇年五月に実施されたが、民政派五八名、政友派二六名、無産派六名、中立が二名の当選で、党派的勢力がここにも「相当進出した」とされている。(59) 政党勢力はこうした地域の公職を獲得し末端行政を党派的に運営することを可能にし、それによって自らの勢力を確固とした基盤とすることを可能にしたといえよう。

おわりに

選挙民の拡大と都市の膨張という二つの側面での政治空間の拡大は、近代地域政治の不可避的な条件であり、大都市に典型的に生起した現象であった。普選期を迎えた横浜も同様であり、横浜においてこうした状況に積極的に対応し組織改革と組織の拡充を行っていったのは憲政会—立憲民政党の系統下にあった市独自の支部組織横浜同志会と立憲民政党横浜支部であった。その組織改革の方向は、人的な関係を主体とする「地方幹部会」から組織的な「支部」へという組織の近代化を図るものであった。こうした体制の整備の上で、普選を勝ち抜くために必要な末端組織の拡充と地域有力者の獲得、新たな層の人々や衛生組合など各種団体への組織化が推進された。むろん政友会や新興勢力の無産政党もこうした活動を行い、これら各政党によって地域はより深く政党化されていった。

ここで重要なのは地域の政党化は、都市内の地域性にもとづく既存の秩序を前提としながら、中央政局の影響や市域拡張という行政による変化、都市化という社会的変化など様々な要因の相乗作用によって地域により異なる展開をみせていることである。横浜の市街地における自由党勢力の形成と非政友勢力の進出（真金町、永楽町、南吉田町）、一九一一年の市域拡張による変動（蒔田町）などはそうした事例である。

また都市化との関連でいえば、地域の名望家は衛生組合など各種団体の役職名望家へと転換しており、この組織化に政党の社会的基盤の獲得はかかっていたといえる。横浜において政友派は市街地と郊外部において基盤を持ち、民政党や無産政党勢力はその中間にある周辺部にとくに勢力があった。これは右のような支持基盤の構成と関連していると思われるが、これは改めて検討を要する課題である。ただ横浜をはじめ大都市のほとんどが民政党が優位であったのは、大都市の膨張がこうした周辺部を不断に拡大していった過程であったことからすれば、ここに起こる社会変動と民政派の党派形成が深く関連していることを示唆している。

注

（1）　従来政党の地方支部の研究としては、小山博也『明治政党組織論』（東洋経済新報社、一九六七年）が明治期の政友会埼玉県支部を、升味準之輔『日本政党史論』第四巻（東京大学出版会、一九七五年）および同第五巻（一九七九年）、粟屋憲太郎『昭和の政党』（小学館、一九八三年）が全国の地方支部の動向を扱っているが、いずれも府県レベルである。また近代の都市史研究においても大都市の政党組織そのものへの着目はほとんどない。

（2）　最近のものだけに触れると、大正デモクラシー期の都市と政党の動向については、能川泰治「戦間期における『帝都』東京のデモクラシーと文化」（『日本史研究』四七五、二〇〇二年）、加藤千香子「都市化と『大正デモクラシー』」（『日本史研究』四六四号、二〇〇一年）がある。選挙粛正期の都市政治状況については、波田永実「東京市における町内会と政党―選挙粛正運動から翼賛体制へ・豊島区を例にして」『生活と文化』（豊島区立郷土資料館研究紀要第一〇号、一九九六年）がある。源川真希は「1930・40年代都市地域政治構造論―東京・世田谷の衆議院議員選挙結果と地域住民組織を媒介に」『近代日本の地域政治構造　大正デモクラシーの崩壊と普選体制の確立』（日本経済評論社、二〇〇一年）が都市政治構造における政党と地域住民組織へ着目しているが、「普選体制の確立」を問題としながら政党政治期の都市の二八年総選挙をはじめとする普選そのものの分析がない。

（3）大岡聡「戦間期都市の地域と政治―東京・「下町」を事例にして」『日本史研究』四六四、二〇〇一年四月、一八七～一八八頁。この時代の都市政治状況を分析したものには、右の大岡論文のほか、櫻井良樹『帝都東京の近代政治史　市政運営と地域政治』（日本経済評論社、二〇〇三年）の「第六章　一九二〇年代東京市における地域政治構造の変容」がある。ほかに大石嘉一郎・金沢史男編著『近代日本都市史研究　地方都市からの再構成』（日本経済評論社、二〇〇三年）が扱う水戸、金沢、静岡、川崎各市の事例研究にも記述がある。

（4）とくに有力な無産政党候補を事例とした研究が多い。成田龍一「都市構造転換期における堺利彦―1929年の東京市会議員選挙出馬とその周辺」（『東京：成長と計画　1868～1988』東京都立大学都市研究センター、一九八八年）は同年の堺の選挙活動の分析を通じて、都市市民の政治・社会意識の変化を明らかにしている。ほかに大西比呂志「普選期の安部磯雄―選挙組織と資金」（『早稲田大学史記要』第二四巻（一九九二年）は社会民衆党の東京市の下谷・神田地区の安部磯雄の衆議院議員選挙での活動を取り上げている。

（5）『政友』第四号（一九〇一年一月一〇日）。

（6）「昭和二年七月末現在　政党本支部名簿　付神奈川県の分」学習院大学法経図書館所蔵「山岡万之助文書」。

（7）吉良芳恵「赤尾彦作宛書簡集―大正篇　解説」『横浜開港資料館紀要』第九号（一九九一年）九三頁。

（8）「赤尾彦作文書」の中には、横田千之助や鈴木喜三郎、鳩山一郎らからの書簡が何通もあり、赤尾の勢力の背景には、こうした政友会中央の有力者との強い関係があったと思われる。この点に関しては植山淳「赤尾彦作関係文書」『市史研究よこはま』第四号（一九九〇年）及び大西比呂志・曽根妙子編「赤尾彦作と横浜市政」『市史研究よこはま』第五号（一九九一年）を参照。例えば一九三二年七月二五日付け鈴木喜三郎書簡には「今回の総選挙に際し多大の御努力により県支部としても非常なる好成績を挙げ候事御同慶の至りに御座候。就ては来る二十九日正午より赤坂山王台星ヶ岡茶寮に於て御餐旁選挙閑談致し度候条万障御差繰り御来駕を仰ぎ度御待ち申し居り候」とある（「赤尾彦作文書」所収）。

（9）「地方政情調（上）」『昭和初期政党政治関係資料』第3巻（不二出版、一九八八年）二三四頁。

（10）『横浜市史』第五巻（上）（横浜市、一九七一年）四三～四五頁。

（11）藤村浩平「刷新派と神奈川県政―明治後期における非政友勢力の再編過程」『茅ヶ崎市史研究』第五号（一九八一年）三三頁。

（12）『横浜貿易新報』一九一七年一一月七日、八日。

（13）橘樹郡の評議員飯田助夫や中村瀬左衛門の活動については本書第四章三参照。

（14）モーリス・デュベルジェ『政党社会学』（岡野加穂留訳、潮出版社、一九七七年）三六頁、六三頁。彼の分類はほかに支部、細胞、民兵であり、支部は近代的形態、細胞は共産党、民兵はナチスが開発した基礎組織とされる。

（15）『横浜毎朝新報』一九二五年五月一六日、七月二三日。

（16）『横浜毎朝新報』一九二五年五月一六日。

（17）前掲、デュベルジェ『政党社会学』三九～四一頁。

（18）（6）と同じ。

（19）瀬尾芳夫『戸井嘉作傳』（戸井嘉作傳刊行会、一九二八年）参照。

（20）前掲『昭和初期政党政治関係資料』第三巻、二二六頁。

（21）三宅磐については山田操『京浜都市問題史』（恒星社厚生閣、一九八一年）、斉藤秀夫「市民の登場と三宅磐」『横浜開港資料館紀要』第八号（一九九〇年）、池田雅夫「横浜の市民的指導者像―島田三郎・市原盛宏・三宅磐」『市民文化研究』第一号（一九八〇年）がある。

（22）中村房次郎については、本書第一章三2を参照。

（23）粟屋憲太郎「選挙と政党」『横浜市史Ⅱ』第一巻（上）（横浜市、一九八三年）、六八頁。

（24）（25）「立憲民政党横浜支部他規約綴」「山室宗作家文書」391（1）。

(26) 政友会は一九二七年時点でも政務調査会が設置されていないが、一九一六年成立の憲政会は本部に各省別に九部会からなる政務調査会を持ち、民政党もこれを引継ぎ、一九三三年には政務調査館を開設している。里上龍平「憲政会論　その財政・経済政策を中心に」『小葉田淳教授退官記念国史論集』(一九七〇年)一一一二頁及び『立憲民政党史』後編(原書房、一九七三年)五九二頁。
(27) (24)に同じ。
(28) 同右。
(29) 「役員会開催通知」「山室宗作家文書」「政治結社」33。
(30) 升味準之輔『日本政党史論　第五巻』(東京大学出版会、一九七九年)二九四、二九五頁。ただし升味が用いた得票率は相対得票率(得票数/総投票数)であり、そのため政党と有権者全体との関係という政党の社会的基礎を明らかにする上では不十分である。なお『総史立憲民政党理論編』(桜田会、一九八九年)四四一頁以下も参照。
(31) 服部二郎『大都市地域論』(古今書院、一九六九年)一一、一七頁。
(32) 『南警察署史　創設100周年を記念して』(神奈川県南警察署、一九八七年)二〇、二二頁。
(33) 寿警察署の管内は中区の千歳町、永楽町、真金町、三吉町、高根町、白妙町、浦舟町、南太田町、西中町、前里町、黄金町、日枝町、南吉田町、山王町、吉野町、新川町、二葉町、高砂町、花之木町、宿町、宮元町、共進町、榎町、中村町、蒔田町、堀内町である。
(34) 『横浜市史稿』風俗編(横浜市役所、一九三二年、臨川書院復刻版一九八五年)四三四、四三五頁。
(35) 「管内政治沿革　旧南太田町方面」(「昭和四年　高等警察要覧」寿警察署)横浜市史編集室所蔵。
(36) 同右「真金永楽町方面」。
(37) 前掲『横浜市史稿』風俗編、四三七頁。
(38) 廃娼運動家としての島田三郎については、高橋昌郎『島田三郎―日本政界における人道主義者の生涯』(基督教史学会、一九五四年)のほか、伊藤秀吉『日本廃娼運動史』(廓清会婦人矯風会廃娼連盟、一九三一年)、竹村民郎『廃娼運動　廓の女性はどう解放されたか』(中央公論社、一九八二年)が詳しい。

(39)『横浜社会辞彙』(横浜通信社、一九一八年)二一〇頁。
(40)「管内政治沿革　旧南吉田町方面」前掲「昭和四年　高等警察要覧」(寿警察署)。
(41)「管内政治沿革　蒔田町堀内町方面」同右。
(42)野尻宕山『当代の選良』(市勢調査会、一九三〇年)九頁。
(43)「地勢概況」(「昭和六年六月　高等警察梗概　大岡警察署」)横浜市史編集室所蔵。
(44)「政情一般」同右。
(45)前掲「昭和四年高等警察要覧」(寿警察署)および「昭和六年四月大岡警察署管内一覧」「昭和六年七月高等警察概況」(大岡警察署)に所収されている「政治上地方有力者調」「衛生組合調」「家屋賃貸価格調査委員調」「在郷軍人分会長並会員数調」「有力者調」より作成。
(46)前掲「昭和四年　高等警察要覧」(壽警察署)。
(47)熊谷辰治郎『大日本青年団史』(一九四二年)二三二、二三六頁。
(48)例えば藤棚地区では一九一二年に大正会、翌年に大正青年会が下水道設置などの地域活動を行っていた。『住民組織と自治意識に関する実態調査』(横浜市総務局調査室、一九六五年)一一頁。
(49)『横浜市教育概要　昭和九年版』(横浜市教育課)二三三、二四四頁。
(50)(51)『横浜貿易新報』一九二七年五月八日。
(52)『横浜毎朝新報』一九三〇年一月二一日
(53)前掲「昭和四年　高等警察要覧　壽警察署」。
(54)横浜市の衛生組合・町内会の沿革については、本書第五章二―3「町総代の設置」を参照のこと。また昭和期の動向については成田龍一「市民の動向」『横浜市史Ⅱ』第一巻(上)(横浜市、一九九三年)一〇二四〜一〇四一頁が中区六角橋衛生組合を中心に行政への統合過程を多角的に叙述している。
(55)『横浜市史』第五巻上(横浜市、一九七一年)一〇三頁。開港地として同様の神戸では、横浜で衛生組合が設置された翌年一八九一年に伝染病予防の住民組織として設立された。『新修神戸市史』歴史編Ⅳ近代・現代(神戸市、一九九四年）五四一頁。また東京市では一八九〇年東京府の訓令により衛生組合の編成が訓令された。東京都編纂『東京市史稿　市街篇第八十』五一三〜五一五頁。大阪市の衛生組合は衛生業務のほかに近世の五人組と一九一〇年代の町内会をつなぐ定住者への「監視装置」として一八八〇年代に登場した、とされる。原田敬一『日本近代都市史研究』一六八頁。

(56)『第二十六回横浜市統計書』（横浜市、一九三三年）。

(57)『横浜貿易新報』一九三〇年一月一七日。なお神戸市の衛生組合も本来の衛生事業から昭和初期にはさまざまなレベルの「地域」の問題に従事し、住民を代表してその利害を主張し、組合費の運用や役員の選挙をめぐって頻繁に内紛が生じ、普選期に「急激に組合本来の立場がとみに政党化され」るに至ったという。前掲『新修神戸市史　歴史編Ⅳ近代・現代』七四三〜七四五頁。

(58)『横浜毎朝新報』一九二八年一月二一日。

(59)前掲『当代の選良』四七、四八頁。

第3部　市政における政党と官僚

第七章　平島吉之助と横浜市政

――地方政党支部の日常活動

はじめに

政党を「選挙を通じて政治権力を維持獲得することを目的」とした集団と定義したのは一八世紀イギリスの政治家バーク（Burke,Edmund）である。そして政党はこの目的のために党内結束を図りつつ、得票と議会内影響力の極大化によって政策綱領の実現を目指す。そしてそのために情報収集、宣伝、資源の収集、候補者の準備、プログラムの採択といった活動を行う(1)。こうした政党の本質は地域政治においても基本的に同様であり、その政治機能をもっぱら担うのが政党人と呼ばれる人々である。

戦前期の横浜市政を彩る政党人としては、初期議会以来の島田三郎を筆頭に赤尾彦作、戸井嘉作、三宅磐といった人々の名があがる。彼らは市会議員として長い経歴を持ち、衆議院議員として国政壇上にも立った地方政界の領袖であり横浜市政の表舞台の政治家たちである。しかしその同じ時期、横浜市政を代表する彼らと深い政治的交渉を持った人物、平島吉之助についてはこれまで全くといっていいほど知られていない。

平島吉之助（一八七六～一九四二年）は、一貫して政党支部の幹部として党運営を指導した人物である。本章では、この平島吉之助が関わった主に大正後半期から昭和戦時期にいたる地方政党支部の、選挙を中心とした日常的な政治活動を考察する。毎年のように行われる選挙での候補者銓衡や地盤の調整、党運営の資金調達や首脳部の人事、市長や幹部職員といった市当局との交渉など支部の日常は多彩である。そして支部運営は他党との競争はもとより同派内での調整、選挙民との接触など、地域政治の一つの焦点に位置している。本章は昭和戦前期に横浜で活動したこの政党支部幹部の軌跡を通じて、地域政治における政党活動の実態を明らかにしようとするものである。(2)

一　横浜政界への登場

1　民権と実業

平島吉之助は一八七六(明治九)年、福島県安達郡旭村田沢字町に生まれた。旧姓は町である。吉之助は郷里の小学校を卒業し、その後母校の代用教員などをへて九三年東京専門学校政学部邦語政治科に入学した。後に横浜市政で行動を共にする三宅磐が、同学部英語政治科に入学するのは九六年であった。政学部は「学の独立」「在野精神」を標榜する同校を代表する学部で、このころ後の民政党代議士斎藤隆夫(一八九四年卒)や小山松寿(一八九五年卒)など政治家を志望する多くの学生を集めていた。

平島は東京専門学校を一八九六年七月卒業した。卒業式において校長鳩山和夫は、「今夫れ日本の政治社会を見るに明治二十三年より憲法の実行を見たれ共、紙上の憲法は立派なれ共、之を実行するの上を見れは遺憾多し」として憲政確立の急務を説き、卒業生に「将来大に現政治界を革新する」ことを期待した。(3)日清戦争前後という明治国家の上昇期に在野の専門学校に学んだ平島が身につけたのは、この「現政治界」への関心であった。

東京専門学校を卒業した吉之助は、郷里の福島県第二区選出の衆議院議員平島松尾の女婿となり、平島松尾が創刊した『福島民友新聞』の編集長・主筆となった。(4) 松尾は福島事件で連座した福島自由党の著名な闘士で、九四年の第三回総選挙以後七回議員に当選した。吉之助の政治活動は、松尾が主宰する新聞で民権論を掲げる言論活動から始まったのである。

平島はその後日本新聞社記者をへて、一九〇六年一一月に横浜商業会議所の書記となった。(5) 以後、終生の地となる横浜との出会いである。横浜への経緯は詳らかでないが、この頃の横浜商業会議所会頭は小野光景、副会頭は来栖壮兵衛（小野の義弟）で、来栖は島田三郎や肥塚龍ら大隈重信につながる非政友派のグループとのつながりが深く、早稲田にいた吉之助もその関係と思われる。(6)

平島はまもなく横浜商業会議所の議員でもあった渡辺文七の商店に移った。(7) 渡辺文七は生糸屑物売込問屋・生糸仲買商で市会議員も務め、一九〇三年の衆議院議員選挙では政友会・憲政本党が推した加藤高明・奥田義人に対して中村房次郎、大浜忠三郎らとともに島田三郎を支援した商人派中の「正義派」の一人で、「横浜刷新派の三傑」といわれた非政友派の重鎮であった。(8)

平島が横浜の経済界に関わるようになった明治末から大正前半期にかけて、横浜商人たちは辛亥革命を機に阪神二港に遅れをとる対中国貿易の振興に乗り出していた。さらに一九二〇年まで欧州大戦景気によって生糸輸出は空前の貿易振興ブームで、中国は横浜を中心とする生糸貿易関係者の重要な関心の対象であった。(9) 平島はそうした横浜商人の中国進出のための情報収集のため上海や重慶などを訪れ、貿易商社の現地代理人として活動をした。新聞記者の経歴を持ち対外貿易問題にも知識があり、また郷里福島と生糸との関係は深かったから横浜商人らから中国における生糸業に関する調査の適任とされたのであろう。こうして平島は横浜の実業界と経済問題に深い関わりを持つようになった。

2　横浜同志会幹事

平島の実業方面での活動は戦後恐慌と関東大震災によって破綻したが、この間平島が密接となっていったのが横浜商人の一人中村房次郎であった。中村房次郎は増田商店の増田増蔵の実弟で、増田屋商店総支配人、増田製粉所社長、松尾鉱業社長などを勤める横浜を代表する貿易商人であり、渡辺文七と同様市政において非政友派の有力な支持者であった(10)。

一九二五年七月八日、平島は中村房次郎を訪問し「関係会社の事を話し今後の生活問題」などについて相談したところ、中村は「横浜同志会を監理する人なきに苦しみたれば名誉幹事の名義にて一定時間事務の仕事担任すること如何」と提案し、平島は中村の要請を受けることを決意した。横浜同志会は政友会と革新倶楽部の合同に対抗する憲政会の横浜支部組織で、この中村房次郎、平沼亮三、大浜忠三郎の三人を総務として同年七月二二日に発会した(11)。普選の施行を控えまた政党政治が体制化しつつあったこの頃、政党の地方支部も政治の大衆化への対応を余儀なくされており、恒常的な政治活動を処理する専従の責任者が必要とされたのである。

横浜同志会の幹事に就任した平島吉之助は生活の変化を「会社の牢屋住居より野原に出たような感じ」と日記に記した（八月三日）(12)。横浜同志会はこのころ憲政会神奈川県支部を上回る勢力を持っており、以後この政党支部組織を拠点にして地方政界で活動を展開する。

3　選挙指導の開始

その最初の舞台は、幹事就任三日後に行われた久良岐郡における県会議員の補欠選挙（八月六日執行）であった。この年三月普通選挙法が成立し、政友会と憲政会の二大政党政治が本格化した当時、選挙戦は両陣営の政権をめぐる攻防として熾烈に演じられた。この選挙に支部幹事として初めて臨んだ平島は、「党派の一団の押して行く力は可なり強い。熱心の度も驚くべきものあり」と記した（八月五日）。平島はこの選挙では本格的な選挙活動に従事する暇なくまた憲政会候補も落選したが、選挙の一週間後には「市会議員選挙の票数調査のため上京。日比谷、上野図書館に漁りたれとも目的を達せず空しく帰浜す」（八月一三日）と選挙対策の調査・研究活動を始めている。

一九二七（昭和二）年六月一日憲政会と政友本党が合同して立憲民政党が成立し、憲政会神奈川県支部は民政党発足にともない同党県支部に移行し、横浜同志会は存続して事実上の民政党横浜支部の活動を担った。

この年の横浜政界の最大の争点は、七月一九日の貴族院多額納税者互選議員選挙（以下貴族院議員選挙と略称）と九月一二日の衆議院補欠選挙であった。とくに衆議院議員補選は横浜市にとって最後の制限選挙であり、同時に普選への前哨戦であった。貴族院議員選挙には横浜同志会からは平沼亮三が衆議院議員を辞職して立候補した。平沼は市部を代表する名望家であった。政友派からは市会議員経歴を有するものの橘樹郡出身で県会議長として郡部に強い基盤を持つ有力者であった上郎清助が出馬した。

横浜同志会は六月から貴族院議員選挙の準備を本格化し、平島は中村、三宅、戸井ら支部の最高幹部としばしば会合を重ねた。

六月三日「九時半事務所に中村戸井三宅三氏と共に貴族院議員候補者選挙の件相談し十日午前十一時支部役員会開催の事とす」

六月一〇日「十一時より支部役員会、多額納税議員候補者の詮衡委員を挙げ大体市部一任と決す」

選挙戦はその後の県会で官憲の選挙干渉が問題となるほど激しい選挙戦となり、平島も「大洪水のすごみにて普段の選挙の如く揚気ならず」（六月二九日）と記した。平島は平沼が「五六票の差にて勝つべき形勢なり」（七月一日）と観測したが、結果は上郎が予想外の大差で当選した（上郎九一票、平沼六六票）。

この選挙の結果について、同志会の中村房次郎は政友派が官憲と結託して「干渉と卑しむべき買収」を行い、「民政政友妥協」を破壊したと非難し、[13]『横浜貿易新報』もこの結果を「政友会の吾党内閣」の勝利と評した。[14]選挙戦は政党内閣の与党と野党という対抗をそのまま地方政界に持ち込んで従来になく激しいものとなった。平沼の辞職に伴い二ヶ月後に実施された衆議院議員神奈川一区補欠選挙は、三宅磐と赤尾彦作という横浜の民政党、政友会両派を代表する領袖たちの対決となった。

赤尾は長年の市会議員の経歴を有し、都心部の関内周辺に厚い地盤を持っており、今回も「横浜関内有志　横浜埋立地有志　大成会　睦会　実業交義会　横浜酒商組合員有志　横浜材木商組合有志」といった有力者層の支援をうけての立候補であった。[15]三宅磐はもと大阪朝日新聞記者で、都市政策の著作もあるジャーナリストで横浜貿易新報社の社長であった。平島は三宅擁立の銓衡

表 7-1　衆議院議員補欠選挙結果（1927年9月12日）

	候補者	所属党派	得票数
当選	三宅　磐	民政	7,009
次点	赤尾彦作	政友	3,899

出典：『横浜貿易新報』1927年9月14日。

と出馬交渉に動き、また決定後は戸井、三宅、中村らと「対選挙方法協議」（八月二九日）、各地区の「選挙の協定」（八月三〇日）、「政談演説会」（九月二日）など選挙運動全般の実務に奔走した。

同志会は三宅の経歴を生かし、敗北した貴族院議員選挙批判として政友派を「金権」、自らを言論戦による「正義」派と位置づける選挙戦術を展開した。平島によれば若槻礼次郎ら党本部の幹部を招いた政談演説会を「一夜に七ヶ所」開催し、「十回以上に上る推薦状を矢次ぎ早に送って選挙民に深く喰い込まんと努め」るという「宣伝戦」を徹底的に行った。[16]

さらに三宅の言論を中心とした選挙運動に多様な団体が動員された。横浜新聞協会は九月五日の総会で「同業磐氏の立候補に対して応援を為す件」を満場一致で決議、九月四日横浜市の大工職を網羅する横浜大工職組合が「政党政派を超越した立場」から満場一致で支持を決議し、八日には神奈川県鍼灸組合代表が「組合は全員挙って」三

宅を応援する決議を行った。このほか、横浜木工連盟、横浜米穀問屋同業組合、藤棚二業組合芸妓組合、神奈川県盆景会といった様々な団体が三宅支援を決議した。[17] 都市部ならではの職業団体、文化団体の登場はこの選挙でみられた特徴であった。

九月一二日選挙の結果は三宅磐七〇〇九票、赤尾彦作三八九九票で、三宅の圧勝であった（表7－1）。この報に接した平島は「中食最中であったが箸を投じて万歳を叫んだ」という（九月一八日）。

一九二七年に行われたこの二つの選挙は、与党政友会による「官憲の干渉」対野党民政派の「言論」という図式を浮き彫りにし、衆議院補選での横浜貿易新報社長三宅磐の勝利はこれを決定づけた。当時一般にも普選で有権者が飛躍的に増加し従来の戸別訪問や買収などの手段が後退して、言論を主とする選挙へと廓清されると期待されていた。九月二〇日の横浜同志会での会議でも、今回の選挙を振り返り「選挙は言論戦の時代となり旧来の戸別訪問なんと跡方もなくなるべし」と予想された。そして言論界出身の平島はそうした選挙指導の「適任者」と目されるようになった（九月二〇日）。

二　立憲民政党横浜支部の成立

1　支部改組―調査部長に

横浜同志会は一九三二年五月立憲民政党の市支部となった。この改組によって神奈川県において民政党県支部・市支部が並列する体制となった。市支部長には三宅磐、幹事長に飯田助夫、役員には総務平沼亮三、戸井嘉作、顧問中村房次郎、忽名惟次郎、中島兼吉らが就任した。

民政党支部への改組と同時に支部機構が整備され党務部、調査部、遊説部、庶務部、県会部、市会部、会計部が設置され、それぞれ「部長一名、理事及び委員各若干名を設け其任務」を行うこととなり、平島は調査部長に就任した。他の庶務部長小泉由太郎、遊説部長北見清吉、市会部長松村亮吉、会計部長大村平蔵らは市会議員であり、平島の調査部長就任は専門家としての抜擢であった。

立憲民政党は名望家中心の議員政党としての性格の強い政友会に比べ、党本部の中で政務調査機関が重視されている。[18] 地方支部でも本部と同様の調査専門機関が設置されたのである。以後の平島の支部活動は、選挙に勝つための調査・研究、候補者銓衡や得票の調整といった選挙対策、政策普及のための広報活動に向けられる。

一九三四（昭和九）年一月二八日の市会議員総選挙は、「選挙界の浄化第一」を掲げる新任の相川勝六県警察部長を中心として「政党内閣崩壊後、新たな警察の取締り体制のもと」に執行された。[19] 民政党支部としても「政党の信用向上地方自治の確立」のためには、支部―各地区を通じた選挙の指導・統制が図られることになった。[20] 民政党横浜支部の調査部長となった平島は、年頭からこの市会議員選挙の対策に忙殺された。

一月四日「正午頃中村氏から電話があって六時から千登世に集まる、主人公に中島、三宅等都合四名、寒いからとて燗酒を命じつ十杯ばかり傾ける、所謂対市議選挙の策を検討して九時過ぎ散会す」

平島が選挙対策として力を注いだのは、民政党候補の「地盤」の割り振りであった。平島は後年これを「同じ党派に属するものが候補者を中心として、選挙運動を行ふ区域を限定し、その外には公式の運動を行はないといふ紳士協定」とし、横浜では「民政派は常にこの地盤割りが行はれ、大体に於てその統制が保たれ」たと述べている。[21] その手順は支部長、顧問ら幹部がまず基本方針を決定した後、次のように各地域で調整された。

一月一〇日「戸部方面の地盤割に立会ふ、原則を示してあとは関係者側の直接交渉に任せる、双方譲り合って無事平穏に解決す、或は相当揉めるかと思ったが案に相違して調子良く出来あがった」

一月一二日「各候補の有権者数より見たる地盤を検討す。十一時半より顧問総務会あり。全市に亙る各候補勢力を批評し第一区に不均衡、第二区に過剰候補から三、四人共倒れを感心せずと衆議区々たり」

しかし、神奈川区で民政党から三人の候補が立ち紛糾したほか、全部で三一人（第一区一八人、第二区一三人）とした支部の候補者公認枠をめぐって、選挙戦はむしろ党内で熾烈な競争が展開され、平島のもとには様々な要求や苦情が持ち込まれた。

「杉山〔謙造・県議、以下引用者注〕、大村〔平蔵・民政〕君等来り地盤不足の事やら国分〔邦彦・民政〕派の看板が初音町に侵出した事やら頻りに苦情を述べる」（一月一八日）、「井戸ヶ谷の或地点に黒沢〔民雄・民政〕派のポスターがあるといふ」（一月二五日）、「蒔田の方面からは堤〔勇吉・民政〕派がビラを撒いたとかで苦情を持ち込む」（一月二六日）

選挙の結果は、第一選挙区（旧市域）、第二選挙区（二七年市域編入地域）を合わせて、前回民政派当選者は二六人、政友派は一四人であったのが、それぞれ二一人、一九人となって民政派は五議席を減じ、その分を政友派が占めるかたちとなった（表7―2）。

平島はこの結果について「作戦上の関係から言へば第一区に候補者が少なく立てたこと、第二区に候補者を多くたてたことだ、これが負けた原因だ」と、支部の調整失敗を指摘した（一月二九日）。とりわけ第二選挙区で、当初の公認予定一三人を一五人としたことが「これがために戦線はえらく不統制を来し」たとし、第二選挙区の統括責任者三宅支部長（第一選挙区は戸井嘉作）の指導力が問題と

表 7-2　横浜市会議員選挙結果（1930年・34年）

党派	1930年選挙			1934年選挙		
	第1区	第2区	小計	第1区	第2区	小計
政友会	11	3	14	12	7	19
同志会・民政党	12	14	26	10	11	21
中立	7	1	8	4	2	6
無産政党	3	3	6	3	11	14
その他（国同・革新）	1	1	2	5	1	6
定数	34	22	56	34	22	56
候補者	76	38	114	59	36	95

注：『横浜市会史』第6巻（資料編）（横浜市会事務局、1987年）より作成。

なった（同右）。こうして選挙後の民政党横浜支部内では、支部の統制を立て直すため機構改革と三宅後任問題が浮上する。

2　機構改革と機関誌の発行

一九三四年の市議選挙での敗北は、横浜の民政派に強い危機感をもたらした。またこのころ三宅支部長の健康問題が表面化し、支部の陣容刷新は急務となった。

四月一八日「支部長〔三宅磐〕来り支部機構改革一日も早からんことを語り、田辺、加藤、杉山を顧問とし、飯田、北見総務据置き、加藤（重）、杉村、佐久間を加へて五総務とし党務部長に国分、遊説部長児玉、調査部長飛鳥田、青年部長三宅、庶務部長永井、県会部長藤田、常任幹事には高橋、松井、名越、安藤、横山等を擬す、先つ之れを長老二氏に語り平沼氏には三宅君より交渉を進むる事とす」

ここでは三宅の青年部長への異動、総務五人制、後任支部長に平沼亮三などが論議されている。平沼は前述のように一九二二年以来務めた市会議長をこの一月に引退し、当時貴族院多額納税議員であった。平沼は横浜きっての名望家で民政派の最有力者ではあったが、強い指導力を発揮する性格ではなかったから、支部におけるそれまでの「幹部専制」体制を集団指導体制に改める上ではむしろ適任であった。そして平島はこの平沼擁立派の急先鋒であった。

当初平沼は支部長就任要請を固辞し飯田助夫を後任とする説も出た（四月二五日）。しかし平島は「自分より平沼新支部長の就任勧告に関し総務諸君の尽力を煩はしたし」と幹部を励まし、「平沼氏一本槍にて進むこと、三宅、戸井二氏に戻すことは反対なる事」などを申し合わせた（五月二八日）。結局七月二日、飯田ら党代表の就任要請を受けて平沼は「支部長事務取扱」として受諾し、八月一日には正式に支部長に就任した。同時に支部の新役員が発表され、幹事長には大村平蔵が就任し平島は総務部長となった。[22] この間幹事長候補に「飯田助夫氏又は調査部長だった平島吉之助氏の呼声もあった」ことは注目される。[23] 平島は幹事長候補にも擬され、平沼新体制を支える有力者の地位を支部内に確立した。

結局、この機構改革で幹事長には飯田が就任し三宅は顧問となった。また新たに相談部（国分邦彦部長）と青年部（名越亮一部長）が設置された。相談部は市政ほか税務や法律相談に専門家が応じるというもので「市民大衆へ何かの御便宜にもなるやうに」という趣旨であった。[24]

さらに支部の機構改革と平行して、支部機関誌の発刊が具体化した。民政党横浜支部では三四年一月の市会議員選挙後に調査委員会を設けて支部将来の対策について検討を開始していたが、九月の役員会で「支部活動の宣伝機関として月々パンフレットを刊行」することを決定した。[25] 雑誌『市政春秋』である。

『市政春秋』は一九三五年四月を創刊準備号とし、翌月の第一号から毎月一五日刊行として四二年九月の第八九号まで発刊された。発行所は民政党横浜支部のち市政春秋社、「主幹者山崎広、社員及記者品川貞一」であった。[26] この『市政春秋』の内容や意義、論調などについては、すでに論及されているところであるが、[27] 平島がその発刊から終刊にいたるまで、編集や経営全般の中心人物であったことは知られていない。

『市政春秋』は民政党横浜支部の「準機関誌」と位置づけられるように、[28] 同党の主張を発表する党報としてだけでなく、「当時の横浜市政が直面した重要な問題をめぐる記事」を多く掲載し、横浜全体の発展策を提示する活動を担った。このことは民政党が震災以後政友派と協調して横浜復興を目指す「協調市政」体制の最大与党であったことを反映するもので、『市政春秋』の誌面には「党支部彙報」や飯田ら民政党市議の「論説」のほか、市政の動向を伝える「市政往来」「市政日誌」、各種選挙の結果や市予算、市会議事などの「市政資料」が掲載された。[29] 同誌の発行部数は不明だが、市政の関係者や吏員などの間で読まれたようで、平島は後年次のように記している。[30]

「飛鳥田君来り曰く『市政春秋』の勢力怖るべし、市長は電気局の記事に感じたらしく俄に最後的努力を思ひたち助役局長等を集め機構改革を行ひ背水の陣を布く由なり」

『市政春秋』がとくに力を入れたのは、横浜が当面する様々な問題テーマを取り上げ、各方面の専門家を招いて企画された座談会であった。例えば一九三六年四月の第一二号から同八月の第一六号まで五回にわたり掲載された「港都繁栄策」は、市会議員、市港湾課長、商工会議所議員、横浜貿易協会理事など毎回出席者を替えて企画された座談会であった。その中で平島は「鶴見方面の工業によって横浜の生命を繋いでいるやうなものですから、それをモット拡張して舞台を広くすればする程横浜は有利に展開する」、つまり「大いに埋め立てをして工業を発達させるべき」と述べている。[31] 平島は日露戦後の時期に、地盤沈下しつつあった港都横浜の挽回策として後背地の工業化と地元資本の確立を説いたことがあり、また一九二五年に著した冊子でも「工業市是、即ち之れ横浜港の生命」と貿易港都横浜の転換を主張をした。[32] 横浜は昭和期の大恐慌を画期として生糸輸出港から重化学工業関連品輸入港へと性格を転換していくが、[33] 平島が『市政春秋』に登場した頃は横浜発展策におけるそうした年来の主張が現実の課題として当面していた時であった。

3　総務部長

民政党横浜支部総務部長となった平島吉之助は、以後没するまでその地位にあって支部の事務責任者となった。その間の平島が密接な関係を持ったのは、飯田助夫と中村房次郎とであった。飯田との関係は党務の公的な部分においてであったが、中村とはいわば「蔭の」部分に関わるものであった。

すでに述べたように、横浜を代表する財界人であった中村房次郎とは少なくとも一九一六（大正五）年ころ、平島が中国貿易に従事していた時期にさかのぼる。中村はしばしば「蔭の人」と呼ばれ、政治の表舞台に立つことを終生拒んだが、政治活動そのものは旺盛で民政党への支援は熱心であった。[34] 本来財界人の中村の政治活動の実態はこれまで明かでないが、たとえば当時支部総務であった平沼亮三が二九年に中村にあてた書簡では、「今朝平島氏御来訪被下色々御話承り十二日の夜市会のあとにて集る事に致し候ハ旧手形二通其他御届けに相成り正に受取り申し候」とあり、また支部長となった平沼は三八年に平島に「同封の中村氏宛の額面金五千円也の手形一通同封お手元へ呈出候まま何卒御査収の上宜敷願上候」と書き送っている。[35] それぞれ三〇年一月、三八年三月に執行された市会議員総選挙の直前であり、中村から用立てられた選挙費用の弁済に関するものと思われる。平島は中村が支部に行う資金提供の窓口でもあった。

さらに三四年六月、県営水道事業にからんで川崎市に端を発し、九月には横浜市土木局、電気水道局に波及した一大疑獄事件、いわゆる「横浜疑獄」は、召喚被疑者百数十名、予審取り調べは一年以上にわたって行われ三八年二月の第一審判決で一三四名のうち一一九名が無罪となる「司法ファッショ」事件として有名であるが、[36] この間中村は『東京朝日新聞神奈川版』の三五年二月一九日にはじまる連載「市長再選私政太平記」によって、横浜政財界を牛耳る「巨頭」として事件に関係ありとの攻撃をうける。[37] これに対し中村は二月二五日、『横浜貿易新報』紙上で「東京朝日新聞神奈川附録の妄を弁ず」との論駁を公表したが、なお攻撃のキャンペーンはやまず四月一四日に検事局に召喚されるに至る。この事件のさなか平島の「日記」によれば三月三日、平島は中村から来訪を求められ月岡町の中村邸で「第二回文案其他につき相談」し、翌四日には「中村氏より電話あり文案使の者に渡す」とある。この「文案」とは「再び妄を弁ず」と題し平島が執筆した便箋一〇枚に及ぶ原稿で、「前言を繰返して私一身上に関するデタラメ記事の清算を要求し、同時に前言発言後に於ける歪曲記事二三を指摘」するものであった。[38] この再論駁は『横浜貿易新報』で中村の名で発表されているが、実際は平島の執筆に依るものであり、中村の生涯最大の危難となったこの事件において、平島は中村の身の潔白を証すために情報収集を行い原稿を作成したのである。

このように総務部長平島は中村の政治的側近としても活動し、これが平島の支部内での実力の背景ともなっていたと考えられる。いずれにせよ中村にとって平島は政治活動の上で有用な存在であった。

三　準戦時期の政党支部

1　一九三六年・三七年総選挙

一九三六年の年頭、平島は「今年は選挙の当たり年だ」と記している。この年には、二月に満了を迎える衆議院議員総選挙、六月に県会議員選挙の定期改選が予定され、九月には前回（三四年）市会議員選挙後、三宅磐の死去ほか市議の失格、辞任が相次ぎそれらの補欠選挙（九月一〇日執行）、三七年には横浜商工会議所選挙（三月一六日）が予定され、突如解散された衆議院の総選挙（四月三〇日）も行われた。とくに三六、三七年の衆議院議員総選挙は、準戦時下に政党政治の弊害を批判して官憲とそれに指導された各種団体による選挙粛正運動という政党への逆風の中で行われた（表7－3）。

平島がこの頃選挙対策の専門家として支部内での地位を確立していたことは前述したが、それは支部長の平沼亮三は「万事人任せ」の性格、幹事長の大村平蔵は「こうした問題には素人の域を脱しない」と目されており、平島は飯田助夫市議を「唯一の相談相手」として、これら選挙を「一手に引きうけ」たのである（「年頭所感」）。

三六年二月二〇日に執行が予定された第一九回衆議院議員総選挙では三宅の死去（三五年五月）をうけ、後継者を擁立して地盤を維持することが課題となっていた。

支部が当初白羽の矢を立てたのは、島田三郎の息子で中村房次郎の女婿でもあった早稲田大学教授（のち総長）

の島田孝一であった。[39] 中村や支部の大勢は三宅後継に島田をあて長年議席を占める戸井にかわり市会議長の田辺徳五郎を擁立して、新旧交代を図ろうとした。こうした機運は当時「選挙粛正」が叫ばれており、平島も戸井など「年輩の人が引退して有為の後進に途を拓くことが矢張り選挙の粛正」としたのである（同前）。

一月八日平島は民政党本部に島田の同僚の早大教授内ヶ崎作三郎を訪い、席上やはり同校出身の永井柳太郎も交え島田出馬の可能性を議論した。前述のように平島も同校出身で、総長田中とは同期卒業生でもあったことからこの交渉の窓口となったと思われる。内ヶ崎が中村にあてた書簡にも、「平嶋君に速達を出して貴地の情報を直接孝一君に伝へくれんことを希望致し置き候」とある。[40]

しかしこの間引退を表明していた戸井が再び立つことを宣言し、結局島田擁立は戸井老の「警戒」、田中穂積早大総長の「反対」、島田自身の「意思の弱かりしこと」などによって不調に終わる。平島や中村が意図した「戸井老引退して島田氏を代らしむべき宿望は全く水泡に帰した」のである（一月二九日）。

島田に代わって次に支部が候補に挙げたのは、支部総務の飯田助夫市議であった。同日夜半平島は平沼支部長から「飯田君を担ぐ外なし」との電話を受け、平島もこれを「最後のキリ札」とし、大村幹事長、平沼支部長と協議し、固辞する飯田を説得することにし三一日の支部銓衡委員会で飯田推薦の議を諮り、満場一致で飯田の候補決定にこぎつけた。[41] 平島は「飯田君の苦しき事情も察すべき事態は

表 7-3　衆議院議員総選挙結果（1936年・37年）

定数3

1936年	候補者	所属党派	得票数	新前元別
当選	岡崎憲	社大	21,589	新
	戸井嘉作	民政	19,410	前
	飯田助夫	民政	18,493	新
次点	野方次郎	政友	13,114	前
	湯浅凡平	国民同盟	10,601	
	奥村三樹之助	政友	8,853	
	津久井竜雄	国協	3,009	
1937年	候補者	所属党派	得票数	新前元別
当選	岡崎憲	社大	26,162	前
	飯田助夫	民政	20,074	前
	野方次郎	政友	19,494	元
次点	田辺徳五郎	民政	16,841	新
	三浦寅之助	国民同盟	7,958	
	佐藤安蔵	中立	4,073	
	津久井竜雄	政革	4,067	

出典：『衆議院議員選挙の実績　第1回～第30回』（公明選挙連盟、1968年）。

他に策なきことなれば同君も已むを得ず衆望を容れたる次第なり」とこの間の事情を述べている（三一日）。飯田が出馬を固辞した理由の一つは、翌二月一日平沼支部長が党本部に出向き「飯田候補のために公認料をかせぎたる」と平島が記しているように、綱島地域の有数の名望家飯田家にしても衆議院選挙となれば多大な費用を要するためであったからであり、飯田決起を促すため支部はある程度の選挙費用調達を約束したと推測される。

選挙戦が始まると平島は支部総務部長として飯田候補のみならず、戸井陣営を含む選挙全体を統括した。今回の選挙は、三四年の改正選挙法、三五年の選挙粛正委員会令にもとづいて選挙運動が厳しく取り締まられ、この結果政党による選挙運動はかなり自粛された。平島は支部推薦状の発送方法などにつき県警察部高等課に問い合わせ、関係者にも「疑わしいことがあれば、当局に照会して間違ひのないよう」指示した（二月五日）。また飯田の選挙での総経費は、改正法によって低減されていた法定選挙費用約九〇〇〇円を大きく下回る七〇四二円二四銭で、これを飯田は「粛正選挙ノ恩恵」と記している[42]。選挙粛正運動は、選挙での多大な出費を軽減するのに一定の効果があったようで、平島ら支部ではこれを歓迎した。

民政派の候補者銓衡の混乱をみた政友派は、当選二回の野方次郎に、新たに奥村三樹之助市議（副議長）を擁立し、初めて候補者二人を立てて長年の民政派優位を切り崩そうとした。そのため民政派にとって選挙の焦点は、これまでの選挙で二議席獲得となった約三万七〇〇〇票前後の民政派の固定票（第一六回総選挙三万六七一一票、第一七回総選挙三万八〇三八票、第一八回総選挙三万七一六六票）を両候補へいかに偏りなく配分するかであった。

二月三日に飯田、戸井陣営の選挙事務長が来て「地盤に関し協議をなす。前回通りの地盤を以て対立する事」となった。平島は自派の両候補が「六対四に分かれるような懸隔」さえなければ二議席獲得と読み、地盤の協定案もこうした線で進められた（二月六日）。この後、飯田が地盤とする地域に戸井候補の推薦書が数通紛れ込んだことから、飯田側の選挙委員が戸井側の担当者を殴りつけるという事件も起きたが（二月一七日）、これは選挙における地盤の不可侵が厳しく協定されていたことをうかがわせる。

平島は当初「陣容整はず気勢があがらぬ」「景気が振はぬ」（二月一〇日、一一日）とされた飯田陣営の票の掘り起こしを関係方面の市議らに督励し、投票直前には「盛り返して老人候補と立ち並」び（一八日）、前日には「二人は大丈夫」（一九日）と観測するにいたった。

選挙の結果は社会大衆党の岡崎がトップで次いで民政党の二候補が当選し、政友候補は共倒れとなった。民政党の戸井、飯田両候補の総得票数は三万七九〇三票でその差約九〇〇票、配分は戸井五一・二％、飯田四八・八％で地盤の配分がみごとに成功し、平島は「大した功名でもないが思ふ通りになったことをひそかに喜ぶ」（二一日）と記した。

しかし翌三七年三月に議会は早くも解散され、四月二〇日第二〇回総選挙が実施されることになった。四月七日民政党横浜支部が決議した候補者推薦に対し飯田は今回も辞退したが、やはり中村や平島の説得により四月一一日にようやく出馬を承諾した。

今回の選挙で戸井は引退を表明し、かわって前回も候補に挙がった市会議長の田辺徳五郎が出馬した。今回選挙に関して、民政党横浜支部は前年の選挙が順調であったことから、「田辺は最高点だらう」「飯田の得票はドコまで伸びるか、二万を越へるかどうか」とう観測が出て、終始形勢について楽観的であった（四月二五日）。しかし平島は「鶴見方面無産系の進出著しかるべしといふ下馬評もでた。この方面最も警戒を要すべきであろう」（四月一九日）、あるいは「政友会が相当勢力をもり返しつ、ある」（四月二六日）と予断を許さない形勢とみていた。

結果は平島の予想通り、社会大衆党の岡崎が前回に続き二万六〇〇〇票の「驚異的得票」で当選し、飯田は当選したが前評判の高かった田辺は落選、政友会の野方次郎が復帰した。平島は飯田の得票の最終的に一万九五〇〇票と読んでいたから飯田の得票は予想通りであったが、田辺の敗戦は「選挙委員に油断があって調和を欠き選挙事務長の統制がうまくとれ」なかったとしている（四月二七日、五月二五日）。既成政党の地盤型の選挙は、この二度の総選挙において選挙粛正という官憲の統制と無産勢力の台頭によって、その有効性は次第に失われつつあった。

2　非常時局の進展

第一九回総選挙の直後に起こった二・二六事件を、平島は次のように記している。

「世の中はいやなことが次から次と出てくる。厭世の感じが人々を支配する時代がくるとお仕舞いだ。人心を新たにする、そして安んぜしむる何かゞ出てこぬ分には手さぐりて行かねばならぬ世の中となる。何とか禍の根源にふれる大力量の発現を希望する」（三六年二月二六日）

この「大力量の発現」への希望は、満州事変以後長期化する準戦時状況下に国民に広まりつつあった強力政治への待望論を反映するものであったが、横浜における政党の現状に対する不満にもよるものであった。

二・二六事件の混乱のさなか市会では一九三五年度の追加予算が審議されており、そのなかで「議員優遇法」が上程され可決された。これは議員選挙費に「選挙需用費」といった項目を追加するもので、(43)平島はこうした動きについて「盗人を捕らへてみれべば吾子なり」との感想を記している（二月二八日）。非常時局下にもかかわらず自己保身を図ろうとする政党を「盗人」と批判したのである。

三七年一月、広田内閣が寺内寿一陸相と浜田国松議員のいわゆる「腹切り問答」で倒れたあと、後継首相に宇垣一成前朝鮮総督が指名されると国民は軍部を押さえうる強力な指導者として歓迎した。これについて平島は「組閣の大命が宇垣大将に降下したことが新聞に見た。朝から気分がいゝニュースである。（中略）今の時局をまとめる上に此人を除いて他に適才を見出しうるだろうか」と記した（三七年一月二五日）。宇垣は民政党系に近いと目されていたが、平島も多数の国民と同様、政界の閉塞状況の打開を宇垣に期待したのである。

しかし宇垣の組閣は、周知のように陸軍の強硬な反対にあって「流産」に終わる。代わって成立した林銑十郎内閣について、平島は「自分としては如何なる内閣が出現して如何なる政治を仰いでも国民は静観すべきである、ファッショでもナチスでも国民が諒解しうるものであれば何等介意せず国家のためその政治を支援すべきである、何事も国家への奉仕だ」と述べた（一月三〇日）。政権を担当する存在として「ファッショ」や「ナチス」まで期待の対象となったのである。

平島は戦時色の深まりとともに、政党の現状に否定的となり「国家」に傾斜していったが、地方政治においても同様の傾向がみられた。三七年七月日中戦争が本格化すると、市では九月一四日臨時防衛部（後防衛部）を新設した。これは「今次の事変に依り兵事々務並に銃後々援に伴ふ遺家族の慰問扶助其他防空法の実施に伴ふ都市防護事務激増したるを以て」であり、「徴兵事務」のほか「皇軍将士の慰問」「戦捷祝賀会」「国威宣揚、武運長久祈願祭」などを行い、また事変を機に発足した横浜市出動軍人後援会の事務局となった[44]。

さらに三八年四月一二日、同会の常任幹事で市防衛部長の武井佳太郎は平島を訪い、戦地の同郷者を慰問するための「精神的の出版物」刊行のための委員就任を要請した。発足した編纂委員会は総務に鵜沢憲助役と武井があたり、平島と渡辺利三郎が時事、文芸は山崎小三、北林透馬、スポーツは平沼亮三など二六名がそれぞれの分野で執筆を担当した[45]。これによって八月同会編集発行の『銃後の横浜』が刊行された。創刊号は七〇〇頁近くの大部で、青木市長、武井防衛部長以下、田辺市会議長、有吉忠一商工会議所会頭（元市長）、佐々木信綱、伊藤仁太郎などの有力者や著名人が寄稿した。この中で平島は「事変下の市政」と題して、一九三八年度市予算の大綱や市会議員選挙、東京築港問題、市疑獄事件の判決など最近の市政の時事問題を解説している。平島は主幹する『市政春秋』（三八年九月、第四一号）でも「出動軍人後援事業」の座談会を開き同会の寄付金募集に協力しており、「出動軍人後援」のため戦時下の市政の広報活動の一端を担ったのである。

3　戦時市政と支部の解消

一九四〇年一〇月一二日、近衛首相を総裁とする大政翼賛会が成立した。各政党が解党してこれに合流すると横浜市会でも翼賛会への再編の流れは必至となり、市会の諸会派は新体制即応準備委員会に解消し、次いで市会議員倶楽部が設けられ各党支部は新たな情勢への対応を迫られた。

一一月八日、民政党横浜支部は横浜自治倶楽部へと改組した。横浜自治倶楽部は県議市議の合同組織の会員組織とし、会の内部に「市政部県政部」を置き、議員のほか「県市当局者」や「中央地方に於ける専門的知能」を持つ経済人、学者技術者、官吏、医師、法律家等を招聘して従来の「協調市政」から「更に一歩進めて各方面の人材を物色し、各方面協力して其目的を達成せんとする」とした(46)。平島はこれを「人の多きを喜ばず質の好きを歓迎する純然たる研究調査機関なり」「旧民政系の人々を中心として進み行くも必ずしも之に捉はれ」ない組織であるとした（四〇年一一月八日）。従来の支部組織を解消し新たな人材による「研究調査機関」とすることによって、新体制に対応しようとしたのである。

さらに平島らは旧市政体制の刷新を目指した。その矛先はまず三五年八月以来職にあった青木周三市長に向けられた。平島は三九年一〇月三日の市会議員選挙補選について青木市長の「優柔不断な態度」や鵜沢憲、菊池慎三の両助役任期満了に伴う後任銓衡での指導力不足に批判を募らせていた。これは政友派との妥協に立脚する青木市政への不満でもあった。こうして平島を含む旧民政派は青木退任の運動を行い、青木市長は一一月二四日、健康上の問題を理由に辞任することになった(47)。

後任市長の人選は旧民政派は中央との関連を重視して「大物主義」を、旧政友派の一部と小会派は地元から市長を選出する「市民市長」主義で対抗した。旧民政派が推したのは大阪府知事退官が予定されていた元神奈川県知事の半井清であった。半井は横浜からの要請に当初固辞し、旧政友派および小会派は平沼亮三や赤尾彦作といった地元出身の「市民市長」や「市民助役」を主張した。こうした動きについて平島は「かかる雑音が飛び出すのも半井氏の態度不鮮明より来ることなれば何とかして事を急速に運ぶ必要あり」とし（四一年一月五日）、飯田らとともに半井への就任要請を進めた。

この時平島らが半井擁立のために持ち出したのが、助役を政友派から出す案であった。飛鳥田、田辺、飯田、平島ら民政派幹部は、一月二八日後任市長対策委員会を開き、政友派に対し第二助役を瓦斯局長、電気局長、産業部長などを歴任した市の幹部職員で、かねて政友派長老の赤尾彦作と親しい稲葉文毅を起用することで妥協を図ろうとした。二月二日中村顧問から呼ばれた平島は、平沼、田辺、飛鳥田らと会集し、交渉決裂の場合は「年来の協調を決裂し独自の立場で行く外なし」とし、半井擁立に向け「青木、伊沢氏等に交渉を進めること」にした（二月二日）。ここに出てくる伊沢とは、大正期以降の内務官僚出身の歴代横浜市長と関係の深い当時枢密顧問官の伊沢多喜男であった[48]。

結局この市長銓衡は東京開港問題が表面化し横浜市を挙げた反対運動が展開するなか、解決のためには中央との有力な関係を必要としたため「大物主義」へと傾斜し、二月七日市会において「赤尾老愈半井氏推薦一本となり第二助役に稲葉文毅を推すこと丶なり政民完全に一致」した（同日）。政友会、民政党の妥協によって市長は半井に内定し、二月一〇日の市会で正式に市長に選出された。

以上のように平島は、飯田、飛鳥田らとともに青木市長の退任、半井清の市長擁立を策し、助役人事では政友会の意向を汲む妥協案を成功させた。平島ら旧民政派は支部解消後も横浜自治倶楽部に依拠しつつ与党体制を主導したのである。

4 翼賛選挙

四一年一二月八日の太平洋戦争の開始を平島は「来るべきものが来た」、これまでの日中戦争とは「同日の談ではない」、「緒戦で気を好くして油断をしてはいけないことだ、世の中は面倒になって来た、日本が死生の線に進出したのだ」と危機感を強めた(一二月一四日)。

翌四二年一月二一日、緒戦の勝利を背景に東条首相は総選挙断行を発表した。この選挙は翼賛政治体制協議会(翼協)によって候補者が推薦され、選挙粛正運動以来の選挙の公営化が戦時状況のなかで進められた。翼協神奈川県支部でも有吉や平沼ら一九名を委員として候補者選考を行い、三月三〇日には県下三選挙区の定員一一名の推薦候補を決定した。旧民政派でも飯田や平島、飛鳥田ら幹部は「政界情勢特に総選挙対策に就て政府の方針翼賛議員同盟其他の事情を承知」し、これを遵守して選挙運動を行うことを申し合わせた(49)。平島は前回の粛正選挙でもその必要性を唱えていたが、今回の「翼賛選挙」では一歩進んで「『粛正選挙』は永久に行はるべきだ。『翼賛選挙』の行き方は政党なき時代に於ける候補者を代表するものだ」とした(50)。毎回候補者選考に悩まされてきた平島にとって、これを解消する翼賛選挙はむしろ歓迎されたのである。

この選挙で旧民政派の自治倶楽部は飯田が早々に再選出馬を辞退して後継に鶴見区の有力者佐久間道夫を推し、また前回落選した市会議長田辺徳五郎を再度立てることにした。選挙の結果、旧民政派は前回失った一議席奪回のため旧来の名望家と党人を擁立し議席を回復することに成功した。

横浜市政にとってより重要であったのは六月一〇日執行の運びとなった市会議員選挙であった。衆議院議員選挙終了とともに翼協は解散し、これに代わる候補者の銓衡、推薦の母体の結成が進められ、五月八日横浜市翼賛市会確立協議会(翼市協)が結成された。翼市協の本部会長は大政翼賛会の市協力会議長の中川末吉、会員には大西一郎、平沼亮三、磯野庸幸のほか、翼賛壮年団と在郷軍人会が主体となって結成された横浜市愛市同盟の幹部が加わった。

平島はこの翼市協について、横浜市会議員の候補者推薦は「会長の決裁に重点を置き、必ずしも本支部の投票順位によらず、会長が認めて適任と信ずるものを抜擢する」という「下意上通式の弊害に備へんとする会長の独断専行」を評価した。平島にとって市政体制の重点は、党派「協調」より強力な指導者の「独断専行」へと転換したのである。[51]

しかし、翼市協による銓衡過程で各区の候補者調整は紛糾し、平島は本牧方面での推薦候補者銓衡が難航した結果、「何とか方法がないかといふ市長よりの電話があった、結局市長公舎まで出向いて欲しい」と依頼された（六月一〇日）。翼市協という新たな組織はできたが、選挙における候補者調整はなお平島ら旧政党幹部と各区の有力者の間で調整されており、翼賛体制下にあって既成政党は依然根強い勢力を保持したのである。

六月一〇日の選挙の結果は、定員六四名のうち推薦候補は四七名、非推薦は一七名で推薦が総数の七四％に達し、「清新市会の陣容」なったといわれた。[52] 平島は生涯最後となった選挙指導において翼賛市政を支える市会刷新に大いに貢献したといえる。

平島は選挙後の市会運営について、「当年の協調精神は則ち今日の翼賛精神、その翼賛精神を持つ市会であらねばならぬ。而して翼賛する精神は、滅私奉公の一路を行くにある」とした。戦時下の市会は、先の「独断専行」論と同じく「滅私奉公」が理想とされた。[53] そして平島最後の評論となった『市政春秋』巻頭言は、「市会簡素化を希望す」として市会における院内幹事の廃止や質問の簡略化を唱えた。[54] 平島は市長執行部中心の市政翼賛体制を積極的に支持したのである。

おわりに

平島の死去は突然であった。四二年頭から平島は体調の不良を感じており、そのため「日記」もこの年には一月一日、一月二日のあと五月一日に飛び、六月一〇日の記述が最後となった。しかし同日の記述は、「赤尾老引退の件」に始まり「神奈川保土ケ谷方面の悪結果」まで七項目、一二頁にわたって市会議員選挙や市会の動向を記したものであった。平島は最後まで市政に深い関心を寄せていた。

晩年の政治活動で最も密接に関わった飯田助夫は、平島の死去を次のように記している。

「今朝支部より電話あり午前六時平島吉之助氏死亡の旨驚愕す。直ちに沢渡自宅に至りたるに飛鳥田、松村、沼田諸氏其後中島兼吉氏見えて協議の結果平沼自治倶楽部会長北海道へ旅行中十八日帰港の由其後倶楽部葬を以て葬儀執行。自宅は隣組其他親類等可然茶毘に付すること。十三日御通夜施行。平島吉之助氏は福島県人故代議士松尾先生の養子なり。行年六十七才。[55]」

葬儀は二一日平沼亮三を委員長、飯田を執行委員として旧民政派の自治倶楽部葬として行われ、半井市長、田島助役以下の市幹部、政党からは小泉又次郎らが参列した。当日の新聞はその模様を次のように報じている。[56]

「平島吉之助氏の倶楽部葬／市政春秋の主幹、横浜自治倶楽部員平島吉之助氏は去る十月十二日午前六時逝去された。氏は旧民政党の影の知慧者として采配を振り党の功労者であつた。文筆の才あり横浜毎朝新聞の経営者としてその才腕を振つていたものである。」

ここに述べられているように平島は、機関誌の主宰、選挙の采配など民政党の実務責任者、「影の知慧者」として活動した。平島は大正末期に政党に入り、中村房次郎の庇護をうけながら昭和期の二大政党内閣期に活動した。

そして五一五事件による中央における政党内閣の終焉以後も、地方政治の場で飯田助夫を支援し政党の勢力を維持した。

しかし、平島にとって政党勢力の発展は横浜市の経済的繁栄と自治の振興を目的とするものであって、政党はこの目的に奉仕すべきもの、市と市民の利益を実現するための一つの手段であった。平島が震災後の「協調市政」を支持したのは、政党間の協調が横浜の復興を推進するために必要とされたからであった。

平島にとって選挙は政党勢力の帰趨を握る重要なイベントであったが、そこでは従来の政党の支持基盤をいかに効率よく動員、配分するのか、いわば経済効率的な政治資源の利用が問題であって、ここに平島の選挙技術の専門家としての本領があり、当選を第一義としてあらゆる手段が選択されるようなことには否定的であった。そのことは彼が選挙粛正運動を肯定的に受け入れる要因でもあった。彼は一九三〇年代後半以降、政党批判を強め、逆に国家や市執行部への傾斜を顕著にしていくが、政党に市民利益の実現を期待しえなくなった段階でより強い政治指導者を求めたのはこうした文脈からは当然であった。

平島は政党組織に所属した政党人であったことはまちがいないが、自ら選挙に立候補することはなかったことに象徴されるように、代議制の民主主義、議会主義を信条としていたとも思えない。平島の政治思想の根底には、義父平島松尾の影響と思われる「民権」と「自治」の志向があり、これが彼の現実政治における「地方利益」重視の思想的背景にあるようにみえる。明治末年に来浜して政界に入る以前に、実業界や言論界に多くの交流を得たことも、こうした彼の思想形成に関係しているであろう。

平島の政治的軌跡は、大正、昭和戦前期の政党政治の台頭と凋落と軌を一にしている。しかし政党勢力は戦後もまた、すぐに復活して中央・地方の政界に登場する。政党の看板とはかかわりなく、その勢力は戦中戦後を通じて根強く存在したのである。平島はその表舞台への復活をみることはなかったが、こうした政党の地方組織を支えたのは、地方各界に幅広い交流を持ち、様々な意見を公表して世論の醸成に努め、絶えず選挙区の動向を分析して勢力の培養を行い、毎日のように支部に出かけ持ち込まれる苦情や懸案の処理にあたった「陰の智慧者」平島吉之助のような存在であったのである。

注

(1) 岡沢憲芙『政党』(東京大学出版会、一九八八年)二二一～三〇頁。
(2) 戦前期の地方政党支部に関する文献として、明治末から戦後期の埼玉県における改進党など非政友政党の県支部での動向を記した岸上克巳『武蔵会館四十五年記』(非売品、一九五五年)がある。著者の岸上克巳(一八七三～一九六二年)は、新聞記者出身で新聞雑誌に論陣を張り、民政党埼玉県支部党務部副部長を務めるなど、平島と同時代に生き経歴にも共通点が多い。『埼玉人物事典』(埼玉県、一九九八年)参照。
(3) 「東京専門学校第十三回得業証書授与式」『中央時論』第二七号。
(4) 『福島民友新聞百年史』(福島民友新聞社、一九九五年)六四頁。
(5) 「商業会議所紀事」『横浜商業会議所月報』第一二一号(一九〇六年一一月二五日)。
(6) 『横浜商工会議所百年史』(横浜商工会議所、一九八一年)四一四頁。
(7) 各年「東京専門学校校友会名簿」(早稲田大学大学史資料センター所蔵)による。
(8) 吉良芳恵「渡辺文七—横浜刷新派三傑の一人」『横浜人物伝』(横浜開港資料館編、神奈川新聞社、一九九五年)を参照。
(9) 前掲『横浜商業会議所百年史』四二九頁。
(10) 『ある横浜商人の賦—中村房次郎考』(中区役所、一九七八年)を参照。
(11) 本書第六章一2を参照。
(12) 「平島吉之助日記」一九二五年八月三日付(平島治家所蔵)。以下同日記からの引用は、本文( )内に年月日のみを記す。また引用にあたっては常用漢字を用い仮名遣いは平仮名に統一した。

(13) 伊沢多喜男宛中村房次郎書簡一九二七年八月三日付。伊沢多喜男文書研究会編『伊沢多喜男関係文書』(芙蓉書房出版、二〇〇〇年)三五〇頁。
(14) 『横浜貿易新報』一九二七年七月二〇日。
(15) 『横浜毎朝新報』一九二七年九月二〇日。
(16) 「平島吉之助日記」一九二七年八月二九日、九月二日、『横浜毎朝新報』一九二七年九月一四日。
(17) 『横浜貿易新報』一九二七年九月六日、七日、九日、一四日。
(18) 本書第六章一3を参照。
(19) 粟屋憲太郎「選挙と政党」『横浜市史Ⅱ』第一巻(上)(横浜市、一九九三年)一六一頁。
(20) 同右一六六頁。
(21) 牛刀山人「鶏肋集」『市政春秋』第三四号(一九三八年二月)。
(22) 前掲「平島吉之助文書」No.21。
(23) 『横浜貿易新報』一九三四年八月二日。
(24)(25) 『市政春秋』創刊準備号(一九三五年四月)。
(26) 「主幹者山崎広、社員及記者品川貞一」の経歴は明かでないが、品川の著作に飯田助夫半生の伝記である『飯田家三代の俤』(マンノー社、一九四一年)がある。
(27) 荒敬「『市政春秋』と横浜市政」『横浜市史Ⅱ研究資料集　市政春秋』(横浜市、一九九一年)一六四四頁。
(28) 粟屋憲太郎「『市政春秋』の政治論」同右一六一八頁。
(29) 財政面で同誌を支援したのは中村房次郎であった。「平島吉之助日記」一九三五年七月二三日には「中村氏来り…市政春秋に対する寄付二〇〇受取山崎に渡す」とある。
(30) 「平島吉之助日記」一九三一年四月二一日。
(31) 「第一回港都繁栄策」『市政春秋』第一二号(一九三六年四月)一五頁。
(32) 「東日本港西日本港」『日本及日本人』第四五三号(一九〇七年二月一五日)及び『市民の声』(発行者平島吉之助、

一九二五年四月）五七頁。
(33) 高村直助「貿易都市から重化学工業都市へ」前掲『横浜市史Ⅱ』第一巻（上）一一頁。
(34) 前掲『ある横浜商人の賦―中村房次郎考』四六頁。なお中村と横浜市政との関わりについては、吉良芳恵「横浜市政と中村房次郎」『開港のひろば』第六〇号、一九九八年四月二九日、横浜開港資料館）が詳しい。
(35) 中村房次郎宛平沼亮三書簡一九二九年一二月六日付（横浜開港資料館所蔵「中村房次郎文書」４０３）、及び平島吉之助宛平沼亮三書簡一九三八年三月四日付（同５００）。
(36) この事件については永田兵三郎『爾霊録』（一九三八年）及び竹下百馬『横浜事件史』（一九三九年）がある。
(37) 『東京朝日新聞神奈川版』「市長再選　私政太平記①～⑧」一九三五年二月一九日～二月二七日。
(38) 中村房次郎宛平島吉之助書簡一九三五年三月四日付（前掲「中村房次郎文書」「市疑獄事件関係」７）。
(39) 島田孝一の総選挙への立候補問題の経緯については、吉良芳恵「中村房次郎と島田三郎家」（『開港のひろば』第五九号、横浜開港資料館、一九九八年二月四日）が詳しい。
(40) 中村房次郎宛内ヶ崎作三郎書簡一九三六年一月二二日付（前掲「中村房次郎文書」１７２）。
(41) 「飯田助夫日記」一九三六年一月三一日（飯田助知家所蔵）。
(42) 同右一九三六年三月一七日。
(43) 『横浜市会議事速記録　昭和一一年二月二九日』二一頁。
(44) 『昭和十二年横浜市事務報告書』一〇三、一〇四頁。
(45) 『横浜市報』第五六九号（一九三八年五月五日）三〇四頁。
(46) 『市政春秋』第六七号（一九四〇年一一月）。
(47) 荒敬「日中戦争期横浜の政治と市民」『横浜市史Ⅱ』第一巻（下）（横浜市、一九九六年）三四一、三四二頁。
(48) 伊沢多喜男と横浜市政については本書第一章三2を参照。
(49) 前掲「飯田助夫日記」一九四二年二月二二日。
(50) 前掲「鶏肋集」『市政春秋』第八四号（一九四二年四月）。

(51)「協調市政の転換」『市政春秋』第八五号(一九四二年五月)。
(52)『神奈川新聞』一九四二年六月一二日。
(53)『市政春秋』第八七号、一九四二年七月「市長中心の市会」。
(54)『市政春秋』第八九号、一九四二年九月「市会簡素化を希望す」。
(55)前掲「飯田助夫日記」一九四二年一〇月一二日。
(56)『神奈川新聞』一九四二年一〇月二一日。

第八章　内務官僚と地域政治——地方官時代の半井清

はじめに

戦前期日本の地方行政は、周知のように官制（一八八六年地方官官制）と地方団体法（一八八八年市制町村制、一八九〇年府県制郡制）の二元的な法の系列によって構成される国家の地方行政（官治）と地方の自治行政（自治）からなる二重構造をもっていた。[1]戦前期の地方制度が前者を特色としたことは改めていうまでもないが、そのような「官治」と「自治」を接合し、全体としての制度を支えたのは地方長官（府県知事）や首長（市町村長）であった。[2]

これまでの戦前期日本の地方行政に関する制度史研究の蓄積に比して、内務省の地方官僚に焦点を据えた研究は少ない。[3]内務省が内政の広汎な分野に発揮した強力な指導力を前提に、地方行政はしばしば中央で立案された政策の執行過程として捉えられ、地方官僚とくに地方長官の地方政治行政上に果たした役割は軽視されてきたといえる。しかし地方長官が統括する地方行政は中央の政策意図に沿うことを基本的条件としながらも、そこには地方長官の過去の経験に基づく行政理念、問題対応の発想や処理の様式といった固有の行政姿勢が投影され、また自ら培った政治的人脈などが問題解決に向けて動員される。全国画一的な中央からの行政は、こうした地方長官に媒介されて初めて地域の実情に即したものへと展開される。(4)

本章（及び次章）で取り上げるのは戦中及び戦後に、官選（一九四一年二月〜四六年一一月）と公選（五九年四月〜六三年四月）の二度にわたり横浜市長に就任した半井清《なからいきよし》である。横浜市政史にとって戦前戦後の半井市政は、地域政治における内務官僚や保守支配といった地域政治の構造を考える上で重要な対象である。

本章ではこうした問題への前提として、半井の横浜市長就任にいたる二八年間に及ぶ内務官僚時代に焦点をあて、彼が歴任した各地方長官などの施政においてどのように行政手法や省内外で人脈を形成していったのか、そしてそれらが同時代の内務官僚をめぐる政治的動向のなかでどのような意味を持ったかを明らかにする。その後、終生の地となった横浜で展開される市長としての数々の施策と政治活動は、半井が長い内務官界生活で培った経験、人脈を動員するものであったはずである。またすでに明らかにしたように半井市政と同時期、多くの大都市市長は内務官僚出身となっている。(5)彼らの行政理念や志向、政策手法や人脈といった行政官としてのバックグラウンドの考察を抜きに、地域政治における官僚を内在的に理解することはできないだろう。地方官僚として重要なポストを歴任し政治的にも行政的にも有能であった半井清は、そうした戦前戦後にまたがる内務官僚による都市統治の解明に有効な対象と考えられるのである。

一　政党政治下の内務官僚

1　内務省入省——行政姿勢の形成

半井清は一八八八（明治二一）年三月三一日、岡山県真庭郡木山村（現落合町）に、福井三郎・ふくの長男として生まれた。福井三郎は新聞記者をへて一九〇三年の第八回総選挙以来、憲政本党、政友会に所属して連続七回当選した代議士であった。母方の半井家は京都四条烏丸に本家があり代々医道をもって朝廷、徳川幕府に仕えた名家であり、清は当時絶家となっていたこの半井家再興のため中学のころ家督を継いだ。以後、半井は親元をはなれ京都一中、一高に進む。そしてこのころから「将来、内務省に入って知事」になることを志し、また両親も「内務省に入ることを念願」していたという。[6] 半井にみられる自己の将来の職業選択への明確な目的意識は、「成功」と「立身出世」を一つの世代的特徴とする「日露戦後の新しい世代」のものであった。[7]

半井は一九〇九（明治四二）年東京帝国大学法科大学法律科（独法）に入学した。同窓には池田清、石田馨、田中広太郎、谷正之、吉野信次ら昭和期に活躍する官僚たちがいた。半井は一九一三（大正二）年七月に卒業し、同年一一月一〇日、文官高等試験（高文）に合格した。この年の高文行政科合格者は一八八七年の同試験制定以来、一九一八年の改正までの間で最多の一八〇人（うち内務省は八二人）を数えた。日露戦後に進展した明治国家機構の整備と行政事務の増大は専門官僚制の拡充を必要とし、半井はそうした専門官僚の養成と補充の一つのピークに官僚となった。半井は内務省における専門官僚制確立以後の生粋の内務官僚であった。

半井は内務省入省後、一九一三年一二月大阪府内務部地方課に配属され、以後一六年一一月に会計課長、一七年一〇月学務課長、一八年一〇月救済課長となり、同年一一月に石川県地方課長に転じるまで大阪府で約八年間勤務した。

当時の大阪府知事林市蔵は、都市下層階級の救済事業を推進するため一八年五月、従来内務部と警察部に分掌されていた救済事業を統一して担当する救済課を設置し、半井は学務課長から「林知事の特別の図らいによって」この救済課の庶務係長に転じた。半井はこの時代に貧困世帯へ診療券の配布、就職や恩給の斡旋、府営簡易食堂の設置など「恵まれない人に役立つ仕事を地道に」やったと述べているが[8]、半井が担当した行政事務で特筆すべきは、林知事が刑法学者小河滋次郎博士を顧問として「社会民衆殊に細民階級者の生活状態を詳悉す」るため「民間有志の力を本位として組み立てた所の常設機関」である方面委員制度の創設であった[9]。これは前年一一月岡山県で設置された「済世顧問制度」を大都市行政として初めて本格的に実施するものであり、一〇月に方面委員制度が実施されるとともに半井は救済課長となった。

小河の創設になる大阪府の方面委員制度は「社会測量」によって従来の「救貧」を進めて「防貧」対策を事前に講じようとするもので、林知事はこれを地域の実情をよく知る民間有志を任命して行おうとした。林は半井に「自分の求める方面委員は、既に沢山の肩書きを持っている人に一つの肩書きを加へる様なものでなく、従来何の肩書きも持たない実際の町の世話役を選びたい」として何度も方面委員の人選をやり直させたという[10]。半井は後の各県知事時代や横浜市長時代に様々な意表を突く地域発展や生活改善策を創案して成功させたが、地域の実情に即して柔軟に対応させせようとするこうした林の行政姿勢について、半井は「その後の私の物の考え方、やり方には、多分に林知事の影響が入って」いると回顧している[11]。この大阪府時代の経験は彼の行政姿勢の原点を形成したといえる。

方面委員制度は社会事業であると同時に、小河が「生活の安定しない下層階級の人々が多数居住して居る…大阪市としては最も警戒を要する区域」に設置したと述べているように[12]、行政による「巧妙な貧民警察」、すなわち治安対策の意図が含まれていた[13]。方面委員制度のこうした機能は、創設と前後してこの年八月から一〇月にかけて大阪にも波及した米騒動において直ちに発揮された。半井は米騒動の際、林から「米を集めるのは農務課にやらせるが、鎮める役はそうした地区をよく知っている君がやれ」と命じられ、トラックに米を満載して市中に飛び出し暴発を未然に防いだ[14]。半井は小河と林という社会事業対策の二人の先駆者の指導のもとに、同時代の内務官僚よりいちはやく社会事業の、とりわけ治安対策上の重要性を実地に学んだのである。

半井は米騒動が鎮静すると一一月一八日、石川県地方課長に転出し、約一年の勤務の後一九年一〇月に朝鮮総督府勤務となった。周知のようにこの頃朝鮮人民の独立運動である三一運動が鎮圧され、日本の朝鮮支配は「武断政治」から融和的な「文治政治」へと転換していた。これにより総督府の人事が一新され、八月一二日朝鮮総督に海軍大将斎藤実が任命され、政務総監には前内務大臣の水野錬太郎が起用された。

従来朝鮮における諸宗教は総督府内務局社寺係が、宣教師の布教については外事課が担任していた。しかし同時に行われた官制改革によってこれらを統一的に扱うために学務局宗教課が設置され、[15]一〇月二五日半井はこの初代課長に任命されたのであった。三一運動には天道教、仏教、キリスト教の指導者が多数参加し、[16]また英米の宣教師も日本の「朝鮮統治に対する不満を爆発させた」から、こうした宗教上の思想対策は重要な問題であった。[17]半井はこの対策を「朝鮮統治と基督教」という小冊子にまとめ、日本の朝鮮での従来の宗教行政の排外性を見直し、外国宣教師の布教活動を日本内地と同様に自由にすることを斎藤総督に献言し、さらに二一年九月には日本の朝鮮統治に批判的であった米国へ派遣されて、日本の統治方針の転換を説いてまわった。[18]

大阪府の課長時代に半井が対処した行政課題が「貧困」の問題であったとすれば、この朝鮮総督府時代は治安対策上に占める「宗教」ないし「思想」の問題であったといえるだろう。半井は官僚としての修業時代に、民衆の登場によって体制秩序の動揺がもたらされる〝大正デモクラシー状況〟の洗礼を受けたのである。半井は二三年五月本省に戻り、社会局第二部福利課長、関東大震災直後には臨時震災救護事務官となって震災処理を行う。これらの職において、そして本格的には昭和期の地方長官時代において、「貧困」と「思想」対策は地方行政上の最重要課題であった。

2　部長時代―人脈の形成

半井は次いで部長へと昇進して内務省の中堅官僚となっていくが、重要なのはこの時代に彼を推輓する他の官僚との結び付き、省内での人脈が形成され始めたことである。その中枢に位置したのは半井が大阪府に配属された時の直接の上司の内務部長、また朝鮮総督府では学務部長であった柴田善三郎であり、半井が「私のながい役人人生の中で、最も関係が深く、ご指導を受けた」と述懐している人物であった[19]。

一九二四年六月護憲三派内閣の成立以降、政友会と憲政会・立憲民政党の二大政党が政権を担った政党政治の確立は、「内務官界の二部交替制」という官僚層の政党系列化を進展させ[20]、この間半井は二四年五月滋賀県警察部長、二五年九月福島県内務部長、一九二八（昭和三）年五月栃木県内務部長、二九年七月大阪府内務部長と各県の部長クラスに昇進した。

半井と政党との関連で画期となったのは、一九二五（大正一四）年九月の地方官の大異動であった。これは護憲三派の協調が崩れて憲政会単独内閣に移行し（八月二日、第二次加藤内閣成立）、また三月には普選法が可決して早晩の総選挙執行が予想される状況のなかでの憲政会による本格的な党派人事であった。この異動によって半井は福島県の内務部長に昇進した。同時に知事となった川淵洽馬は政友派から「憲政会派ニ偏セリト見做サルモノ」との評価を受ける人物であり、川淵は半井に「君を信頼しているから、全部君がやれ」と仕事一切を任せたという[21]。半井がこのような地方官異動の中で憲政派の川淵知事のもとで内務部長の要職に就いたことは、この後半井が憲政会・民政党系官僚と目されていくことの契機となった。

一九二七（昭和二）年五月、田中政友会内閣は初の普選総選挙に備えて大規模な党派的な地方長官人事を行った。これにより川淵は福島県知事を休職になり、柴田も愛知県知事を免官となるなど民政系知事の大規模な更迭が行われた。これら政友会によって更迭された地方官たちは二八年の総選挙において民政党の別働隊として「選挙革正会」を組織して与党政友会による選挙干渉を阻止する活動を展開し、川淵は福島、高知、柴田は愛知、三重、福岡を担当する選挙監視員となって参加した。

この活動を指揮したのは前年六月の民政党の創立に尽力した当時貴族院議員の伊沢多喜男であった[22]。選挙監視委員会は支部を全国に置き、川淵、柴田ら更迭された前知事は支部長あるいは選挙監視員となって全国を巡視した。柴田から半井に次のような書簡が送られている。

「拝啓　時下益御清祥賀上候。陳は先般御来訪下候趣の処選挙応援旅行中にて不在遺憾に存候。此度は福岡、愛知、三重、静岡四県に亘り演説のみにて七十六回にも及び候様の始末、中々深入致たる事に候。柴田も変わったとは衆口一致致す様に候[23]」

朝鮮総督府以来の「水野系」の官僚であった柴田も、このころを境に「明かに水野に背き、伊沢系民政系の有色知事となりおはせた」と言われるようになった[24]。二九年七月浜口民政党内閣の成立とともにこの監視委員会で活躍した民政党系官僚は一斉に官界に復帰し柴田は大阪府知事となり、半井は内務部長となった。部長時代までに形成された半井の内務省内での上司下僚の関係はここに伊沢多喜男を頂点とする民政党系内務官僚グループに組み込まれたのであり、その後の半井の政治的動向を規定することになる。

3　知事に—政策の実践

半井は第二次若槻内閣の一九三一（昭和六）年一月、佐賀県知事に昇進し念願の地方長官となった。時の内務大臣は安達謙蔵であった。半井は佐賀県において必ずしも党派的な県政の運営を行ったわけではなかったが、この頃の知事は「たとえ中立的であることを欲しても、政党内閣のもとで知事であること自体がすでに党色」とされるのであった。[25]

初めての知事として半井が佐賀県で行った重要施策は二月に公表した「全県産業開発運動」の推進であった。半井は「産業の開発は素より個人個人の努力経営に依るものでありまするが今日産業経営の趨勢はどうしても共同の力を集めて之を合理的に用ふると云ふことでなければならぬと思ふのであります」と述べ、具体的には「青年団、農業実行組合等団体の力に依り水田裏作の一斉施行」、「学校教育就中実業教育を一層実際的ならしめ教育と産業との連絡を緊密ならしむる」ことを提唱した。[26]半井において地域の発展の根幹をなす産業開発は、「個人個人の努力」を「青年団、農業実行組合」などを通じて「団体の力」とし、これを「合理的に用ふる」ことによって達成されるのであった。[27]

半井はすでに大阪府内務部長時代に昭和恐慌下における農村危機打開策として「昔の五人組と云つた風な親密な者同志の隣保的の小組合が、多くとも部落程度の小組合で以て細胞組織を作りて、共同事業の基礎単位とし、町村内の斯かる小組合が更に集まつて、産業組合、出荷組合となり町村農会となつて、小組合自体では力の足らぬ共同事業を行うて行くと云ふ事が、最も適切なる方法であると思ふ」と主張した。[28]佐賀県での「産業開発運動」はこうした農村再編成論の実践であった。

さらに半井は同年七月一五日の佐賀中等学校校長会で個性尊重教育を批判し、思想風紀の取締まりを指示するとともに「国体観念の涵養に力を尽し国民精神を作興」せよと述べた。[29]個人の力を団体の力に糾合して産業開発へ動員する精神的中核に半井は「国体観念」と「国民精神」の作興を据えたのであった。ここに内務官僚半井において「思想」対策と「組織化」の論理が結合し、「思想動員」へと展開するのをみることができよう。

以上のような半井の佐賀県政の特質は三二年八月以後に後藤文夫、石黒忠篤ら農林省の新官僚グループが「農民精神作興、産業組合による農村の再組織化」など農民の下からの自発性を喚起して農村危機克服を推進した「後藤農政」に共通するものであった[30]。最末端の隣保的結合を行政への国民動員と組織化の中心に置き、その「自発性」喚起に努める行政手法は、この後各県知事とし実施する彼の基本的な政策スタイルであった。

三一年一二月犬養政友会内閣が成立し、知事の免官七名、休職二七名という大異動が行われ、民政系知事が一掃された。半井も宮崎県知事への転任を命じられたが、これに不満の半井は辞表を提出した。半井はその理由を「政党が真面目な地方官を勝手気ままに取り扱うあり方に、どうしても我慢ができ」なかったためと述べている[31]。半井は政党政治の渦中で民政系の「有色知事」とされる一方、政党による官僚人事には強い不満を持っていた。浪人となった半井は、この間にも伊沢系の官僚として活動した。

「浪人になると、浪人の組に入らなければならんことになるし、そうすると、選挙があると選挙監視に行けとくる。わたしも佐賀県で辞めたあと、自然に浪人団体に入っていた。伊沢多喜男さんが元老で、次田大三郎さんあたりが指揮しておられた[32]」

次田は半井と同郷の岡山県出身で、第二次若槻内閣下で内務省警保局長、内務次官を歴任していたがこの政変によって追われたのであった。二二年から二四年まで朝鮮総督府政務総監を務め、前述の柴田や半井の上司でもあった有吉忠一は次田の更迭について「如何に考へても国家の一大損害に有之、痛憤措く能ハさるもの」と次田に書き送っている[33]。有吉はこの年に横浜市長を退任して貴族院議員となっていたが、後に半井が横浜市長に就任後は同地の商工会議所会頭として半井の有力な支持者であった。半井はこの浪人時代、伊沢—次田—有吉—柴田という人脈の中で官界復帰を待っていたのである。

二　挙国一致内閣期の地方行政

1　斎藤内閣の成立と新官僚

一九三二年、五一五事件で犬養内閣が倒れたのち斎藤実が「非常時」克服のため「挙国一致」内閣を組織した。斎藤内閣の組閣では入閣を要請された伊沢多喜男、斎藤朝鮮総督時代の官僚であった児玉秀雄、湯浅倉平、有吉忠一、丸山鶴吉ら「朝鮮組」と呼ばれる貴族院グループが組閣の中心となった。(34)

斎藤内閣の成立は、半井の官界復帰にも作用した。これまで半井を推輓してきた柴田善三郎がこの内閣の書記官長となり、柴田は六月二八日「党臭打破・人材網羅」を掲げる地方官の異動を発令し、半井はこの人事により栃木県知事に任命された。この内閣で柴田と半井が内務官僚人事について連絡をとっていたことは、同年一〇月六日付の柴田からの書簡で「些か気をいら立たせ候新聞の記事は余り御心配に及ばずと存候。所謂型破りにて一部の人々が大事にせられなかつたとの事のみ。近々手当可致予定に候。」とあることからも窺われる。(35)さらにこの書簡で柴田は「それよりも朝鮮組之一部が却て警戒を要するかも知れず候」と述べている。これはこれまで「朝鮮組」の系列にあった柴田、半井が新たな結び付きを形成しつつあったことを示している。それはこの内閣で一つの政治勢力となって登場した新官僚グループであった。

安岡正篤が新官僚の母体といわれる国維会を創立したのはこの年一月であった。国維会には後藤文夫、松本学、吉田茂、香坂昌康など内外の危機的状況を克服するための政治革新を唱える内務官僚が集まり、地方官僚層にも多数の支持者を持ったが、(36)とくに斎藤内閣に彼らの指導的地位に立つ後藤文夫が伊沢の薦めによって農林大臣に登用されたことは、国維会系新官僚の政治的進出と喧伝された。柴田は五月三一日後藤農林大臣、松本警保局長らの国維会での就任祝賀会に出席し、[37]半井もこの頃から国維会の指導者安岡との接触を深めている。一九三二年八月一一日付の半井あて安岡書簡には「拝復　尊翰敬受仕候。御心配相かけ恐縮至極に奉存候。早速橋本秘書官えも其旨通し置可申」とある。[38]文意は必ずしも明らかでないが、「橋本秘書官」とは青年団運動の指導者で国維会理事から後藤農林大臣秘書官となった橋本清之助であり、橋本は石黒忠篤次官や小平権一農務局長らとともに後藤の唱える「革新的農政」を展開していた。以下にみるように栃木県知事として農村救済を推進していた半井にとって安岡―橋本―後藤という国維会農林省の有力者は中央との有力なルートであった。[39]

2　栃木県知事

六月三〇日宇都宮に赴任した半井は、まず県庁から「党臭一掃」を指示した。この県官の更迭は前知事が行った政友派系の人事の粛正であり、政友会栃木県支部は九日これに反対の決議を提出した。しかし八月に行われた県下警察官の大異動では民政派から再度の更迭が要求された。[40]かつて民政派と目された半井は、自らが復帰した地方長官人事と同じく政党打破を目指した人事を行ったのである。

半井はこの栃木県時代、「県政の主力を農業の振興と青少年の指導錬成」に置いたと述べている。[41]斎藤内閣の内政における最重要課題は五一五事件の社会的背景でもあった農村救済であり、七月一八日斎藤首相は各地方長官に農村並に中小商工業者の窮状救済に関して「政府の方策に順応し各地方において緊切有効な諸方策の実施につき極力政府と協力一致」するよう訓示した。[42]半井はこれをうけて九月一五日初めての臨時県会で「時局匡救土木費起債」や「農山漁村失業対策資金貸付」など二七件の議案を提出、追加予算総額は一九八万円余りに達した。その趣旨について半井は「今回の土木事業は従来と違い、現在の農村窮乏を緩和することが目的である。従って総ての計画が工事本位より寧ろ農村対策本位に計画されている」と述べた。[43]さらに次年度の予算編成にあたっても、一般経費や人件費を削減する一方、特に必要とされる産業開発助成や社会事業の施設は財源の許す限り計上する方針をとり、予算総額は前年度より二三一万円余り増の九五七万五千余円の積極予算を編成した。一九三三年は時局匡救土木事業が全国的にもピークを迎えた年であり、半井県政でも日光道路改修などの土木事業を通じて公共投資による失業対策を図り、また地域産業の振興を奨励した。とくに工芸品の改善奨励については柳宗悦や浜田庄司といった一流の陶芸研究家を通じて当地の益子焼や綿羊紡績の改良発展に尽力し、足利撚糸試験場や種畜場有畜農業法練習所などを設立した。[44]

このように様々な農村救済事業のほか、半井はこの栃木時代においても下からの「自力更生」を喚起する精神運動を推進した。半井は各地の農村指導者と男女青年団に呼びかけて今市の尊徳神社を中心に報徳思想鼓吹の祭典を実施し、「国民精神の作興」「尊徳精神の高揚」に努め、精神運動を「自力更生運動の実践」に結び付ける組織作りを行った。[45]報徳主義は地方改良運動以来一貫する内務省による国民統合のイデオロギーであったが、半井もまた昭和期の天皇制官僚としてこの報徳主義をもって昭和恐慌下の農村危機の克服に臨んだのであった。

半井が農村における精神運動の推進、青年教育において指導を仰いだのは、教育者・農業指導者、また満州移民の指導者としても名高い加藤完治であった。加藤は一九二六年に茨城県日野原の日本国民高等学校の校長となって独特の農本主義思想のもとで農民教育を行い、三二年の満州国建国以降は、関東軍の東宮鉄男や石原莞爾らの軍人と緊密な関係を持って満蒙開拓移民の青少年育成、いわゆる満蒙開拓青少年義勇軍の創設と指導を行った。半井はこの栃木県知事時代に日本国民高等学校に加藤を訪問して指導を懇請し、「この学校と同じ様に、農村の青年たちが合宿して訓練できる県立の施設」を作ることを決意し、[46]同学校を模して上野原農学寮を設立した。農民道場は満州への移民熱が高まる中で「真の農村的人物」の養成を図るために各地で設立され、栃木県はその中でも先駆的であった。その後三四年五月に農林省が各地に通牒を発し（六月二八日農林省令公布）、政府が積極的に設立指導に乗り出す際には「半井知事の計画に学ぶところ」が大であったという。[47]

半井栃木県政は、以上にみたように中央で掲げられた「挙国一致」「時局匡救」「自力更生」などのスローガンによって示される「非常時」打開の諸政策を地方政治において積極的に展開した。しかしそれは地方官僚として中央の指示を忠実に執行したということにとどまらない。

斎藤内閣の末期である三四年五月四日から行われた地方長官会議で半井栃木県知事は関東地区の知事代表として出席したが、この会議で半井らは「匡救事業の継続」のほか、かつての郡役所のような「中間機関」の設置、他省の許認可権を含む中央から地方への「分権の拡大強化」、「少壮地方官吏の教育」のための「官吏大学の設置」などの要望を提出した。この会議は従来の地方長官会議が「訓示拝聴の受動的態度」から「能動的変化」を示したものとされ、[48]またこれらの要望意見も「行政事務を眼目とする意見とは異なったイデオロギーが感受される」ものとされた。[49]半井らこの時期の地方長官は農村危機打開策を通じて地域政治における官僚支配を拡大させる役割を果たすと同時に中央に対する地方官僚の自立性も強調していったのであり、新官僚にみられる官僚の自立化と機能強化の志向は、中央にとどまらず地方官僚層にも現れたのである。[50]

3　宮城県知事

一九三四（昭和九）年七月八日斎藤内閣が岡田内閣へ交代し、半井も地方官の異動で宮城県知事へと栄転した。この異動についてある新聞は「新内閣の参謀として時めく後藤内相に見込まれて栃木県知事から一躍宮城県知事に抜擢」と記し、[51]別の新聞は「お手柄を認められ半井さん宮城県へ／民政系から新官僚へ転向」と題し、「岡山閥の色彩と相まつて民政色濃厚な牧民官であつたが、政党後退の新官僚系出現とともに本然の官僚色を発揮し昨今は先輩次田内務次官を通して新官僚系の一党と密接な連絡をとつていた」と記した。[52] 前任の宮城県知事は赤木朝治であり、「共に岡山県の産とは奇しき因縁」といわれた。[53]

松本学、赤木朝治、次田大三郎は、いずれも岡山県出身で関西中学、六高の卒業であった。彼らは半井より二〜四年前に入省し、半井が福島県内務部長時代の第二次加藤内閣および第一次若槻内閣下で松本は神社局長から静岡県知事に、赤木はその後任神社局長、次田は土木局長と本省の局長クラスの要職を占め、政友派は彼らを「岡山系最近の横暴に対し庁内にも反感あり」と評した。[54] 半井は彼らと同じく内務省岡山県人会に所属しており、[55] 今回の「栄転」は後藤―次田という「新官僚」―「岡山閥」グループの推輓であった。

半井が宮城県知事に着任した一九三四年七月は、東北六県が冷害により大凶作となり恐慌以来疲弊していた農村の惨状は全国に伝えられ大きな社会問題となっていた。着任早々の半井もまずこの対応に迫られた。半井が打ち出したのは応急的対策ではなく「東北共通の根本対策」樹立であり、国家的援助を要請する運動であった。[56] 東北六県の筆頭に位置する宮城県知事の立場から、半井は関係各県の内務部長や技術者の協議会を開催し、また六県知事を勧誘して一一月の臨時議会に東北振興調査会設立を陳情した。こうした努力は一二月東北振興調査会官制に結実した。これによって総額六億三千万円に上る東北振興一〇カ年計画が計上され「東北振興の基」が築かれた。[57] 半井は本来の所轄の「農林省には目もくれず、まず内務省に行って内務大臣に会い、そのあと総理大臣に会って」陳情したというが、[58] こうした運動に半井の内務省中央との強い人脈は効果を発揮したであろう。また半井は宮城県の振興策を東北大学教授本田光太郎に諮問して大規模な工場誘致とその助成を説く試案を得、これをもとに一一月県会に、塩釜港埋立地に三菱、東洋紡などの大工場を誘致し、土地使用料減免などの優遇措置を講じる案を提出し、仙台商工会議所の支持を得て通過させた。[59] 半井は農業恐慌以来の相次ぐ打撃に沈む宮城県、そして東北地方の危機を中央からの資金や資本の導入によって打開しようとしたのである。

半井は政府・臨時議会に東北振興調査会設立案を提出すると同時に、県下で知事以下、部課長、県議、民間有志を網羅して宮城県振興対策委員会を組織し、これに「県下の全面的振興は一に青年の熱意にあり」として、県下の青年団の参加を呼びかけた(60)。半井は就任初の県参事会に農民道場開設のため五万七千円の予算を計上し、宮城から転出する際に「自分が宮城県でやりかけた仕事で将来最も伸びて行くもの又もっとも大きな成果を結ぶものは農学寮であらう」と述べ、宮城においても「農村経済改造のため中堅青年を養成する」ことに力を注いだ(61)。

ここで注目されるのは「中堅青年」の養成を陸軍と結び付いて実施したことである。半井が農民及び青年教育について指導を仰いできた加藤完治からの一九三四年八月一日付の書簡は、次のように書かれている(62)。

「御親書難有拝見、御申越の件につきては種々考慮致す可きにつき暫らく御猶予願上候。御地には日支問題にて有名な石原大佐も第四聯隊長として在任せられ小生は同大佐とは特に親しく致し居候につき貴台に於かせられても何卒親しく御会談希上候。石原大佐は御承知の通り憂国の志士に有之候故他人を介せず貴台直接御熟談希上候。小生も其内参上種々御相談申上げ度く先は御返事まで。早々。半井知事閣下」

文面にある石原大佐とは満州事変の首謀者として有名な石原莞爾であり、前年八月から仙台の第四連隊長に転出していた。加藤は三二年六月、満蒙開拓青少年義勇軍の創設者であった東宮鉄男大尉を介して奉天で関東軍参謀の石原と会い、満州農業移民の協力を依頼した関係にあった(63)。

右の加藤の紹介をへて半井は石原に面会した。その際石原は「あなたのことは加藤から聞いて待っていた。私は連隊長として良兵を作ると同時に、良民を作ることを考えている」と述べ、初対面で懇意になった二人は、県から農業指導技師の連隊への派遣、連隊からは道路工事や河川改修など「多勢の人手を要するときは、いつでも訓練のために兵隊を出」す、との約束を交わしたという(64)。当時石原は第四連隊長として様々な軍隊教育の改革や実験を行い、「演習の余暇には、県庁の農業技術員を講師に、兵営内で農業講習会」を開いたが(65)、これは右の半井との協力関係の一端であろう。

石原が目指したものは農村と軍隊との結びつきによる国防力の増強であり、かつて田中義一が日露戦後の歩兵第三連隊長時代に行った「良兵良民」主義に擬せられるものであった。田中の「良兵良民」主義は「良民即良兵」主義でもあったが、国防国家建設を目指す軍人石原と「農村中堅」の養成を推進する行政官半井の接点もこの「良兵良民」主義の両義性にあったといえる(66)。

半井は、この「良兵良民」主義の実践を青年訓練所の振興として取り組んだ。一九二六（大正一五）年に成立した青年訓練所は尋常小学校卒業後、徴兵検査までの間の青年を対象に実業補習教育と軍事教錬を施す教育機関であったが、この頃にはその形骸化が指摘され、また軍部の圧力によってより軍事色の濃い組織への改編が要請されていた（三五年四月に青年学校に改組）。半井は赴任以来、県教育課に命じて「教錬による国防能力の増進を計る一方農山漁村の青年に適した実際的教育を施し、これを通じて団体的陶冶を計る」という青年訓練所の振興策を作成させた。この案は秦真次第二師団長の賛同を得て「師団、聯隊区と協力成案次第着手」することになった(67)。半井の「農村中堅」の養成策は、満州事変以後国防思想普及運動や国体明徴運動など農村への思想動員を展開していた陸軍と提携して強化されていった。

4　社会局長官

三五年六月丹羽七郎内務次官が辞任した。丹羽は次田大三郎や安達謙藏の推輓により内務次官（内相は後藤）にまで昇進した「内務省に於ける新官僚派のリーダー」であった(68)。丹羽の後任内務次官には赤木朝治が就任し半井はまたも赤木の後任として社会局長官に抜擢された。この半井の昇進にやはり後藤と柴田があったことは六月二八日付の柴田からの書簡で明らかである。

「本日は愈御栄転閣議決定可相成赤木氏と共に其所を得て愉快至極に存候。五月二十四日後藤氏に此案を進言偶然か結果を見たるは同氏の人事の妥当に敬服致候。東北の事も重要に候へ共此度の事は蓋し何人も容認する所に可有之候。御来着適当の時期に祝杯を挙け度候」(69)

当時社会局が担当する社会行政は、大きな転換期を迎えていた。中国大陸での戦線が泥沼化の様相を深め、国家総力戦体制への準備として銃後の国民の福利や保険行政、軍事援護、労働行政など、社会局の所轄事務は拡大し、重要性を高めつつあった。半井が長官となった三五年後半以降の社会局はこうした社会行政の拡大とともに専門分化が進み、専門の担当官庁の設置が模索された時期であり(70)、三八年一月厚生省が新設されて社会局は内務省衛生局とともに吸収される。社会局当時と思われるの半井の「メモ」には「社会局ノ将来」として「産業省（商工、農林、社会局労働部）、有力ナル無任所大臣、産業政策ト労働問題、専門委員（商工省ト共同）」と記し、労働行政を総合行政の中で解決する方途を模索し、また「社会局長官ハ特別ノ存在」、「社会局長官ノ使命」は「事務ト政務トノ連絡」と位置付けている(71)。半井長官のもとで社会部長であった狭間茂（のち内務次官）も当時の行政事務の根本問題は「社会行政に対する国民の全体的認識を高めるということ」、「政治面においての社会行政に関する認識を本格的に高揚するということ」であったと述べている(72)。社会局が所管する労働行政、保健行政などの社会行政は準戦時下で重要性を増し、政治と不可分な関係にあったのである。

表 8-1　歴代社会局長官（外局以降）

就任年月日	前職	氏名	転任先
1922年11月 1日	地方局長	塚本清治	内務次官
1923年 9月 5日	東京市助役	池田宏	京都府知事
1924年12月15日	土木局長	長岡隆一郎	警視総監
1929年 7月23日	神社局長	吉田茂	免本官
1931年 5月 8日	福岡県知事	松本学	免本官
1931年12月18日	土木局長	丹羽七郎	内務次官
1934年 7月10日	宮城県知事	赤木朝治	内務次官
1935年 6月26日	宮城県知事	半井清	神奈川県知事
1936年 3月13日	土木局長	広瀬久忠	内務次官
1937年 6月 5日	警保局長	大村清一	長野県知事

出典：『内務省史』第４巻（大霞会、1971年）657頁。
注：事務代理の潮恵之輔（1929年6月25日～7月23日）を除いた。

社会局が内務省の外局となって以降、一九三八年一月厚生省に吸収されるまでの社会局長官の経歴をみると（表8−1）、新官僚グループの吉田茂（二九年七月）、松本学（三一年五月）、丹羽七郎（同一二月）、赤木朝治（三四年七月）と続いている。歴代長官の転退任先の多くが内務次官、警視総監、京都府知事など本省の局長ないしは一等府県の知事クラスで内務官僚の昇進過程においてトップの地位につながっており、こうした傾向は新官僚全盛の三一年から三五年頃に顕著である。また免官となった吉田茂はこの後協調会をへて三四年一〇月に内閣書記官長、三五年五月には新官僚の拠点となった新設の内閣調査局長官となり、松本学は三二年五月に警保局長に復帰している。(73) 吉田、松本、丹羽、赤木と続く社会局長官のポストは新官僚の昇進過程の重要な一階梯であり、半井が宮城県知事から社会局長官に転出した際、次は内務次官と評されたのも当然であった。

三　総力戦体制への移行と地方官僚

1　新官僚の退潮

一九三六年三月一三日、半井は社会局長官から神奈川県知事となった。二・二六事件による岡田内閣の倒壊、広田内閣の成立という「物情騒然たる嵐の中」での地方長官異動であった。この異動は半井にとって「寝耳に水で意外」なものであった。(74) 半井は「左遷などとは思つてない」と新聞記者に答えたが、半井のキャリアからすれば大県とされた神奈川県とはいえ「本人としても相当不満」とされた異動であった。(75)

今回の内務省の人事異動は潮内相によって「保障令に狎れて沈滞に流れんとする空気を刷新する」ために断行されたとされる。(76) しかし半井にとって「寝耳に水」の転任は、新官僚の拠点であった警保局と社会局内の「事件」が直接の原因であった。

すなわち二・二六事件以前より両局の「少壮事務官」たちの中には「非常時打開のため適正なる方策を樹立し実践せよ」「新日本建設のため文官は積極的に参加すべし」といったスローガンを掲げて「全国官吏の覚醒運動」を呼び掛けるグループが存在した。[77]二・二六事件直後の三月一日、事件鎮定後登庁してきたこれら内務省警保局、社会局の少壮事務官の一団が、「次期政権の担当者は強力清新にして非常時打開の改革断行力ある人である事を希望する」旨の建白書を後藤内相に提出したのである。この事件は少壮事務官の下剋上的な挙として「首脳部は驚愕し」直ちに部課長から次官、さらには戒厳司令官、元老西園寺のもとにまで伝わり「内務省のみでなく、調査局、商工省、農林省の少壮部にも伝波し、有力な横断的な動きとなって現れている」とされた。こうした「内務省少壮官吏」の「革新運動」に対して、内務省大臣官房は三月四日異例の談話を発表し事態の沈静化を図った。[78]内務省内にも政治改革志向を強く持った「少壮派」が存在したのである。[79]

こうした省内の動きは、二・二六事件の治安当局として責任問題の矢面にあった内務省にとって重大であり、事件の中心になった警保局首脳部は早々に進退伺いを提出した。[80]吉田茂以来新官僚グループが長官を占めてきた社会局も、内部で彼ら以上に急進的な政治改革志向を持った少壮官僚グループが成長していたのであり、半井の突然の転任は社会局で生じたこの不祥事の責任を問われるものであったと思われる。

後藤に代わった潮内相は三月二六日に招集した地方長官会議で「吏道の振粛」と「厳重戒飭」を訓令したが、以後の内務省の状況についてある評論は「一時、内務省は新官僚の総本山のやうに云はれて、政党などからは随分目の仇にされたものだが、潮、河原田と云ふ旧官僚に近い大臣が二代続いている間に、いつの間にか所謂新官僚型の官吏といふものは省内から姿を消した」と述べている。[81]半井の後任の社会局長官となった広瀬久忠は右の評論では「新官僚が清算された後」の「新しい型の事務官」の一人とされる。それは「後藤内務大臣当時の、変に思ひ上がった『青年将校』気取りの事務官」と異なり「政治活動領域に於ける官僚の役割及びその限度と云ふ風なものは充分によく認識」している官僚であった。二・二六事件の反動として内務省内では主体的に政策遂行の主導権を発揮しようとする新官僚が退潮したのである。そのリーダー後藤文夫は二・二六事件処理の後、四一年八月に大政翼賛会中央協力会議議長に就任するまでの間政界の一線を退き[82]、後藤につながる半井もまた中央から排されて再び地方官生活を送ることになった。

2 神奈川・北海道・大阪時代

社会局長官から転出して以後、半井は神奈川県（三六年三月）、北海道（三八年一二月）、大阪府（三九年九月）の各長官を歴任した。これらの地においても半井は従来の行政姿勢を踏襲した施政を行った。すなわち一方で大規模な産業開発を行いつつ、同時に国民を各種団体へ組織化して行政への協力に動員し、上と下の双方から地域の経済力と精神力を喚起することに施政の眼目を置いた。それは日中戦争の本格化による国家総動員体制の構築に向けて第一次近衛内閣が展開した「国民精神総動員運動」（三七年一〇月）や「生産力拡充計画」（三八年一一月）などに対応するものであった。

例えば神奈川県では「軍需品の生産拡大」の要請に応えて、陸軍の造兵工廠の設置などを企図する「相模原軍都開発計画」や「相模川河水統制、京浜運河造成、鶴見川改修」のいわゆる「三大事業」を推進して、関東大震災で打撃を受けた神奈川県の経済復興を軍需と結び付けて達成させる一方、県会各派を統合した「時局委員会」の結成、「中等学校の勤労奉仕作業に着目全国に先駆けて」結成した「学校報国団」、「青年団員の修養道場丹沢の報国寮」、「青年の心身を鍛錬し地方自治体の幹部たるべき資質の涵養を主眼」とした「昭和塾」の設置など、国民統合の強化を進めた[83]。

半井は次いで北海道長官となるが管内の視察も終わらないまま九カ月足らずの在任で、三九年九月大阪府知事となった。工業誘致や鉱山開発などに着手したばかりの「北海道から大阪への転任は何といつても不満であつた」と半井は「日記」に記している。[84]この大阪府勤務は三度目であり地方長官中の最長老となった半井は「此時分が自分の地方官として最も油の乗つた時であつたかと思ふ」と記している。[85]就任後初の臨時府会で半井は早速次年度の予算編成に臨み、重大時局下で経費節減と事業の繰延・中止を掲げながらも前年度より二三〇万円増加の予算案を提出した。その増加分は貿易振興並びに生産拡充に関する経費（一四二万円）、堺港湾改良事業費（一〇七万円）など、半井の説明によれば「我国産業貿易の中心地たる本府の特殊的地位に鑑み」た費目であった。このような「生産力拡充」政策を積極的に推進した半井は大阪において「産業長官」と呼ばれた。[86]

しかしこの時代に半井が苦心したのは、時局の進展とともに強まる中央からの経済統制であった。大阪府知事就任前後より電力、米などの国民生活に密接な物資の統制が相次いで実施され、半井は四一年一月三日の「日記」に「大阪の回顧」として「電力、米、木炭、一年四か月間之には心血をそゝいて苦労した」と記している。「電力」はこの夏の空前の渇水により三九年八月二四日、政府が全国に電力供給制限を断行したのに対し、半井はこの措置は「商都大阪」の「全工場機能に四割減の大損害を招来する」として「即刻旧態復帰」を逓信省など関係官庁に運動し、同年末に相次いで配給統制が開始された「米」「木炭」に対しても緩和を中央に要請した。[87]経済統制の強化は地方行政において内務省の専管する自治行政と経済官庁の産業行政の間を乖離させ、内務官僚の地方長官がこれをどのように調整するかが問題となっていた。[88]

3　地方長官会議

国家総力戦への移行期に生じた地方行政の新たな局面において、半井は地方長官の最古参として二度の地方長官会議（三九年一〇月、四〇年五月）をリードした。三九年一〇月二日より開催された地方長官会議で半井は地方側代表として、「従来や丶もすると折角中央で計画を樹立してもいざ実施となるとそれは全く地方郷土の実情から離れたものとなつてしまつた例がある、之は帰する所、中央部が勝手に計画を行ふからであると考へられる」と批判した。半井は相次ぐ経済統制策の運営において地方の実情を尊重すること、すなわち「我々地方長官を十分運用活用」することを要望したのである。(89)

こうした発言は中央に対する地方長官の独自性の主張であり、この頃のものと思われる半井の「メモ」に「各省割拠の弊」と記された中央への不信によるものであった。(90)さらに翌四〇年五月二日、米内内閣初の地方長官会議の初日の閣僚晩餐会において、半井は席上とくに発言を求め「秘密主義が民心から安定を奪ふ」とし、「毎度国策に協力せよといはれ、地方に在つて微力を尽している…地方長官の人心を安定させないでどうして地方民の人心を安定させることが出来ようか」と批判した。(91)さらに翌三日の会議では「精動運動並びに物資の諸問題」とくに各府県での経済統制方式が問題となった。従来物価の統制は商工省の中央物価委員会（後に物価局）と地方長官を会長とする地方物価委員会の連絡によって決定、運用されてきた。(92)しかし、こうした府県単位での経済統制では近接府県との不均衡をまねくとして、地方長官会議では半井大阪府知事、児玉愛知県知事らが全国をいくつかのブロックに分けて統制することを提言した。

このような従来の府県体制を越える広域行政化と地方長官の権限強化は、新官僚グループの年来の主張でもあった。三三年八月に吉田茂が試案をまとめた国維会研究会の「国政革新の要訣」によれば、政党の地方利益誘導策の回路を阻止することを意図して全国九ブロックの広域行政と「親任待遇」の長官の設置を提唱している。(93)また二二六事件後の広田内閣期以降、総力戦に備えた総合的な行政機構改革の必要から第一次近衛内閣や平沼内閣の地方制度調査会においてこれらの問題はしばしば論議され、(94)統制経済の進展に対応するため内務省―府県体制を越える広域行政が要請された。

半井ら地方長官から提出された広域行政案は一〇日の国策閣議で採用され、全国を関東、近畿など八つの「府県経済ブロック」にわけ、地方連絡協議会のもと「政府の方針に従ひ全国的一貫性を保ちつゝ各ブロック府県相互間における物資の配給を議し、また物価の方は各府県によつて異なる凸凹を是正して物資の偏在を防ぐ」こととなり、また米穀強制買入の権限が農林大臣より地方長官に委任されることになった(95)。新官僚グループが主張した親任官待遇の強力な地方長官設置は実現しなかったが、広域行政を担当する地方長官の権限強化は一部実現したのである。

この四〇年の地方長官会議は「帝国議会と並んで国政を論究し、しかも議会よりも充実」したものと注目された(96)。これらの会議を通じて半井は戦時国策を遂行するため強力な権限を持って広域行政を担ういわば「大地方長官」の確立を目指す活動を行ったといえる。新官僚の系譜に位置した半井は、経済官僚主導の中央統制から地方長官の自立性を強調したのである。これは社会局長官以後、中央官僚としてではなく地方官僚として官界生活を終えることになった半井の最後の目標となった。

おわりに—内務官界から横浜市長へ

半井清は一九一三年に内務省に入り、四〇年一二月大阪府知事を退官するまで二八年間地方官僚として歩んだ。この間課長時代までの大正期に半井は大阪府における方面委員制度の導入や米騒動対策、三一運動後の朝鮮総督府における宗教思想対策など社会問題の解決を治安対策として取り組んだ。次いで部長から知事へと昇進した昭和期初頭には、恐慌下の農村救済対策や経済更生運動において報徳主義を基調とした「農村中堅」の養成によって農村秩序の維持を試みた。半井が初期の地方長官時代に「牧民官」と評されたのは、地方行政の第一の課題を民心の安定と社会秩序の維持に置く彼の行政姿勢によるものであった[97]。

一方、この時代を通じて内務省内で培われた柴田善三郎との上司下僚の関係は、柴田の動向とともに「朝鮮組」から「民政党系」へ、また独自の「岡山系」人脈を加えてより政治性の高い人脈となっていった。この人脈の頂点にあったのが伊沢多喜男であり、五一五事件後の政党政治の終焉とともに伊沢閥から新官僚グループが台頭すると半井もまたその一員として推輓された。そして政策面でも半井は地方政治から政党を排除しつつ、農業政策や産業政策において中央に直結した官僚主導型の行政を展開し、そして時には軍部とも提携した思想動員を進め政治的革新性を強めた。しかし新官僚勢力が二二六事件後中央から退潮し、代わって経済官僚を中心とする革新官僚が統制経済を強化した総力戦体制準備期には、半井は中央省庁間の割拠主義を批判し、地方官僚の権限強化と広域行政を主張して「大地方長官」を目指すに至った。革新官僚と軍部が政治の主導権を握るこの時期において、内務省の新官僚は地方においてその存在を主張したのである。

以上のような半井の内務官僚としての軌跡にみえる特質は、行政姿勢の側面では国民教化と統合を志向する内務省主導の総合行政たる「行政自治」の傾向が強く、統治機構内での官僚の構成要素としての側面では、政党政治期には民政党と結び、その退潮後には新官僚グループという独自の政治勢力を形成したように、「政治性」が優位したものであった。半井ら新官僚と呼ばれる内務官僚たちが、「経済専門性」の優位した革新官僚と相容れなかったのは、以上のような特質に因るものであった。「大地方長官」構想も政治的には伊沢多喜男系新官僚の革新官僚に対する、また行政的には内務省の総合行政と商工省など経済官庁による専門行政との対抗において捉えられるであろう。

当時地方官中の最古参となっていた半井は、四〇年一二月大阪府知事を退官して内務官僚としての経歴に一応の終止符を打った。そのころ横浜市では青木周三市長が辞意表明しており、横浜財界の中村房次郎は枢密顧問官伊沢多喜男に後任市長の斡旋を依頼した。伊沢は柴田善三郎に命じて、半井に就任を要請した。柴田は前述のように半井をこれまで何度も推挽してきた人物であり、元横浜市長の有吉忠一とは縁戚関係にあった。

この要請を当初固辞した半井に対し、翌年一月一一日に伊沢は「賢台之将来之方途に就ては勿論御自身に於て深く考慮致し居られることに御座候得共老生も多年辱職之者に対して尽すべきを尽し候こと国家に対する義務に候。微力ながら彼是奔走致居候」と、なお説得を行い、さらに「老生は地方長官之地位向上の為には半井大阪府知事の後任として現大臣級の人物を以てすべくと主張し一の全体案を提けて当路者に進言致候処相当其効果ありたるかに相感じ居り候」と述べている(98)。半井の横浜市長への斡旋は、伊沢系新官僚グループの「大地方長官」を目指す人事構想の一環であった。

半井は逡巡のすえ同年二月横浜市長に就任し、以後四六年一一月までの間、戦争、敗戦と占領という混乱の時代の横浜市政を担う。その時代の半井市政については次章で論じることになるが、地方政治から既成政党勢力を排除しつつ官僚主導の民衆組織化と精神動員による社会秩序の維持を地方行政の第一の課題に置き、伊沢系官僚グループの一員として中央とのパイプを保持して地方行政をリードした彼の政治的な地位及び行政の基本姿勢は、次の横浜市政の時代においても展開されるのである。

注

(1) 高木鉦作「日本の地方自治」辻清明『行政学講座2　行政の歴史』(東京大学出版会、一九七六年)二七五〜二七七頁。

(2) 高木鉦作「知事公選制と中央統制」『現代行政と官僚制　下』(東京大学出版会、一九七四年)二六〇、二六一頁。

(3) 昭和期の官僚の研究については古川隆久「『革新派』としての柏原兵太郎」(『日本歴史』四九六、一九八九年九月)、同「革新官僚の思想と行動」(『史学雑誌』九九編第四号、一九九〇年四月)、同『昭和戦中期の総合国策機関』(吉川弘文館、一九九二年）の一連の革新官僚研究が研究史を網羅している。革新官僚や経済官僚、技術官僚については多くの研究があり、近年のものに波形昭一・堀越芳昭編『近代日本の経済官僚』（日本経済評論社、二〇〇〇年）、大淀昇一『技術官僚の政治参画　日本科学技術行政の幕開き』（中央公論社、一九九七年）などがある。内務官僚については林博史「日本ファシズム期の警保局官僚」『歴史学研究』（五四一号、一九八五年五月）、河島真「国維会論―国維会と新官僚」（『日本史研究』三六〇、一九九二年八月）、同「戦前期内務官僚の政党政治構想」（『日本史研究』三九二）、高橋彦博「新官僚・革新官僚と社会派官僚　協調会分析の一視点として」（『社会労働研究』第四三巻第一・二号、一九九六年）がある。ただしこれらは中央の政策官僚としての内務官僚であり、政党政治との関連での政治性や政策・構想における革新性が主題となっている。従来の研究においては、新官僚と革新官僚、内務省と農林省ほかの経済官庁の思想や政策面での相違に着目するが、官僚層内部の時代を通じた勢力形成や変化の過程を捉えるものは少ない。また古川隆久「政党内閣期の内務官僚」『地域文化研究　広島大学総合科学部紀要Ⅰ』第二一巻（一九九五年）は「牧民官」意識という内務官僚の「心性」を手がかりに政党政治下の内務官僚の位置づけを試みている。古川も指摘するように未だ事例研究が不十分であり、とりわけ内務官僚の大半を占める地方官僚と地域政治との実際の関わりについて検討を深めていく必要がある。

（4）　戦前期の地方官僚の研究としては埼玉県知事経歴の官僚について人格形成期を含めて生涯にわたる詳細な検討を行い、時代状況と知事の個性を視野に含めて県政の展開を跡付けた小山博也『埼玉県政と知事の歴史的研究』（新興出版社、一九九六年）がある。

（5）　例えば東京市では大久保留次郎（就任一九四〇年五月一二日）、大阪市の坂間棟治（一九三六年七月二〇日）、中井光次（一九四五年九月八日）、京都市の篠原栄太郎（一九四二年七月六日）、名古屋市の県忍（一九三九年一月一〇日）、佐藤正俊（一九四二年二月二一日）らである。本書第一章の表1―4を参照。

（6）　半井清『わが人生』（神奈川新聞社、一九七九年）八、一九、二〇頁。

（7）　岡義武「日露戦後における新しい世代の成長（上）（下）」『思想』五七二、五七三（一九六七年二月、三月）参照。

（8）　前掲半井清『わが人生』二三、二四頁。

（9）『大阪府社会事業史』（大阪社会福祉協議会、一九五八年）三〇九頁。
（10）『大阪府民生委員制度四十年史』（大阪府民生部社会課、一九五八年）二五頁、五九頁。
（11）前掲半井清『わが人生』二七頁。
（12）小河滋次郎「方面委員制度の過去、現在、未来」（横浜市社会課『法学博士小河滋次郎述方面委員制度』一九二二年所収）八頁。
（13）日本社会事業大学救貧制度研究会編『日本の救貧制度』（勁草書房、一九六〇年）一九〇頁。
（14）前掲半井清『わが人生』二五、二六頁。
（15）『子爵斎藤実伝』第二巻（斎藤子爵記念会、一九四一年）五六二頁。
（16）山辺健太郎『日本統治下の朝鮮』（岩波書店、一九八三年）六三〜六五頁。
（17）前掲『子爵斎藤実伝』第二巻、五五九頁。
（18）前掲半井清『わが人生』二九、三〇頁。
（19）半井清『浮き草の思い出』（有隣堂、一九七二年）四九頁。
（20）栗林貞一『地方官界の変遷』（世界社、一九三〇年）四六八頁。
（21）「内務省内人事考課表」（「山岡万之助関係文書」学習院大学法学部図書室所蔵）及び前掲半井清『わが人生』三五頁。
（22）伊沢多喜男については本書第一章第三節2を参照。
（23）半井清宛柴田善三郎書簡一九二八年三月六日付（「半井清文書」柳瀬正敏家所蔵）。「半井清文書」については、大西比呂志「半井清論覚書—戦前期地方官僚の市政と交流」『市史研究よこはま』第五号（一九九一年）を参照。
（24）前掲栗林貞一『地方官界の変遷』三八九頁。
（25）升味準之輔『日本政党史論』第四巻（東京大学出版会、一九七五年）一六七、一六八頁。
（26）半井清「全県産業開発運動ニ就テ」（「半井清文書」）。原文片仮名表記は平仮名に改めた。
（27）農山漁村経済更生運動における農村再編成をめぐる農林省と内務省の動向については、池田順『日本ファシズム体

制史論』（校倉書房、一九九七年）を参照。
(28) 半井清「実行組合の活動」『斯民』一九三一年一月。
(29) 『佐賀毎日新聞』一九三二年七月一六日。
(30) 森武麿「日本ファシズムと農村経済更生運動」（『歴史学研究別冊特集　世界史認識と人民闘争史研究の課題』一九七一年一〇月）一四〇頁。例えば同年九月の産業組合法の改正において農林省経済更生部長の小平権一は「農村の振興は此の五人組類似の部落団体の働きに俟つものがく少くない…これを手足として、産業組合の機能を充分発揮せしむる」と半井と同一の論旨を述べている。『産業組合発達史』第三巻（産業組合史刊行会、一九六五年）三一三頁。
(31) 『大阪毎日新聞西部毎日』一九三一年一二月一九日及び前掲半井清『浮き草の思い出』一五頁。
(32) 大霞会編『内務省外史』（地方財務協会、一九七七年）一七四頁。
(33) 次田大三郎宛有吉忠一書簡一九三一年一二月二〇日付。太田健一ほか編『次田大三郎日記』（山陽新聞社、一九九一年）一八九頁。
(34) 山本四郎「斎藤内閣の成立をめぐって」（『史林』五九巻五号一九七三年九月）七〇頁。斎藤内閣の成立と伊沢の関係については、ほかに黒川徳男「中間内閣期の伊沢多喜男」（大西比呂志編著『伊沢多喜男と近代日本』（芙蓉書房出版、二〇〇三年）、大西比呂志「伊沢多喜男と宇垣一成」（堀真清編著『宇垣一成とその時代　大正昭和前期の軍部・政党・官僚』新評論、一九九九年）がある。
(35) 半井清宛柴田善三郎書簡一九三二七年六月二八日付（「半井清文書」）。
(36) 前掲河島真「国維会論―国維会と新官僚」三～八頁。
(37) 『国維』第二号（一九三二年七月一日）。
(38) 半井清宛安岡正篤書簡一九三二年八月一一日付（「半井清文書」）。
(39) 内政史研究会『橋本清之助氏談話速記録』一二～一四頁。安岡は半井が宮城県知事時代にも任地を訪れるなどその後も交流が確認できる（「半井清文書」所収の半井清宛安岡正篤書簡一九三四年一一月一二日付）。
(40) 『報知新聞栃木版』一九三二年七月一日及び手塚鼎一郎編著『栃木県政友会史』（立憲政友会栃木県支部、一九三五年）八〇九頁。
(41) 前掲半井清『浮き草の思い出』二二頁。
(42)『東京朝日新聞』一九三二年七月一八日夕刊。
(43) 栃木県議会『栃木県議会史』第四巻（栃木県、一九八九年）三七一頁。
(44)『栃木国民新聞』一九三四年七月一一日。
(45) 前掲半井清『浮き草の思い出』二三、二四頁。
(46) 前掲半井清『わが人生』五八頁。
(47)『下野新聞』一九三四年七月一一日。
(48)『東京朝日新聞』一九三四年五月一三日、一九三四年五月九日。
(49) 大霞会編『内務省史』第三巻（地方財務協会、一九七一年）八七八頁。
(50) 田中時彦「斎藤内閣―非常時の鎮静を担って」林茂ほか編『日本内閣史録』3（第一法規出版、一九八一年）三三六、三三七頁。また有泉貞夫「昭和恐慌前後の地方状況―一九二九～一九三四年」（近代日本研究会『年報近代日本研究6　政党内閣の成立と崩壊』山川出版社、一九八四年、所収）を参照。
(51)『東京朝日新聞』一九三四年七月一一日。
(52)『東京日日新聞栃木版』一九三四年七月一〇日。
(53)『報知新聞』一九三四年七月一一日。
(54) 前掲「内務省内人事考課表」（「山岡万之助文書」）。
(55)「内務関係岡山県人会名簿（昭和十一年十二月現在）」（「半井清文書」）。
(56) 半井清「東北地方振興ノ為ニスル根本対策ノ樹立ニ関スル申請書」（「半井清文書」）。
(57)『東京朝日新聞宮城版』一九三五年六月二八日。
(58) 前掲半井清『わが人生』六二頁。
(59)『日刊大仙台』一九三四年一一月二九日。

(60)『報知新聞』一九三四年一二月五日。
(61)『東京朝日新聞宮城版』一九三五年七月四日。
(62)半井清宛加藤完治書簡一九三四年八月一日付（「半井清文書」）。
(63)上笙一郎『満蒙開拓青少年義勇軍』（中央公論社、一九八三年）一九頁。
(64)前掲半井清『浮き草の思い出』五六、五七頁。
(65)田村真作「石原莞爾の全貌」（『中央公論』一九三七年四月号）。
(66)田中義一の「良兵良民」主義と地方行政の関連については、大西比呂志「在郷軍人団の再編と良兵良民主義」（『埼玉県史研究』第一一号、一九八三年三月）を参照。
(67)『報知新聞』一九三四年一二月一一日。
(68)前掲小山博也『埼玉県政と知事の歴史的研究』二八五頁及び「踊る新官僚（4）」（『国民新聞』一九三四年八月一日）。
(69)半井清宛柴田善三郎書簡一九三五年六月二八日付（「半井清文書」所収）。
(70)例えば健康保健組合の監督権の地方長官への委譲（一九三五年一月）、職業紹介事業を「労働力の配置を総動員に適応せしむる必要」から内務大臣及び地方長官の管掌事項にする（三六年五月）などである。『社会局参拾年』（厚生省社会局、一九五〇年）一七九〜一八一頁を参照。
(71)年月日不明「メモ」（「半井清文書」）。
(72)前掲『社会局参拾年』三三頁。
(73)内務官僚吉田茂については前掲高橋彦博「新官僚・革新官僚と社会派官僚　協調会分析の一視点として」四六〜四九頁参照。
(74)『神奈川東日新聞』一九三八年一二月二四日、『東京朝日新聞』一九三六年三月一四日。
(75)『横浜貿易新報』一九三六年三月一四日、『東京朝日新聞』同日。
(76)『東京朝日新聞』一九三六年六月三日。

(77)『東京日日新聞』一九三四年一月二〇日。
(78)大島京一「二・二六事件と新々官僚」(『社会往来』一九三六年四月号)及び『時事新報』一九三六年三月五日。
(79)居安正「ある保守政治家の軌跡」(『社会科学』三七号、一九八六年三月)三三頁によれば、古井喜実らの「地方局の反革新官僚派は二・二六事件が起きるや、当時の内務次官湯沢三千男を動かして、革新官僚派を満州へ出し」たが東条首相時代に再び復活した、と内務省内での新官僚派と警保局に拠る革新官僚派の対抗を述べている。
(80)『東京朝日新聞』一九三六年三月四日。
(81)「各省の次代を造る人々」(『日本評論』一九三七年九月号)。
(82)森有義『青年と歩む後藤文夫』(日本青年館、一九七九年)二三四、二三五頁。
(83)『東京日日新聞神奈川版』一九三八年二月二四日、『東京朝日新聞北樺太版』一九三八年一二月二四日、二五日、『昭和塾概要』(神奈川県、一九三七年一月)。
(84)「半井清日記」一九四〇年一一月二五日の条(「半井清文書」)。同日記は後日の折々にまとめて記述されているので、事実関係と日付は必ずしも一致しない。引用にあたり原文の片仮名表記を平仮名に改めた。
(85)同右一九四一年一月三日の条。
(86)『大阪府会史』第四巻上(大阪府会史編纂委員会、一九五七年)九四六、九四七頁及び『大阪毎日新聞』一九三九年九月一五日。
(87)『大阪朝日新聞』一九三九年九月一七日夕刊。
(88)入江俊郎「明日の地方自治」(『都市問題』一九三六年五月号)。
(89)『東京朝日新聞』一九三九年一〇月三日。
(90)[昭和一五年メモ](「半井清文書」所収)。
(91)『東京朝日新聞』一九四〇年五月三日。
(92)石川準吉『国家総動員史』下巻(国家総動員史刊行会、一九八六年)九二九〜九三二頁。
(93)小関素明「『政党政治革正』と新官僚」(『国立歴史民俗博物館研究報告』第三九集、一九九二年三月)一二九、一三〇頁。
(94)『大都市制度史』(大都市制度編さん委員会、一九八四年)二二六、二二七頁。及び市川喜崇「昭和戦前期の府県行政と府県制度(一)内務省―府県体制の終焉と機能的集権化の進展」(『早稲田政治公法研究』第三七号、一九九一年一二月)一三三～一三八頁を参照。
(95)『東京朝日新聞』一九四〇年五月一〇日。
(96)『東京朝日新聞』一九四〇年五月一二日。
(97)『東京日日新聞栃木版』一九三四年七月一〇日。
(98)半井清宛伊沢多喜男書簡一九四一年一月一一日付(「半井清文書」)。

第九章　戦中戦後の横浜市政——「協調市政」体制の終焉

はじめに

一九四三（昭和一八）年三月の戦前最後の市制改正は戦時行政を担う市長の権限を強化した。これは国家総力戦遂行のため「国策の浸透徹底」と地方行政の「高度の能率化」を市長に求めるものであり[1]、市長は市政体制の強力な指導者として位置づけられた。しかし四六年九月の第一次地方制度改革はこうした市長の地位を改め首長公選とし、市政体制は市会との二元代表制へ移行した。市制においても分権化と民主化が推し進められたのである。

しかしながらこうした制度上の大きな変革のなかでも、市長が地域政治の最も重要な要素の一つであったことにはかわりがない[2]。戦中戦後にかけての市長の地位をめぐる変化と連続のなかで、地域政治の構造はどのような変容を遂げていったのだろうか。

横浜市においてこの間市政を担当したのは、前章で内務官僚としての軌跡を明らかにした半井清である。本章では、半井が戦中戦後の時期において横浜市長として様々な政治勢力と間でどのように政治的リーダシップをとって市政体制を形成・維持したかを検討し、敗戦を挟むこの時代における横浜の市政運営体制の構造変化を明らかにしようとするものである。

一　戦時市政体制の形成

1　半井清市長就任

一九四〇（昭和一五）年一二月に大阪府知事を退官した半井清が翌年二月に横浜市長に就任する過程には、官界（伊沢多喜男―柴田善三郎―有吉忠一）、横浜財界（中村房次郎）、市会（飯田助夫、平島吉之助、赤尾彦作）といった三者が関与し、それらの妥協と提携によって半井市政は成立した。(3)半井は大正期以来中央から横浜に供給され続けた最後の官僚市長であり、半井市政は有吉忠一以来継承されてきた「協調市政」体制の産物であった。

とはいえ、半井は就任早々自らのリーダーシップ確立を目指して活動を開始した。半井がまず取り組んだのは、就任の過程でも論議されていた横浜市にとって長年の懸案であった米貨公債と東京開港問題であった。この横浜の存亡に関わる大問題の解決に向けて半井が提示したのは、震災復興の資金として導入した米貨公債は元来「政府ノ慫慂ニヨリ借入レ」たものであるから、為替差損が生じて財政上大きな負担となっていた利子の償還は「国庫ニ於テ御負担」させ、その代りに東京が主張する東京開港を認めようというものであった。(4)半井は赤尾に協力を依頼し、これまで東京開港反対を強硬に主張してきた市会をこの方向に転じさせ、また安達謙蔵、小泉又次郎、有吉忠一らとともに内務省、大蔵省との交渉にあたった。その結果五月までに政府との間でこの取引案が成立し、長年の懸案は一挙に解決をみたのであった。(5)

この問題をめぐる半井の活動は官僚出身市長としての中央との交渉能力を証明するものであったが、横浜の政財界の支持のもとに進めたこの問題への取り組みは、半井市長にとって市政体制を確立していく契機となった。半井市長はこの頃日記に「東京開港反対の熱意を其儘軌道をかえて振興の積極的運動に移」したと記している。[6] この「振興の積極的運動」の母体となったのは六月九日、半井市長が結成した臨時横浜市振興協議会であった。これは「横浜港ノ利用増進、産業ノ発達、文化ノ進展並ニ交通ノ整備其ノ他本市ノ振興ニ関スル事項ヲ調査審議」を目的とし、顧問や委員は市長が推薦ないしは委嘱し、幹事や書記なども市吏員中から市長が任命する市長の諮問機関であった。[7]

この臨時振興協議会発足にあたり、メンバーに挙げられた中村房次郎は、腹心の旧民政党幹部平島吉之助を委員に就かせるべく有吉元市長を通じて半井に働きかけた。しかし依頼をうけた有吉に半井は次のように述べている。[8]

「同氏は市政にも一見識を備へたる有力者と被存候へ共御承知の如く委員は夫々何等かの立場より選びたるものなれば同氏を肩書きなしに入れることは如何と被存候のみならず同氏が事実上民政党の幹事長格の有力者なることは周知の事実なれば本協議会に兎角の批評を蒙ることは遺憾と存候」。

戦時下の挙市的な体制を主導する半井市長にとって、「事実上民政党ノ幹事長格」という党派色の強い平島の委員就任を拒否し、半井を擁立した民政派からも自立性を確保しようとしたのである。

発足したメンバーは、半井が「横浜市としては嘗て見たことのない顔ぶれ」と自負したように、[9] 顧問に松村光磨神奈川県知事（大政翼賛会神奈川県支部長）、会長に有吉忠一横浜商工会議所会頭とし、平沼亮三貴族院議員、中川末吉横商副会頭、大西一郎前市長らを部会長とし、政党からは田辺徳五郎、飛鳥田喜一、飯田助夫、戸井嘉作、赤尾彦作、小此木歌治、岡崎憲ら、財界から原良三郎、中村房次郎、井坂孝、野村洋三ら県及び市の有力者七十一人を委員とした。同会は、東京開港決定で影響が予想される「横浜ノ将来ノ発展振興ヲ図ルダケノ素地ヲ今カラ作」（第一回総会での半井の挨拶）るという課題の実現に向け有力者を総動員するものであった。[10] 半井市長は、「東京開港」への対抗という名分のもとに横浜の政財界を結集することに成功したのである。

この間四月五日大政翼賛会の横浜支部が結成され、半井市長は支部長に就任した。前年一〇月強力な国民組織の指導部を目指して成立した翼賛会が改組され、翼賛会の地方支部組織も知事以下の市町村長が兼任することになり、翼賛会が内務省の補助組織化が決定的となった直後の就任であった[11]。

こうして内務省は翼賛会の主導権を握り、市長など地方行政系統は国民支配の機軸になった。しかし、これによって地方政界が官僚によって完全に掌握されたわけではなかった。政党は解散したとはいえ、実際には地方政界で無視し得ない勢力を持っていたからである。

2 市政翼賛体制の形成

一九四二年四月三〇日執行された第一七回総選挙いわゆる翼賛総選挙では、神奈川県においても適格候補者を推薦する翼賛政治体制協議会（翼協）神奈川県支部が結成され（三月二八日結成式、支部長中村良三海軍大将）、三月三〇日には県下三選挙区の定員一一名の推薦候補を決定した。その結果、神奈川県第三区（横浜市）では田辺徳五郎、佐久間道夫、中助松の三名の新人が推薦候補に挙げられた。選挙の結果もこの三人が当選したが、田辺は旧民政党で市会議長経歴を持つ古手の市会議員、佐久間も鶴見の旧家の出身でやはり旧民政党系の元市議、中は赤尾彦作直系の旧政友会の元県会副議長でいずれも旧政党人であった（表9−1）。選挙後内務省は今回の選挙結果について各地方長官に調査を求め、神奈川県知事近藤壌太郎は県下の選挙結果について報告したなかで、「本県ノ如ク所謂政党ノ地盤ノ強固ナル所…政党ノ地盤ヲ崩壊セシムルコトガ必要デアル」と述べており、翼賛選挙でも政党勢力は根強いものがあった[12]。

当選した田辺や佐久間が長年の市会議員であったように、こうした旧政党勢力を支えたのは横浜市会であった。

表 9-1　衆議院議員総選挙結果（1942年）

定数 3

候補者	得票数	所属（旧党派）	新前元別	議員経歴
中助松	50,859	翼協推（旧政友）	新	県議
田辺徳五郎	32,983	翼協推（旧民政）	新	市議・県議
佐久間道夫	21,082	翼協推（旧民政）	新	市議
三浦寅之助	16,026	無所属（旧国同）	新	市議・県議
金井芳次	13,668	東方会	新	市議・県議
石河京市	7,917	無所属（旧社大）	新	市議・県議
石渡清作	6,215	無所属（旧国同）	新	市議・県議
長谷厳	1,998	無所属（中立）	新	－

出典：『衆議院議員選挙の実績　第１回～第30回』（公明選挙連盟、1968年）。

飯田助夫がこの年一月の「日記」に「代議戦は市議戦の前衛戦なり」と記したように、横浜市政にとって衆議院議員選挙以上に市議戦は重要な意味を持った。市議選挙は五月二一日に告示、六月一〇日執行の運びとなった。総選挙終了とともに翼賛政治協議会（翼協）は解散したが、市議選に備えこれに代わる候補者の銓衡・推薦の母体の結成が進められた。飯田助夫は五月七日、市長公舎に呼ばれ「市議改選母体」について市長からの内示を受け、本部と区の候補者銓衡枠の割り振りについて「県及び内務省とも打合済みに付之にて決定、難航を覚悟して市長執行す云々」を聞かされた(13)。

こうして翌八日、翼賛市会確立協議会（翼市協）が結成された。翼市協の本部会長は翼賛会市協力会議長の中川末吉、会員には元市長大西一郎、平沼亮三、磯野庸幸の両貴族院議員らのほか、同日結成式を挙げた横浜市愛市同盟の幹部が加わった。横浜市愛市同盟は、衆議院総選挙後いち早く「翼賛市会建設」運動に着手した翼賛壮年団と在郷軍人会が一丸となって結成され、「革新市会」を建設するための強力な「愛市」運動の展開を唱えた。会長には翼壮団長の渡辺利二郎、副会長は翼壮副団長の平賀潤二と在郷軍人会連合会長の渡部辰雄がなり、半井市長や後藤連隊区司令官が顧問となった。以後愛市同盟は「職業的政治家排撃」の「倫理化運動」や自ら候補者を立て翼賛選挙の実践部隊となった。市会選挙も総選挙と同様に、市長、翼賛会、翼壮を中心に候補者の銓衡・推薦と選挙運動の推進団体が結成された。

推薦候補者の銓衡は、まず翼市協が全体の三分の一の本部推薦候補を決定し、残りを区で決定することとした。しかし、今回の市会選挙には、定数六四名に対して一二四名（推薦候補五九名、非推薦候補六五名）が立つ激戦となり、各区の銓衡は難航した。とくに本部の銓衡が地域性を無視した割り振りを行ったので各地で紛糾した。

各区では結果的に従来と同様に地盤の割り振りが行われた。しかし従来と異なるのはできるだけ政党色を出さずに、また非推薦候補を排除して推薦候補者間で地盤協定が行われたことである。

衆議院を辞退し本部推薦候補となった飯田助夫は、五月二三日港北区推薦候補者の会合を開催し、この席に「三沢重元候補は島村氏と気脈を通じ政党的臭味濃厚に付之を除き飯田、並木、安藤、外松沢前田両氏立会の上地盤を協定」を行った。それによれば「大綱日吉旧両村を飯田候補、中川、山内、中里の鶴見川以東を安藤候補に、旧都田、新治川西並木候補に、新田村を飯田、安藤城郷を並木、飯田、其他田奈池辺等勝手切取りのこと」というものであった[14]。嶋村力は一九三九年の市域拡張に伴う増員選挙で政友派で当選したが、今回は非推薦となっていた。島村と「気脈」を通じているとされた三沢重元は港北区の地盤協定から外されたのである。

表9－2　1942年市会議員選挙当選者の内訳

旧党派	推薦	非推薦	計	内訳		
				新	元	再
政友会	11	5	16		3	13
民政党	11	5	16	2	1	13
無産系	3		3			3
中立		2	2			2
国同	1	1	2			2
明倫	1		1			1
新人	20	4	24	24		
合計	47	17	64	26	4	34

出典：『横浜市会史』第5巻（横浜市、1985年）、『市政春秋』第86号より作成。
注：無産系には社会大衆党を含む。新人は旧政党所属は明らかでない。

半井はこの選挙について「最初は推薦工作の不用意等の為め大方心配されたが兎に角鳴物入りで七割五分の当選率を獲得したのである」と記している[15]。当選者の内訳をみると（表9－2）、定員六四名のうち推薦候補は四七名、非推薦は一七名であった。しかし、当選者の中で旧来の政派と関係がある再選者は三四人、元職者は四人で、今回旧来の党派と関係なく当選した新人は二四人に過ぎない。また得票数でみれば推薦全体で九万一七二九票、非推薦は五万一四五〇票で、五六%対四四%で両者は伯仲している。非推薦候補は様々な圧迫を受けたが、選挙の結果は港北区でも島村が当選したように各区で非推薦候補は健闘した。この市会においても旧政党の勢力を根本的に打破することは難しかったのである。

3 市会改造

半井市長は就任以来一年あまりの活動を回顧して、「此間に特筆すべきことは何と云っても翼賛選挙を契機としていよいよ自分が第一線にあらわれて市会改造の陣頭指揮に立ったことである」と「日記」に記している。[16]半井市長は市会翼賛選挙において旧政党を打破すべく、「市会改造」を行うのである。その対象となったのは、政友派の長老赤尾彦作と市会議長から衆議院議員に当選した民政派の田辺徳五郎であった。両者は長年の政民提携による「協調市政」を支えてきた生粋の党人政治家であった。

市会議員選挙もたけなわの四二年五月一六日、赤尾は突如立候補を辞退した。この赤尾の政界を引退は、市政界に大きな衝撃を与えた。当日は翼賛市会確立協議会の役員が発表されるなど、翼賛市会選挙の推薦母体の結成や候補の銓衡が進められている最中の出来事で、本人は健康上の理由と後進に道を譲るためと述べたが「なんらかの圧力」があったことが推測された。[17]

これについて半井市長の日記には次のようにある。[18]

「自分が市長を引受けて以来、市会は所謂協調市会の名にそむかず極めて平和で自分に対して何一つ不愉快な場面はなかった。然し之を深く検討すれば赤尾の動かし難い勢力を中心として―赤尾自身は決して世間で一概に云ふ様なボスではなく中々いゝところもあり真に市を思う心持に就ては市会中の第一人者であるとは思ふが―

多数のたちの良くない児分共が赤尾を背景として市政の内外に喰い入って居る。此宿弊は何としても取除かなければならぬ。之を此時局を背景とし翼賛選挙を機会として自分の手で排除しなければならぬと云ふことが市民の要請でもあり又自分の信念でもあった。六月十日の市会選挙を前にして先づ赤尾の自発的隠退工作が行われ之が無事に成功した。次に田辺の議長辞退工作（之は専ら近藤知事の熱心なる主張であった）が之も相当の経過を経て実現」した。

市会における赤尾派は、一九二八年当時の政友会支部長若尾幾太郎との対立のなかで結成された中正倶楽部に端を発するが、[19]この頃には「如山会」と称して結束を保ち、須田善次、渡辺治湟、山本新三郎、小此木歌治らが中心メンバーであった。このうち須田、山本は今回選挙で非推薦となり（結果は当選）、この点でも赤尾派排除の意向をうかがうことができる。

右の日記にある近藤とは、半井の北海道長官時代の部下（土木部長）でこの年一月の地方長官の異動で滋賀県知事から抜擢されていた近藤壌太郎である。近藤は伊沢多喜男と同郷（長野県出身）で半井同様伊沢系人脈に属する内務官僚であった。[20]半井市長はこの近藤県知事と連携し原良三郎（原三溪次男）や磯野庸幸（貴族院議員）らを介して赤尾に市議引退の圧力をかけたのである。結局赤尾は五月一六日引退を表明し、一〇期四一年にわたった市会議員生活に終止符を打った。[21]

また田辺は五月二〇日、八年あまり勤めた市会議長を辞任したが、これについて旧民政派の幹部平島吉之助は「例の官僚方面からも別の意味で排斥の機運を漂はした光景が推知された」と記している。[22]この「官僚方面」が右の半井市長や近藤知事、背後の伊沢を指すのは明らかである。半井市長と近藤知事に当時枢密顧問官の伊沢多喜男が種々の指示を与えていたであろうことは、右の一連の「工作」直後の九月二九日、伊沢が半井に「一昨日は久振にて懇談の機会を得たるのみならず近藤知事と骨肉も啻ならざる協調融和の状を目睹すること得敬服且つ満悦の至に候。将来永久に此状態を続行せられ候ば横浜市の為め神奈川県の為至大の幸慶と存候」と書き送っていることから想像される[23]。そして伊沢にこうした献策をおこなっていたのはやはり中村房次郎であった。翌四二年一〇月五日伊沢あてに「其節は種々有益なる御高話拝聴難有御礼申上候、爾後知事市長御歓談親敷協調融和の実況御覧被遊候趣拝承横浜市の為慶賀の至不堪一に再々御配慮の賜」とある[24]。

赤尾と田辺の排除に成功した半井市長は、ついで「選挙終了後息を付く暇を与へず推薦母体を其儘取入れて市政翼賛会を作ってしっかり市会にタガをはめることにした[25]」。その市会への「タガ」は、市会での正副議長の選出ではめられることになった。

市会議員選挙後の六月二三日、新たに政治団体として横浜市政翼賛会が成立した。市政翼賛会は市会議員、前翼市協、翼壮、在郷軍人会などからなり「大政翼賛会支部との連携」を掲げる市会の翼賛組織であった。

六月二六日市政翼賛会の理事会は飛鳥田喜一を議長、三浦寅之助を副議長に推す案を市会にかけ、市会でも指名推薦で両者に決定した。飛鳥田は旧民政で半井市長擁立の一人であった。また赤尾派の小此木歌治副議長に代わった三浦寅之助は国民同盟所属で、半井清とは神奈川県知事時代から親しい関係にあった[26]。結局、議長は民政派、副議長は政友派という有吉市長期以来の慣行は崩れ、正副議長が半井支持派で占められることになった。半井市長が「市会の革新は一段落を告げた」と記すように[27]、半井市長は旧党人の長老支配を打破し市政をほぼ掌握したのである。

4　四三年市制改正と市長権限の強化

以上のように、半井は自らの手で市会の長老支配を改造し実質的に市政のリーダーシップを確立していったが、翌四三年になると戦時色の深まりとともに市長の地位と権限は制度的にも強化されていった。

二月二六日横浜市町内会設置規定が改正され、翼賛会の末端として機能してきた町内会長の選任を市長の専決事項とした。町内会長の選挙活動は禁止されていたものの、先の総選挙でも町内会長はその職を辞任したうえで各候補の選挙委員に就任して活動を行い、依然既成政党の地盤として機能していた。[28]改正は町内会長を推薦制として区長を通じて市長が任命し町内会長の政治運動に統制を加えるもので、これを有力な地盤とした政党に打撃を与えるものであった。さらに三月二〇日市制町村制が改正され、これにより市長の区域内の各種団体への指揮権を強化、市会権限の制限列挙形式への変更、市会の決定権や監督権の縮小などが規定された。実質的に進展していた市長権力の強化、市会の弱体化が制度的にも達成されたのである。

こうした一連の動きに対し、旧政友系議員や非推薦議員らは「市長の権限を権力化」するものと批判した。[29]半井市長はこれを乗り切るため、非推薦議員の多数派工作を行い、三月二一日旧民政党市議ら推薦派議員を中心とする四三名を集めて横浜市政研究会を結成した。これには無産系や中立議員も参加し、半井市長を支持する反政友系の議員団による与党体制が成立した。[30]

表9-3　市長・助役の決済文書数の推移

	1942年	1943年	1944年	1945年
市長	1,345	1,801	2,004	–
助役	2,058	2,123	1,216	–

出典：『横浜市事務報告書』各年。
注：1945年は記載がない。

東京市政調査会の四三年の『日本都市年鑑』は、この年の市町村制改正が自治行政上与えた一般的影響として「市町村行政の上にも責任ある指導者主義が漸く行われんとしつ、ある」と述べている。[31]半井市長のリーダーシップをこの時期の市行政上での決済文書の取り扱い数という形式的な側面からみると、表9-3のようである。四三年を期として市長が助役に代わって自ら決済する件数は増加している。このころ半井市長は「市長二年半にして大体懸案は種きれと為った形であり今が一番油の乗った時と云へるかもしれぬ」と記しているが、半井市長は戦時下の市政の「責任ある指導者」としての地位を確立したといえる。[32]

四五年二月に予定された市長の任期満了が迫ってくると、戦時下であり大方は半井重任が予想されていたが、野党にあった旧政友派の動向が注目された。赤尾彦作が市会から引退した後、政友派の市政懇話会は半井市長の「市会改造」で副議長を追われた小此木歌治が継承していた。四四年一二月小此木が熱海に隠棲する赤尾彦作あてに発した書簡によると、懇話会所属議員二七名が集まり後任市長候補擁立について論議し最後は小此木一任となった。ついては「先般御願」したごとく原良三郎、田辺徳五郎両氏に「先生の方より宜しく御申伝へ願度」、小此木は「両三日中に平沼氏に御目に掛り市民市長を力説御願ひする」とした。[33] かつて協調市政を担った田辺、原らとともに平沼亮三を「市民市長」に擁立し半井再選を阻止しようとしたのである。

しかし当の原は翌年一月二七日赤尾にあて「従来長期間に渉る行懸り」もあり「御不満の点多々ある」だろうが「何分にも挙国一致の態勢を絶対必要とする現状」から「市長再選を機会に総ての経緯を棄てヽ真に大和一致の実を挙げん事のみ小生は念願」と伝え、小此木の申し出に反対し半井の再選を支持した。[34] また半井も原の勧めによって赤尾を訪問して政友派の支持を依頼して関係修復に動いた。[35] 結局政友派内になお影響力を持つ赤尾の意向により小此木は平沼擁立を断念し、二月一〇日半井の市長再選が決まり同時に田辺も市会議長に復帰した。

このように半井はこの時点までに赤尾や原、田辺といった旧体制の有力者を排除しながら、なお彼らと妥協しつつ市会の反対勢力を封じ込め、市政において優位に立つ政治力を示した。しかし戦局はこのころ末期的な様相を呈しており、五月二九日の大空襲によって横浜市内は灰燼に帰す戦禍を被った。この焼け跡の中で半井市政は戦後を迎える。

二　戦後政治の始動

1　保守派の再編

半井市長にとって敗戦は「青天ノ霹靂」であり無条件降伏を知った瞬間は、「虚脱感から市長を止める気になった」という。それでも市長として市民や職員の避難、進駐軍の受け入れ、治安の維持、食糧・住宅問題など、混乱の中で対策に多忙を極めるなか周囲から引退論が出てくると、逆に「此難局を切りぬける迄はがんばる」と復興に向け職務を尽くすことを決心した[36]。戦後の横浜市政はこの半井を中心に再び始動する。

戦後市政の第一の課題は、戦災からの復興であった。八月二二日市会は物資の配給、市民生活の安定確保につき非常対策委員会の設置を決め、市も九月三日総務部に復興総務課を設置、同時に復興対策本部を設置した。

一〇月三〇日、戦時下に横浜商工会議所を改組して結成されていた神奈川県商工経済会を母体として横浜市復興会が結成された。会長に平沼亮三（県商工経済会長）、顧問に藤原孝夫知事、半井清市長、厚東常照関東海運局長ら、常務委員に有吉忠一、井坂孝、中川末吉、大西一郎、田辺徳五郎、上甲信弘らが就任した。会の組織として、第一部会（都市計画・港湾施設部　藤野千萬樹ほか一七名）、第二部会（貿易・工場部　原良三郎ほか二〇名）、第三部会（文化厚生部　渡辺利二郎ほか一七名）を置き、「戦後復興ニ関シ必要ナル対策ヲ調査研究シ之ガ実行ヲ期スル」ことを目的とした[37]。横浜市復興会は一一月二四日、副会長に西春彦（元外務次官、横浜市在住）を選任し、翌五月三〇日には第一部会委員に赤尾彦作らが加わった。これらのメンバー、組織は四一年六月に半井が結成した臨時横浜市振興協議会と大半が重複しており、「震災振興」を「戦災復興」に置き換えて横浜市政の保守派がここに結集した。

横浜市復興会は四六年三月二一日幣原首相、吉田外相を県に招致し国際港都横浜復興促進で懇談し、また六月までに二〇回の総合部会を開催し復興計画の審議、観光協会の設立準備、省線延長、理科系総合大学の設置、鶴見川改修、生糸検査所の接収解除の陳情などの活動を行い、とくに前年一一月に戦災復興院が設置されて中央で進められていた横浜市の復興計画について実現促進に活動した。米貨公債と東京開港問題の打開のために結成された戦前の臨時横浜市振興協議会と同様、横浜市復興会は戦後の危機克服のために中央に向けられた挙市的組織であった。

また半井市長は、戦前以来の課題であった特別市制運動についても本格的に着手した。特別市制要求運動は戦後は四五年一一月八日大阪市で開催された五大市長会議から再開された。この運動は戦前以来大阪、京都、神戸など関西の諸都市が中心で、横浜市当局は必ずしも積極的ではなくこれを市会が批判、督励しつつ運動の一端に連なってきたという経緯があった[38]。一二月一七日特別市制促進実行委員会が開催され、今回大阪の会議に出席した半井市長からの報告を受けた市会では、市長の動きを批判して市会が中心になるべきとの意見があったが、戦後の地方制度改革が準備されているなかで、「特市」実現の可能性が高かったことから、市当局と連絡を取りながら「猛運動」をすることになった[39]。翌四六年六月の五大都市市長議長会議では「大都市制度促進運動方針」を採択し、各政党本部、関係貴衆両院議員、府県当局への陳情、法案の提出準備、各市民へ趣旨の普及など、運動を展開することになった。これに基づいて同年九月横浜市が五大都市の幹事役を引き受けることになり、半井はその先頭にたって関係方面への陳情を行った[40]。半井は戦後いち早く市の政財界を率いて復興へと動きだしたのである。

2　政党勢力の復活

戦時中、活動を逼塞していた政党勢力も日本社会党（一一月二日、片山哲書記長）、日本自由党（一一月九日、鳩山一郎総裁、河野一郎幹事長）、日本進歩党（一一月一六日、鶴見祐輔幹事長、一二月一八日、町田忠治総裁）と相次いで活動を開始し組織を再建した。一二月一七日衆議院議員選挙法が改正され（大選挙区制限連記制、婦人参政権）、ＧＨＱが翌年早々の総選挙実施を示唆するとこれら政党の地方支部結成の動きは活発になった。神奈川県では一二月末までに自由党県支部（支部長河野一郎、幹事長山本正一）、進歩党神奈川県支部（支部長小泉又次郎、幹事長葛谷一郎）、社会党県連合会（会長三木治朗）、共産党神奈川地方委員会（委員長内野竹千代）が結成された。[41]

市政界で長年多数派を占め戦前からの半井与党であった旧民政派系（市会会派自治倶楽部）は、敗戦直後の九月九日従来の会派を「当分存続し、中央の政治結社成立後其帰属を明にする」という方針で、田辺徳五郎、平沼亮三、飯田助夫ら長年市議、衆議院議員を歴任している「長老会」が実権を握っていた。[42]その後中央で進歩党が結成され県支部も設置されると、四六年一月六日児玉正五郎、飛鳥田喜一ほかを綱領規約の起草委員として市支部の創立準備に入り、二〇日結党協議会を開催、県支部長小泉又次郎が「進歩党としては国家の安定勢力として飽迄第一党を目指」すことを宣言し結党準備委員の指名を決定した。二月一一日には発会準備委員会を開き、座長に平沼亮三、幹事長に田辺徳五郎を推薦し総選挙対策に乗り出すことにした。[43]

一方、横浜市政で野党の立場にあった旧政友派勢力も再建に動きだした。その中心となったのは小此木歌治であった。小此木が赤尾にあてた四六年一月一三日の書簡は、県内の旧政友派再編の状況について以下の二点を伝えている。[44]第一は、横浜市会の動向である。すなわち「自由党神奈川県支部結成以来党所属市会議員は元気頗る活達」となり、一六日に小此木の主催で「市政懇話会復活懇親会」を開催することとした。これに参加した「同志市議」二五名[45]の戦前の所属は次のようであった（表9-4）。旧政友派（一四名）を中心にしているが翼賛選挙の非推薦組を多数含み（九名）、戦前の横浜市政の反主流派によって自由党勢力が結成された。

右の小此木の書簡のもう一つの要点は、来るべき総選挙（第二二回、四六年四月一〇日執行）の自由党公認候補の件であった。これについて小此木は同業者で年来の友人清田喜一郎の紹介と依頼があり、「先般東京本部にて公認決定之際私も出席致し河野支部長に申上げ後任候補者として決定致し居り候間御安心被下度」と伝え、党本部で公認予定の候補者は旧第一区（横浜市）で中助松、小串清一、三浦寅之助、旧第二区（横須賀、川崎、鎌倉各市、鎌倉、三浦各郡）で野口喜一、山本正一、旧第三区（平塚、藤沢、小田原各市、高座、中、足柄上、足柄下、愛甲、津久井各郡）は河野一郎、磯崎貞序、岩本信行とした。赤尾は山本正一の公認について内諾を与えていたようであるが、小此木自身の立候補については事前に知らなかったという。[46] 小此木が郡部政友派出身の実力者河野一郎と密接な関係を築いて支部運営の中枢を占めるようになったことは、赤尾以後の世代交代を示すものであったが、それ以上に従来の市政運営に大きな変化をもたらすものであった。すなわち河野一郎の影響力の増大は横浜市政が県や国政と連動する契機となった。

半井市長は以上のような政党人の動きを次のように見ていた。

「知事公選、衆議院総選挙を控へて政治活動が活発になって来た、例の田辺、小此木一派が河野、岩本等と手を握って平沼知事、田辺市長、小此木市会議長の筋書で動いて居ると云ふことである、ありそうなことである、自分は独りでも此様な不純な動機による陰謀を粉砕する」。[47]

また横浜財界の原良三郎も、戦前以来の旧政党人のこうした活動に対し、「往時の夢仲々に忘れ得ざる人々多く延命策に狂奔し居るが実情に有之慨嘆に堪え申さず候」と述べている。[48] 半井周辺の支持派は旧来の政党勢力の復活に強い敵意や警戒の念を持った。前述のように「田辺、小此木一派」は、四五年二月の半井市

表9-4　市政懇話会所属市議の旧党派

旧所属	人数	42年市議選	
		推薦	非推薦
政　友	14	10	4
民　政	2	0	2
中　立	1	0	1
国　同	2	1	1
翼　賛	6	5	1
合　計	25	16	9

出典：『横浜市会の百年・資料編』（横浜市会事務局、1989年）。

長任期満了の際、平沼を擁立して再選を阻止しようとした。半井はこのグループが河野一郎、岩本信行などの旧政友派・自由党の横浜市外の有力者と結びついて、公選となる県知事、横浜市長などの座をねらっているとみなした。当時の新聞も「新支配勢力結集の動き」として、社会党勢力に対抗するために、河野自由党幹事長が「県内に於ける自由、進歩両党の提携に依る社会主義戦線への防衛策として小泉、平沼、田辺氏ら元老連に両派の提携を申し込んだ、その際暗黙の裡に知事公選の場合は平沼氏を知事に、田辺徳五郎氏（現横浜市会議員）を市長に推薦する事に協力」とある。(49) 戦時下を通じて形成された半井市長の与党体制は、河野一郎という市外の実力者と結びついた旧政党勢力の復活、さらには社会党勢力の台頭といった状況の前に大きく揺さぶられつつあったのである。

3　第一次公職追放と第二二回総選挙

四六年一月四日のＧＨＱによる軍国主義者の公職追放、超国家主義団体の解散指令は、地方政界における旧勢力の復活に大きな打撃を与えた。この第一次公職追放令（二月二七日勅令）は、Ａから始まる各項によって、主に軍部や植民地機関の役職者を追放したほか、Ｄ項に翼賛会・翼壮・翼賛政治会などの有力活動家が含まれ、これに該当する地方有力者、さらにＧ項に政府の侵略戦争遂行を言論などで積極的に推進した者として、第二一回総選挙での推薦候補が該当するとの解釈が示され、総選挙の態勢に入っていた各政党を恐慌に陥れた。(50)

進歩党横浜支部の結成と総選挙の準備に追われていた飯田助夫は「寒中突然突風の吹き立ちたる感あり、今回の総選挙に打撃進歩党一番手厳しく感せらる。翼賛翼政幹部地方支部に及ふとせは推薦候補者全体に波及し事態容易ならざるものあり」と記している。(51) 前回の第二一回総選挙において県選出代議士は定員一一名中河野一郎を除いた一〇名が推薦議員であり、特に進歩党は「前代議士を主力とした形をとって来た」ので補充もままならず「収拾つかぬ事態」となり、自由党がこれに比べれば「再建は容易」と身代わり候補の銓衡に乗り出し、共産党、社会党は

「絶好の好機」と公認候補の追加を行った[52]。

進歩党内では、小泉、平沼、田辺ら幹部の公職追放該当が予測され、県支部は壊滅状態となった。二月一二日進歩党神奈川県支部結成準備会が開催され、小泉支部長は中央の事情及び今後の進路について説明し、翼賛選挙の推薦議員の立候補辞退を示唆した。市支部の結成も難航したが、二月一九日、二〇日に進歩党横浜支部結成の準備委員会が開催され、結局三月一〇日に神奈川県支部の再建結党式（支部長飯田助夫、幹事長小沢二郎）の後、三月二二日に横浜進歩党支部（支部長松村亮吉、幹事長葛谷一郎）が結成された[53]。

この間四月一〇日執行と決定された戦後初の第二二回衆議院議員総選挙の候補者は、進歩党は旧民政派で市選出県議の高橋長治、青木巽、元市議の西村定雄ら、自由党は市議の小此木と三浦が立つことになった。一方社会党では片山哲以下九候補を擁立して「八割当選を狙い」、共産党も中西伊之助、内野竹千代、春日正一を主力として農民組合や労働組合など「新興勢力の獲得」に運動を展開した[54]。

この選挙は男女二〇歳以上に有権者拡大、大選挙区・制限連記制へ変更され、神奈川県では従来三つの選挙区で横浜市は独立の選挙区であったのが、全県一区で一二名の定員となった。また有権者数は、婦人参政権によって倍増した（男四七万九二六九人、女五二万四二八三人の計一〇〇万三五五二人）。選挙結果は、社会党書記長の片山哲がトップで当選し社会党は四議席を獲得、自由党では定員の半数の六、無所属、諸派各一となった（河野は選挙後まもなく公職追放で失格となり、共産党の中西伊之助が繰り上げ当選）。進歩党は七候補を擁立したが議席を取れず惨敗した（全国では自由党一四一、進歩党九四、社会党九三、国民協同党一四、共産党五、諸派無所属一一九）。また初の女性議員として松尾トシ子（社会党）と吉田セイ（諸派）の二名が当選した（全国では三九人）。

戦前との勢力比でみれば（表9-5）、一九四二年選挙で神奈川第一区は旧民政二、旧政友一、第二区旧民政二、旧政友一、中立一、第三区旧民政一、旧政友一、中立二で旧民政は五議席、旧政友は三議席であったから、旧政友

表９－５　衆議院議員総選挙結果（1942年・46年・47年）

	神 奈 川 県			
1942年	第１区	第２区	第３区	合計
旧民政	2	2	1	5
旧政友	1	1	1	3
中立		1	2	3
1946年	全県１区			
自由党	6			
社会党	4			
共産党	1			
無所属	1			
進歩党	0			
1947年	第１区	第２区	第３区	合計
自由党	1	2	1	4
社会党	2	2	2	6
民主党	1			1
国民協同党			1	1

出典：表９－1と同じ。
注：第１区は横浜市、第２区は横須賀、川崎、鎌倉各市、鎌倉、三浦各郡、第３区は平塚、藤沢、小田原各市、高座、中、足柄上、足柄下、愛甲、津久井各郡。

派―自由党は大躍進、旧民政派―進歩党は惨敗であった。

この選挙では公職追放令のため四二年の翼賛選挙での推薦候補の立候補が制限され、その空隙を埋めるために県議・市議の中から衆議院に転身して立候補するものが増えた[55]。このうち横浜市会の経歴者は、自由党は小此木歌治（旧政友会市議）、三浦寅之助（旧社会民衆党、国民同盟、市議・県議）、進歩党は西村定雄（旧民政市議）、高橋長治（旧民政党横浜市選出県議）、青木巽（同上）、社会党は糸川二一郎（旧労農党市議）、金井芳次（旧日本大衆党、東方会所属、市議・県議）、石河京市（旧社会大衆党、市議・県議）、門司亮（同上）、安沢栄三郎（翼協推薦）らであった。

結局当選したのは自由党の小此木、三浦と社会党の金井、石河、門司各候補で、進歩党は議席をとることができなかったから、横浜市の国政への影響力の低下とりわけ旧民政党系の凋落は明らかであった。進歩党の惨敗の最大の要因は追放の影響をまともに受け支部結成が混乱したことのほかに、「地盤」が「こんにちすでに労働組合、農民組合、教員組合その他の組織へ分解」したことが挙げられた[56]。大選挙区と新有権者の増大、人口の大幅な移動という状況下で、民政党以来行ってきた「地盤」依存の選挙方式は有効性を失っていったのである。

さらに選挙において自由党河野幹事長は「平沼知事」案を示しながら進歩党に「保守戦線の合流」を申込んで

「進歩党勢力を分散」させ、神奈川区・鶴見区方面に勢力を持つ三浦寅之助（旧国民同盟）、高座郡の磯崎貞序（旧民政派）など「他派の勢力移植」や「引き込み」を行ったという。[57] 河野自身は当選直後に追放されて議席を失ったが、その後も小此木や三浦を通じて横浜市政内に強い影響力を持つようになった。

三　協調市政体制の解体

1　半井市長の公職追放

第一次公職追放と総選挙で市政が揺れるさなか、一九四六年三月半井市長は自らが公職追放に該当するかどうかについては「所謂追放の範囲の中に自分は大阪府知事として又横浜市の支部長として一応問題に上ると思ふ」としながら、「然し其後此範囲なるものが極めてあいまい」であり、「静観」の構えであった。[58] 問題となるのは追放令のD項（翼賛会府県支部長など）に該当するかどうかであった。しかし一ヶ月後、これも「自分の知事時代は結局支部長にはなって居ないことが明瞭になった、それは翼賛会の初期時代支部長を知事にすべきか民間人にすべきが論議された結果七八ヶ月位の間は知事自身も府県支部の常務委員の一人として支部長の職務を代行して居たからである」とし、[59] 追放を免れると考えていた。同じ頃、平沼亮三は伊沢多喜男にあて「此度多数の方々追放令を受け勅選にも多数の補欠有之々際是非半井市長殿を御推薦願度」と、自らの後任貴族院議員に半井を推薦するほどであった。[60] 半井は依然市政を担う意志を持ち、また期待されていた。

同年二月一三日、GHQは憲法草案に「地方自治」の章を設け、知事、市町村長などの首長の直接公選、住民の選挙権拡大、選挙管理委員会設置、地方議会の権限強化などを盛り込んだ民主主義的な地方制度改革を示し、政府もこれに基づき九月二七日府県制市町村制東京都制の改正を公布した。いわゆる第一次地方制度改正である。これによって初めて公選されることになった首長の職をめぐって地方政界は動き出した。

九月六日、進歩党県支部長の飯田助夫市議は半井市長にあて「懇話会側の魂胆は田辺議長に対し知事は自党に市長は進歩党に更らに市長には田辺議長を推薦するの意向をホノメかし、議長亦大に意動き之に策応する」と、小此木らの旧政友派系懇話会の知事、市長職をめぐる策動を伝えた。(61) 旧政友派の懇話会は知事に自派の候補を擁立して協力を求めるかわりに、市長には旧民政派を推すという提案であった。懇話会の知事選への動きは、出馬が確実視された官選知事の現職にあった内山岩太郎の当選を阻止しようとする河野一郎の意図が背景にあり、四七年四月の知事選挙ではこの懇話会の知事候補として第二二回衆議院議員総選挙で当選したばかりの小此木が転出した。また市長候補とした田辺徳五郎は小此木とともに戦前以来の反半井派の旧民政党の長老であったから、この提案は半井体制を揺さぶるものであった。

飯田が市長候補として考えたのはそれまで「協調市政」体制を支えてきた旧民政派の平沼か旧政友派の赤尾で、飯田は戦後にあってなおこの体制の存続を模索した。しかし平沼が追放され、赤尾にその意志がない場合は「御迷惑ながら貴下の御奮発を願ふやうになるかも知れす」と、結局半井の公選市長への出馬を示唆した。市長選挙をめぐる自由党と進歩党両派の動きは、戦前以来の半井を支える両派提携の「協調市政」体制存続をめぐる攻防となったのである。

こうしたなか一一月八日、政府は「地方公職に対する追放覚書の適用に関する件」を出し（第二次公職追放令）、大政翼賛会や翼賛壮年団の市町村支部長に就任した市町村長、翼賛壮年団・翼賛政治会の有力活動家として市会議員、町内会長などもD項に該当することになった。翼賛会横浜支部長であった半井をはじめ、市会議員（定数六四）のうち前回の翼賛市会確立協議会（翼市協、四一年五月八日結成）推薦議員で、この時点まで在職していた飛鳥田喜一、三浦寅之助、飯田助夫、小此木歌治など四三名が該当した。[62]このほか横浜財界でも会頭平沼亮三（元翼賛会横浜市協力会議議長）や副会頭原良三郎（元翼壮副団長）、理事磯野庸幸（元協力会議副議長）ら六人がA項に該当し、一一月二六日横浜商工会議所の役員などを辞任した。さらに横浜市内の連合町内会長九七人のうち七八人、町内会長六八四人のうち三四六人が追放に該当し、西区では該当の町内会長が一斉に辞任を決議した。[63]公職追放は地方の末端にまで波及した。

半井は戦時下に就任していた各区長の追放が確実になると事前に辞職させ退職手当を支給したが、自らは「沈没船長の覚悟」で期限の一一月三〇日まで職にとどまった。「当時の全国の市長の中で市長として最後までがんばり、退職手当を放棄したのは私一人だけだった」という。[64]こうして半井は戦前から五年一〇ヶ月にわたって在任した横浜市長を退いた。

2 市長公選

一九四七年四月、知事や市町村長、市町村議会の議員選挙など地方選挙が相次いで予定され、政党各派は年頭からその準備活動に入った。特に市長選は横浜市政にとって政局の焦点となった。一月七日自進両党は市会事務局で市長候補選定について協議会を開き、自由党はこれまで何度も市長候補として擬せられてきた赤尾彦作を、進歩党は旧民政派県議で先の総選挙で落選していた青木巽を推薦した。[65]しかし自由党陣営では高齢の赤尾が辞退し、かわって中村房次郎の長男中村正雄の名が上がり、進歩党内でも候補者難から足並みは容易にそろわなかった。[66]その後自由党は半井辞任後市長代理となっていた山崎次隆第二助役の推薦を決定したが、あくまで青木を推す進歩党との妥協がならず、さらに同時に予定された神奈川県知事選挙でも河野一郎の意向を受けて出馬することになった小此木歌治と官選知事から転じた内山岩太郎の推薦をめぐって対立し、両派の提携は結局「御破算」となった。[67]

しかし、これを再度転じて自由・進歩両派を「保守派」として提携させたのは市長選における社会党、共産党による「民主」陣営の成立であった。社会党は前回総選挙での躍進を背景に社会民衆党以来の長年の市議・県議の石河京市を擁立し、この頃深刻の度を増していた食糧不足を反政府の大衆運動に転化させ大々的な選挙キャンペーンを展開していた。こうした民主的潮流を背景に三月一四日共産党と横浜市長選挙での共闘がなり、今回の市長選挙は「保守か民主かの一線を画する」ものと位置づけられた[68]。

これを受けて翌一五日飯田助夫は小此木ら自由党幹部を訪問した。その結果自由党進歩党は「一元化」して山崎擁立が決定した[69]。山崎次隆は、東京帝大を卒業後一九二七年横浜市に入った。当時の有吉市長は、管理職などの任用に学歴と経歴を重視して内外の人材を集め、市吏員の「専門官僚制」への道を開いたといわれる[70]。山崎もそうした人材の一人で、半井時代に財務部長、交通局長から第二助役へと昇進し、半井市長の補佐役として行政手腕を高く評価されていた。長年の「協調市政」体制の支持者であった飯田は、社共統一戦線の成立をみて山崎に反対だった党内をまとめ、自由党との提携に転じさせ「保守陣営の確立」を進めた[71]。

こうして横浜市長選は、「保守」と「民主」の対決というかつてない構図になった。半井はこの保守派の成立を「断崖の一歩手前でカーブを切って山崎合流」と記した[72]。飯田の両派調停も半井の意向を含んでのことであった[73]。そして例によって半井は伊沢多喜男とも連絡をとっている。半井が伊沢にあてた四月一日の書簡には「市長公選に付ては現市長代理助役山崎次隆君を自由、進歩一致して推すこと、相成之に対し社会党より石河京一〔市〕君を推し候。一般には山崎稍有利と見られ居候へ共社会党の組織力中々油断を許さず存居候。先日御話有之候件に付ては何とか具体的方法を講し度考慮致居候に付暫く御猶余被下度候」とある[74]。半井、飯田、伊沢という戦前の半井市政を支えた有力者は山崎を挙党態勢で支援し、社会党勢力に対抗したのである。このような構図は、官僚市長を軸として市会の保守勢力が提携した戦前期「協調市政」体制の再現といえよう。

飯田は選挙戦でも精力的に山崎の応援活動を行い自由党の支部幹部らとも「連絡して万遺憾なからしむること」（三月二三日）を期し、自由、民主両党の結束を図った。しかし労働組合、農民組合の組織を動員する「革新陣営」(75)の前に、投票前日情勢聴取のため民主党支部（四月三日改組結成）に出た飯田は「暗雲に包まる」との劣勢を記さざるを得なかった(76)。

この予想どおり投票の結果は、石河京市が得票数一〇万二三七八票、山崎次隆九万八四八七票、得票率はそれぞれ四五・四%、四三・六%という僅差で石河が当選、横浜市政に社会党市長が誕生した（表9―6）。

表9-6　横浜市長選挙（1947年4月5日）

	石河京市（社会党）	山崎次隆（無所属）	有権者
鶴見区	18,205	15,561	69,770
神奈川区	11,515	10,455	41,036
西区	10,695	7,575	34,004
中区	7,163	8,850	35,153
南区	15,470	14,533	60,123
保土ヶ谷区	8,595	8,546	34,276
磯子区	13,195	15,375	55,932
港北区	9,210	9,816	46,624
戸塚区	8,330	7,776	34,948
計	102,378	98,487	411,866

出典：『横浜の選挙五十年のあゆみ』（横浜市選挙管理委員会、1996年）。

この選挙結果を各区別にみてみると、得票の分布は社会党（石河）は鶴見、神奈川、西、南、保土ヶ谷、戸塚各区で優勢である。鶴見区、神奈川区、西区は大工場地帯、保土ヶ谷区、戸塚区は中規模工場地帯、南区は零細工場地帯とされ(77)、これに対し自由・民主党（山崎）が優勢であった中区、磯子区、港北区は、旧都心部および郊外農村部であった。社会党は工場地帯の組織労働者に基盤を持っていたことがうかがえる。

この結果について半井は四月八日再び伊沢に報告している(78)。

「横浜市長選挙の結果に付ては既に新聞紙上にて御承知のこと、存候へ共自進両党の一致推薦したる市長代理助役山崎が遂に社会党に敗るゝ結果と相成遺憾至極に存候。自進両派の間に十分の連絡なく（現に知事候補に付ては両派一致せず）又夫々党内にも派閥ありて選挙運動の気勢上らず心許なく存候に付平沼氏原氏等とも相談し側面的援助を致居候処遂にかくの如き結果に相成面目無之候。〔中略〕当選したる石河京一君は現に社会党神奈川県書記長にして県会に議員たりし経歴ある程度の人物にて人物もあまり好ましからさる噂有之今後の市政に付ては十分監視を要するものと被存候」

半井と平沼亮三や原良三郎ら追放された保守派の有力者が選挙で「側面的援助」を行っていたことが知られる。飯田は「棄権の多数を出したるは敗因ならむ」と記した。[79] たしかにこの選挙は投票率四八・八％で、四六年四月の第二二回総選挙の六七・六％（ただし神奈川全県区）、四七年四月の市会議員選挙の七一・一％といった前後の選挙に較べてかなり低く、組織を持つ社共両党が共闘した場合には保守派は不利を予想されていた。従って勝敗の帰趨は半井が記すように、自由・進歩（民主）両党の結束如何にかかっていた。その提携に失敗し、また戦前の官僚勢力や横浜財界の有力者らが推した山崎が社会党の石河に敗れたことは、横浜市政における保守層内の亀裂と勢力の低下を物語るものであった。

3　知事公選

市長選挙の争点が「保守」か「民主」「革新」であったとすれば、同日行われた神奈川県知事選挙の争点は「県」か「市」であった。

選挙には社会党からは元内閣調査官の橋中一郎が立ったが、保守陣営では官選で現職の内山岩太郎をはじめ赤尾彦作や小串清一ら元市議、衆院議員、大村清一前内相らの名が上がり調整が難航した。これは最有力とみられながら自由党幹部が内山を承認しなかったという事情があった。[80] その原因は前述のように半井市長以来横浜市が戦後積極的に推進していた特別市制運動に対して、内山がこの運動は県を分断するものとして衆議院が設けた地方制度調査会などにおいて真っ向から反対していたからであった。[81] 横浜市は知事に対抗して特別市制推進の運動を展開し、

表 9-7　神奈川県知事選挙（1947年、全県）

	内山岩太郎（無所属）		橋中一郎（社会党）		小此木歌治（自由党）	
	得票数	得票率(%)	得票数	得票率(%)	得票数	得票率(%)
第1区	106,418	50.9	65,199	31.3	36,779	17.6
第2区	102,349	52.7	59,041	30.4	32,885	16.9
第3区	151,583	58.6	53,981	20.9	52,868	20.4
合計	360,350	53.7	178,221	26.9	122,532	18.5

出典：表 9 −6に同じ。
注：得票率は有効投票総数に対する比率。

一一月に半井市長が公職追放されると知事選及び市長選の候補者選考は特別市制の行方と絡む政局の焦点となった。[82]

内山は「特市反対」にふれないことを条件に、進歩党横浜支部の応援をとりつけた。しかし自由党内では追放中の河野一郎が横浜市出身の小此木歌治代議士を候補に推し、これに反発した岩本信行（高座郡大野村・現相模原市出身）衆議院議員、また小串清一横浜市議（元代議士、この直後参議院議員）らが党議に服さず内山の支持に回り、県からの分離をめぐって県市の自由党勢力は分裂した。[83] 選挙では無所属ながら進歩党の支援を受けた内山と自由党の小此木、社会党の橋中が三つどもえの競争を演じた。しかし結果は全投票の過半を集めた内山の圧勝であった（表9−7）。

この初の知事公選では、全国四六知事のうち二四名の元・前知事（決戦投票で三名が追加）当選し、多くは官選知事からの横滑りであった。この背景には知事という地方行政の機関を失った内務省の「温存」計画と、それまで天皇に任命された地方長官を初めて選挙できるという住民感情があったとされる。[84] 内山の場合も天皇の全国への地方巡幸の皮切りとなった四六年二月一九日川崎、横浜両市、二〇日横須賀市への行幸を案内した姿は市民、県民の記憶に新しいところであり、[85] 高い人気が選挙の結果に表れた。

一方衆議院議員から転じた小此木は、社会党の橋中にも横浜市（第一区）ほか全選挙区で敗れ五万票以上の差をつけられた。小此木は一九三四年以来、中区に本拠を置く市会議員であったが、今回の得票は横浜市よりも河野一郎の地盤であった県央、県西地区の第三区の方が多く河野の地盤に依存していたことを物語っている。

戦後の新しい勢力として市長選挙で躍進した社会党の橋中は、内山には敗れたものの横浜市では三〇％を超える得票率で小此木を大きく引き離し、市長選同様の健闘を示した。しかしこの二つの選挙での社会党の各区の動向を、有権者に占める絶対得票率からみてみると（表9−8）、同日の選挙ながら市長選の四五・三％から知事選では一五・八％と大きく支持が下回っている。とくに市長選では得票数で山崎を下回ったものの得票率では大きな位置を占めた中区は四四・〇％から一一・六％となり、また神奈川、南、保土ヶ谷といった市長選で社会党が優勢であった工場地帯の各区も大きく下回っている。すなわち横浜市における社会党勢力の基盤は依然弱く流動的であった。市長選は保守陣営の足並みが直前まで乱れ、また知名度も低い候補であったというわば敵失が勝因であり、社会党は知事選で高い人気の内山を破るほど確固たる勢力を未だ形成するには至っていなかったといえるだろう。

表9-8　市長選・知事選における社会党勢力

	市長選挙	知事選挙
鶴見区	16.5	20.2
神奈川区	26.1	17.7
西区	21.1	17.4
中区	44.0	11.6
南区	14.3	14.0
保土ヶ谷区	38.5	16.6
磯子区	16.5	15.2
港北区	17.9	12.6
戸塚区	23.8	15.0
計	45.3	15.8

出典：表9−6に同じ。
注：絶対得票率（得票数／有権者数）
　　知事選は横浜市選挙区。

おわりに

横浜における「協調市政」体制は、関東大震災後に挙市的課題達成のために党派抗争を止揚した政友派と民政派、これを支援し横浜の復興発展を進めようとする横浜商人たち、横浜に市長候補を供給する内務省、県の官僚有力者という三者が、市長を中心として形成した提携関係の総体であった。すなわち政党・財界・官界の相互依存と利益の体系であり、中央と直結した官僚出身の市長を地元政財界が支えるという点で、中央の官治支配と地方の中央指向が結びついた構造を持っていた。

この体制は一九四〇年代には、米貨公債や東京開港問題、戦争の開始といった震災と同様の危機状況を前に、横浜諸勢力と伊沢多喜男ら官界勢力の提携によって発足した半井市政に継承され、戦時下には「市政翼賛」体制へと展開していった。政党政治期に始まった横浜の「協調市政」体制は、戦時翼賛体制に連続していったのである。

しかし半井市長は戦時市長として自らのリーダーシップを確立するために旧政党人を排除し、その結果市長—官僚勢力とこれを支持する民政党系勢力の影響力が増大し、それまでの体制の均衡は次第に失われていった。「市政翼賛」体制は、「協調市政」体制の動揺を制度的にも強化された市長権力を背景に維持しようとするものであった。

敗戦はこうした市政体制内の各勢力の分裂傾向を顕在化させ、「協調市政」体制は解体していくことになった。それは戦後のＧＨＱによる民主化政策にもとづく様々な政治的変革が、この体制を支えた諸条件を喪失させていったからであった。

第一に、公職追放と二次にわたる地方制度改革は政財界の有力者を物理的に支配層から排除し、また地方への官治的支配の枠組みを解体した。「協調市政」体制内外の有力な支持者たちは、市政で直接的な影響力を行使する方法を失ったのである。

第二に、戦時下の逼塞状況から自由な活動を得た政党勢力は、地方制度改革によって生み出された市長や県知事選挙という新たな政治的局面に登場し、また女性の政治参加、革新勢力の台頭、激しい人口移動などによって選挙での従来の地盤は低下し、保守勢力間の対立競争が激化した。市政構造が大衆化し複雑化するなかで保守政党間の提携はより困難なものとなったのである。戦前期以来の政党幹部たちの政界からの退場、新旧交代もそうした傾向に拍車をかけた。

第三は、戦前期以来県と市の間には特別市制運動など対立の要素はあったものの、知事や市長が同じ官界勢力として「協調融和」する関係にあった。これが右の制度改革によって切断され、自立化を目指す市長と市政の動きとともに県と市は次第に対立状況へと転化した。

第四は、市政内部の政党勢力は様々な政治的機会を捉えて外部有力者と結びついたため、市政に市外の有力者の影響力が高まった。河野一郎に代表される県や国政の勢力であり、赤尾彦作や平沼亮三、飯田助夫といった例にみられたような横浜市政（市会議員）有力者の、市外勢力に対する一定の地位は相対的に低下していったのである。

以上のように、官治的制度と市の保守勢力の結束で完結していた横浜における「協調市政」体制という独自の政治空間は、制度的変革と政治社会変動という、いわば縦と横からの力によって開放され解体していった。四七年四月の市長選挙と県知事選挙の結果はその象徴であったといえるだろう。

しかし、それらの選挙で明らかなように、戦後の新しい勢力となった社会党の基盤も未だ確固たるものではなく、「協調市政」体制の解体は、公職追放や地方制度改革といったGHQや法制度による外圧的な力に起因した。このことは官僚と結びつく地方の中央志向性といったこの体制を支えた基本的な条件が復活すれば、この体制が再現される可能性を持つものであった。

横浜の保守勢力は五一年四月、市長候補の切り札として平沼亮三を擁し、早くも社会党から市政奪還を果たす。一方、再起を目指す半井は同年八月公職追放を解除になり、横浜商工会議所会頭（五二年一一月）、神奈川県中小企業団体連盟会長（五六年二月）となって横浜財界に足がかりを築き、五九年四月再び横浜市長へと返り咲く。その選挙で半井が掲げた公約は「東京と横浜は一体である」とし、港湾施設の整備、埋立事業による工場誘致、中小企業の振興による貿易の拡大など、「政府の長期経済と呼応する地方計画の策定」を謳うものであった。(86) 横浜を中央と結合させて発展させようとする政策手法は戦前の内務官僚時代からの半井の、そして戦前期「協調市政」体制を支えた基本的な政策スタイルであった。半井はこうしたスローガンを掲げ、戦後復興期から高度経済成長期に入りつつあった横浜で飛躍的に増大した市民から一定の支持を獲得した。

半井に象徴される戦前期以来の保守支配復活の過程、そして六三年飛鳥田一雄を擁する社会党・革新陣営が再びこれを打破する過程は改めて論じられなければならないが、[87]「協調市政」体制という震災後に成立した政官財の提携関係は、近代横浜における都市発展を目指す市政運営方式の基本的な枠組みとして、戦後も機能し続けたのである。

注

(1) 天川晃「地方自治制度の再編成　戦時から戦後へ」『年報政治学　近代日本政治における中央と地方』(岩波書店、一九八四年)二〇五頁。

(2) 戦後の地方自治法下においても首長と議会の関係は制度上も依然として首長が優越している「執行機関優位の首長制」との解釈がある。阿部齊・天川晃・澤井勝『地方自治政策Ⅰ　日本の地方自治―その現実と課題』(放送大学教育振興会、二〇〇二年)五一頁。

(3) 大西比呂志「太平洋戦争期の市政と軍事」『横浜市史Ⅱ』第一巻(下)(横浜市、一九九六年)三九九頁以下参照。

(4) 「昭和十六年四月二十八日横浜市財政援助ニ関スル稟請」(「半井清文書」柳瀬正敏家所蔵)。

(5) 米貨公債と東京開港問題については、高村直助「東京開港と米貨公債問題の解決」および荒敬「積極財政への転換と米貨公債問題」いずれも『横浜市史Ⅱ』第一巻(上)(横浜市、一九九三年)を参照。

(6) 「半井清日記」一九四一年五月四日(柳瀬正敏家所蔵「半井清文書」)。なお引用にあたり片仮名表記を平仮名に改めた。

(7) 「臨時横浜市振興協議会規定」『昭和十六年十月横浜市振興対策要綱』横浜市)『横浜市史Ⅱ　資料編7　戦災復興と

都市計画』（横浜市、二〇〇〇年三月）二七頁。
（8） 中村房次郎宛有吉忠一書簡（一九四一）年五月二六日付「別紙」半井清書簡（横浜開港資料館所蔵「中村房次郎文書」32）。
（9） 「半井清日記」一九四一年八月二六日。
（10） 前掲『横浜市史Ⅱ 資料編7 戦災復興と都市計画』二六頁。
（11） 下中弥三郎『翼賛国民運動史』（翼賛運動史刊行会、一九五四年）六八〇頁。
（12） 「昭和一七年四月三十日執行 翼賛選挙ニ関スル地方長官ノ所感 事項別ノ一」（国立公文書館所蔵）。
（13） 「飯田助夫日記」一九四二年五月七日（飯田助知家所蔵「飯田助夫文書」）以下引用にあたり片仮名表記は平仮名に改めた。
（14） 「飯田助夫日記」一九四二年五月二三日。
（15）（16） 「半井清日記」一九四二年八月九日。
（17） 『神奈川新聞』一九四二年五月一七日及び『横浜市会史』第五巻（横浜市会事務局、一九八五年）三八六頁。
（18） 「半井清日記」一九四二年八月九日。
（19） 『横浜市史Ⅱ』通史編（上）（横浜市、一九九三年）七六頁。
（20） 『追想近藤壤太郎』（近藤壤太郎追想集編集委員会、一九八〇年）二九〜三一頁。
（21） 「赤尾亀代氏談話録（1）」『市史研究よこはま』第五号（一九九一年）は「近藤壤太郎知事はサーベルを使うのが大好きで有名で、うちには始終特高警察が来」たと述べている（九二頁）。
（22） 「平島吉之助日記」一九四二年六月一〇日（平島治家所蔵「平島吉之助文書」）。
（23） 半井清宛伊沢多喜男書簡一九四二年九月二九日付（「半井清文書」）。
（24） 伊沢多喜男宛中村房次郎書簡一九四二年一〇月五日付。伊沢多喜男文書研究会編『伊沢多喜男関係文書』（芙蓉書房出版、二〇〇〇年）三五六頁。
（25） 「半井清日記」一九四二年八月九日。

(26)『足跡―三浦寅之助先生　その人と業績』（三浦寅之助伝記刊行会、一九七七年）八六、八七頁。
(27)(25)に同じ。
(28)例えば飯田助夫が推した佐久間道夫の選挙では「午後二時佐久間事務所に至り保土ケ谷石井堀内、本郷の三名に面会町内会長辞退の上選挙委員となる」とある（「飯田助夫日記」四月一〇日）。
(29)今井清一「横浜市会議員『翼賛選挙』と町内会長問題」（『横浜市大論叢』人文科学系列第三六巻1・2・3合併号）六一頁。
(30)上条治『よこはま市政のおもいで』（加藤文明社、一九五一年）二〇九～二一一頁。
(31)東京市政調査会『日本都市年鑑』（一九四三年度版）六頁。
(32)「半井清日記」一九四三年八月二八日。
(33)赤尾彦作宛小此木歌治書簡一九四四年一二月二七日付（横浜市史編集室蔵「赤尾彦作文書」）。大西比呂志・曽根妙子編「赤尾彦作と横浜市政」（『市史研究よこはま』第5号、一九九一年三月）に収録。
(34)赤尾彦作宛原良三郎書簡一九四五年一月二七日付（「赤尾彦作文書」）。
(35)赤尾彦作宛原良三郎書簡一九四五年五月一八日付及び前掲「赤尾亀代氏談話録（1）」九三頁。
(36)「半井清日記」一九四五年一一月三日。
(37)「横浜市復興会規定」（「赤尾彦作家文書」書類17）。
(38)本書第三章三3参照。
(39)天川晃「特別市制をめぐる大都市と県の対抗―横浜市と神奈川県を中心として」『地域から見直す占領改革　戦後地方政治の連続と非連続』（山川出版社、二〇〇一年）二三二頁。
(40)高村直助「占領期の市政」『横浜市史Ⅱ』第二巻（下）（横浜市、二〇〇〇年）七六頁。半井は市長辞任後の翌年四七年一月二日「日記」に「特市問題　前年七月頃から横浜が当方斡旋役。十月頃から内山知事が寝耳に水だとさわき出す」と記している。
(41)「昭和二十二年三月十四日内山渡辺知事々務引継書　監察官」（神奈川県立公文書館所蔵）。

(42)「飯田助夫日記」一九四五年九月九日、九月二二日。
(43)「飯田助夫日記」一九四六年一月二〇日、二月一一日。
(44)赤尾彦作宛小此木歌治書簡一九四六年一月一三日付。(「赤尾彦作文書」)。
(45)参加予定の同志市議は、三浦寅之助、鈴木長之、小串清一、吉沢忠兵衛、小此木歌治、渡辺治湟、池島留吉、小杉芳造、加山鍵一、上保慶三郎、平沢権四郎、安達熊次郎、嶋村力、軽部三郎、須田善次、山本新三郎、佐藤安蔵、湯本一郎、内田正一、三村久、三沢重元、川口三省、鹿島源左衛門、桜井真平、小尾丑八ら二五名。
(46)前掲「赤尾亀代氏談話録(1)」八六頁。
(47)「半井清日記」一九四五年一二月三一日。
(48)赤尾彦作宛原良三郎書簡一九四六年一月一四日付(「赤尾彦作文書」)。
(49)『神奈川新聞』一九四六年二月二四日。
(50)神奈川県、横浜市における公職追放については、増田弘「地方パージの実態　神奈川県・横浜市の事例研究」『東洋英和女学院大学　人文・社会科学論集』第一一号(一九九六年)、及び木村昌人「横浜経済界の公職追放と戦後経済復興—横浜・神戸両商工会議所の比較を通じて」『法学研究』(慶応大学)七一巻一号(一九九八年一月)がある。増田論文によれば、神奈川県全県での追放該当者数は一五八九九人であった。
(51)「飯田助夫日記」一九四六年一月五日。
(52)『神奈川新聞』一九四六年二月一三日。
(53)「飯田助夫日記」一九四六年二月一二日、二月一九日、二〇日、三月八日、三月一〇日、三月二二日の各条より。
(54)『神奈川新聞』一九四六年三月三日。
(55)前掲天川晃「特別市制をめぐる大都市と県の対抗」二二〇頁。
(56)『神奈川新聞』一九四六年四月一三日。
(57)『神奈川新聞』一九四六年四月一四日。
(58)「半井清日記」一九四六年二月一〇日。

(59)「半井清日記」一九四六年三月三日。
(60)伊沢多喜男宛平沼亮三書簡一九四六年三月一三日付。前掲『伊沢多喜男関係文書』三七七頁。戦後期の伊沢多喜男の政治活動については、拙稿「戦中戦後の伊沢多喜男—内務官僚支配の終焉」大西比呂志編『伊沢多喜男と近代日本』(芙蓉書房出版、二〇〇三年、所収)を参照。
(61)半井清宛飯田助夫書簡一九四六年九月六日付(「半井清文書」)。
(62)『神奈川新聞』一九四六年一一月一〇日。
(63)『神奈川新聞』一九四六年一一月一四日、一一月二四日。
(64)「半井清日記」一九四七年一月二日、前掲半井清『わが人生』一一〇頁。
(65)「飯田助夫日記」一九四七年一月七日。
(66)『神奈川新聞』一九四七年一月一〇日、二三日、「飯田助夫日記」一九四七年二月二六日。
(67)『神奈川新聞』一九四七年二月一四日、三月一三日。
(68)『神奈川新聞』一九四七年三月一六日。
(69)「飯田助夫日記」一九四七年三月一五日。
(70)荒敬「横浜市政と市民」前掲『横浜市史Ⅱ』第1巻(上)二四一頁。
(71)「飯田助夫日記」一九四七年三月一五日。
(72)「半井清日記」一九四七年四月四日。
(73)「半井清日記」一九五一年九月二二日には「二十一年十一月パージで市長をやめ山崎を候補として市長選挙をやつたが之が例のゴタ〳〵で僅か三千票の惜敗」とあり、半井が山崎を擁立していたことが知られる。
(74)伊沢多喜男宛半井清書簡一九四七年四月一日付。前掲『伊沢多喜男関係文書』三六二、三六三頁。
(75)『神奈川新聞』一九四七年三月三〇日。
(76)「飯田助夫日記」一九四七年四月四日。
(77)高村直助「占領期の市政」前掲『横浜市史Ⅱ』第二巻(下)九五頁。

(78) 伊沢多喜男宛半井清書簡一九四七年四月八日付。前掲『伊沢多喜男関係文書』三六三頁。
(79) 「飯田助夫日記」一九四七年四月六日。
(80) 『神奈川新聞』一九四七年二月二〇日。
(81) 前掲天川晃「特別市制をめぐる大都市と県の対抗」二二一～二二三頁。なお内山岩太郎が占領軍当局との折衝を通じて横浜の特別市制運動を阻止する過程は、前掲天川晃「地方自治制度の再編成　戦時から戦後へ」二二六、二二七頁及び高村直助「資料解説　内山岩太郎とその日記」『横浜市史Ⅱ　資料編3　占領期の地方行政』(横浜市、一九九三年)四〇二～四〇八頁を参照。
(82) 天川晃「内山知事と特別市制問題」『郷土神奈川』第三〇号(一九九二年)二五～二七頁。
(83) 『光あらたに　内山岩太郎追慕の記』(内山岩太郎先生を偲ぶ会、一九七二年)六三、六四頁、白土秀次『評伝小串清一』(私家版、一九七九年)四一一頁。
(84) 小西徳應「第一回知事公選と内務省　旧官選知事当選の背景」『政経論叢』(明治大学)第六八巻第二・三号、一二三、一二八、一三〇頁。
(85) 大西比呂志「天皇の横浜巡幸」前掲『横浜市史Ⅱ』第二巻(上)一四三頁以下参照。
(86) 半井清『新しい横浜を語る』(横浜経済調査会、一九五九年)一二～一三頁。
(87) 天川晃「過渡期の市政」『横浜市史Ⅱ』第三巻(上)(横浜市、二〇〇二年)は、平沼再選から半井再登場とその市政及び飛鳥田革新市政の登場までを、同「飛鳥田市政」(『横浜市史Ⅱ』第三巻(下)(横浜市、二〇〇三年)は同市政期の政治社会構造をそれぞれ綿密に分析している。

あとがき

本書は、これまで発表してきた横浜の近代史に関する論考をもとに、書き下ろしを加えて全体として再構成したものである。

本書各章のもとになった論考などは以下のとおりである。発表から時日を経過したもの、当初研究ノートとして発表したものなどはこれを機会に大幅に加筆修正を加え、また新たな節を設けたり配列を組み替えた場合があり、原型をとどめていないものもある。

第一章：「戦前期市長の就任過程　横浜市長を事例に」『市史研究よこはま』第一四号（二〇〇二年三月）に加筆。

第二章：「戦前期の横浜市会　数量的概観」（『市史研究よこはま』第一三号（二〇〇一年三月）に加筆。

第三章：「都市からみた一九二〇年代―政党化・都市化・官僚化」史学会第97回大会報告（一九九九年一一月一四日、東京大学）に加筆。

第四章：「大正期における地方名望家と地域政治　大綱村飯田助夫の政治活動」（横浜開港資料館・横浜近代史研

究会『横浜近郊の近代　橘樹郡にみる都市化・工業化』日本経済評論社、二〇〇二年所収）を一部修正。

第五章：「市域拡張と地域政治　一九二七年横浜市第三次拡張をめぐって」（大西比呂志・梅田定宏編『「大東京」空間の政治史　1920〜30年代』日本経済評論社、二〇〇二年所収）を一部修正。

第六章：書き下ろし。

第七章：「平島吉之助と横浜市政」上中下『市史研究よこはま』第九、第一〇、第一二号（一九九六年、一九九七年、二〇〇〇年）各号から再構成。

第八章：「半井清〝地方新官僚〟の軌跡」（横浜近代史研究会『近代横浜の政治と経済』横浜開港資料館、一九九三年所収）を一部修正。

第九章：「太平洋戦争期の市政と軍事」『横浜市史Ⅱ』第一巻（下）（横浜市、一九九六年）及び「戦中戦後の横浜市政　半井清と協調市政体制」（横浜近代史研究会・横浜開港資料館編『横浜の近代　都市の形成と展開』日本経済評論社、一九九七年、所収）を改稿して加筆。

初出からみるとおり、多くは筆者が関わる横浜市の歴史編纂事業と資料保存機関の研究会での活動に基づく成果である。横浜の近代史研究については、政治史に限定しても『横浜市史』『横浜市史Ⅱ』『横浜市会史』の各巻に、質量ともに優れた分厚い蓄積がある。執筆陣はいずれも近現代史研究の第一線にある著名な研究者によるものであり、ここに新たに『横浜市政史の研究』と題する一書を上梓することは、勇気ある挑戦か蟷螂の斧というべき試みか、それは読者の判断に俟つほかはない。

本書がこれら先学たちの優れた横浜近代史研究になにほどかの知見を加えられたとすれば、その多くは横浜の歴史編纂事業のなかで筆者が出会うことができた貴重な史料群によるものである。とくに本書叙述の上で重要であったのは、「赤尾彦作文書」「飯田助夫文書」「伊沢多喜男文書」「平島吉之助文書」「中村房次郎文書」「半井清文書」の各文書である。これら文書は地域と政党、官僚、財界の動向を考察する上でまたとない豊富な情報を持つ史料であり、本書の副題は本書がこれら文書に多く依拠したことの証左である。それらの価値を十分生かし切れたかどうかは大いに不安があるが、史料提供と利用の便宜をいただいた飯田助知氏、河井志郎氏、平島治氏、松崎仁氏、柳瀬正敏氏及び横浜市史編集室、横浜開港資料館にまずもってお礼申し上げたい。

本書を為すまでには、多くの方々のお世話になった。早稲田大学の政経学部、大学院の指導教授兼近輝雄先生には日本政治史研究の手ほどきを受け、当時埼玉大学教授で埼玉県史政治行政部会の代表であった小山博也先生には地域史研究を政治学からみる視点やインタビュー調査の重要性を、また大学院時代の先輩松田義男氏には政治思想史研究の論理的な分析手法を学んだ。

横浜市史編集事業の代表編集委員高村直助先生には、東京大学におられた先生の経済史のゼミに飛び入りで参加させていただいて以降、経済史はもとより横浜の歴史についても門外漢であった筆者に対し、今日に至るまで懇切なご指導をいただいた。横浜を対象とした歴史研究が一地域史研究にとどまらない意義を持つことを学んだのは、先生を中心にして一九年間にわたり毎月のように行われた横浜市史編集会議・研究会であった。各分野を担当する委員の最新の研究発表は、横浜の近現代史を理解する上で大きな財産になった。なかでも天川晃先生の大胆な仮説と緻密な実証の手法は最も刺激的であった。

本書執筆の基礎となった横浜関係の近現代史料の調査や収集、これをふまえた研究会などで終始活動を共にさせていただいたのは、井川克彦、吉良芳恵、中武香奈美、平野正裕、松本洋幸、百瀬敏夫、羽田博昭の横浜での友人、同僚各氏である。とくに吉良氏とは各方面での調査や研究活動をご一緒させていただくとともに、怠けがちな筆者に本書執筆のきっかけとなる叱咤激励をいただいた。

元来都市政治史の素人であった筆者がこの分野の研究を深めていくことができたのは、関東近県の歴史研究者と資料保存機関などの職員で構成する首都圏形成史研究会の「都市と官僚制」部会であった。本書をまとめる基本的な方向は、そこでの梅田定宏、櫻井良樹、大岡聡各氏らこの分野の専門家との議論によって摑むことができたように思う。そしてほぼ同時期に行われた伊沢多喜男文書研究会では、本書の主題の一つである地域と官僚の関わりについての多くの重要な史料に出会うことができた。このほか上山和雄、小風秀雅、北河賢三各氏が代表をされている横須賀市史、茅ヶ崎市史、横浜開港資料館の各部会での議論も、地域史研究の様々な視点を知る上で有益であった。御指導に感謝申し上げる。

本年は日米和親条約締結による開国から一五〇年にあたる。そして二〇〇九年には横浜開港が同じ節目を迎える。一世紀半という近代横浜の歴史を振り返るこの大きな節目に、多くの先学と貴重な史料に恵まれて本書を上梓できるのは何よりの幸せである。

実証的な歴史研究が良質の史料に基づくことは一つの条件であろうが、これに出会えるかどうかは多くの場合、偶然ではない。その前提には地道な調査と収集・整理といった作業があり、所蔵者・機関と信頼関係を築くなかではじめて提供されるのが「史料」である。そしてそうした史料は一研究のためにあるのではむろんなく、より多くの市民の関心や必要に応え全体の知的共有財産となるべく保存と公開という作業に連なるものである。史料提供者・歴史資料保存機関の担当者・研究者は、それぞれ立場の相違はあっても相互に理解しながらこの一連の作業の環のなかにある。筆者と右に挙げさせていただいた方々の多くはそうした人たちであり、それを結ぶのは歴史という市民文化を共有財産として伝えていこうとする静かな熱意といっていいだろう。本書はそうした中から出来上がったささやかな成果である。右にお名前を記し得なかったが、史料の整理作業や撮影、保存と公開のために窓口となっている行政担当者など、筆者が日頃お世話になっている方々に感謝と敬意の気持ちを心より申し上げる。

最後になったが、本書刊行にあたり格別のお力添えをいただいた有隣堂社長松信裕氏、また編集の労をとっていただいた出版部椎野佳宏、山本友子両氏に御礼申し上げます。

二〇〇四年三月

著者しるす

大西比呂志（おおにし・ひろし）

1955年香川県生まれ。早稲田大学大学院博士課程単位取得退学。早稲田大学社会科学部講師、横浜市嘱託。
共著『相模湾上陸作戦』有隣堂、『横浜近郊の近代史』日本経済評論社。共編著『「大東京」空間の政治史』日本経済評論社。編著『伊沢多喜男と近代日本』芙蓉書房出版、ほか。

横浜市政史の研究—近代都市における政党と官僚

平成16年3月27日　第1刷発行

著　者　大西比呂志

発行者　松信　裕

発行所　株式会社　有 隣 堂

本　社　〒231-8623　横浜市中区伊勢佐木町1-4-1
出版部　〒244-8585　横浜市戸塚区品濃町881-16
電話　045-825-5563　振替　00230-3-203
ホームページ　http://www.yurindo.co.jp/

印刷所　株式会社　キャップ

ISBN4-89660-182-3　C3021

●人名索引

あ行

か行

さ行

た行

な行

は行

ま行

や行

ら行

わ行

図表一覧